小说 历史人物

新朝皇帝

刘子还 著

中国书籍出版社
China Book Press

图书在版编目（CIP）数据

新朝皇帝——王莽/刘子还著.－－北京：中国书籍出版社，2023.9

ISBN 978-7-5068-9404-3

Ⅰ.①新… Ⅱ.①刘… Ⅲ.①王莽（约前45-23）—传记 Ⅳ.①K827=341

中国国家版本馆CIP数据核字（2023）第080198号

新朝皇帝——王莽

刘子还 著

责任编辑	王志刚
责任印制	孙马飞　马　芝
封面设计	东方美迪
出版发行	中国书籍出版社
地　　址	北京市丰台区三路居路97号（邮编：100073）
电　　话	（010）52257143（总编室）（010）52257153（发行部）
电子邮箱	chinabp@vip.sina.com
经　　销	全国新华书店
印　　刷	北京睿和名扬印刷有限公司
开　　本	710毫米×1000毫米　1/16
字　　数	267千字
印　　张	18.75
版　　次	2023年9月第1版　2023年11月第1次印刷
书　　号	ISBN 978-7-5068-9404-3
定　　价	56.00元

版权所有　翻印必究

前　言

在中国人的眼中，王莽的奸恶程度甚至一度超过了曹操。曹操虽然挟天子以令诸侯，但毕竟在生前甘做臣子，只是为子孙鸠占鹊巢做好了铺垫，王莽则干脆代汉自立，直接做了皇帝。因为这段历史，王莽一直被视作窃国之臣的代表。1915年，袁世凯倒转历史的车轮，宣布复辟称帝，京剧大师周信芳就曾自编自演了一出京剧《王莽篡位》，加以嘲讽。

文人墨客们对王莽的口诛笔伐简直汗牛充栋，不胜枚举。然而，时代在不断进步，封建思想的阴霾到底有消散的一天。到了20世纪初，对王莽的评价突然有所改观。冯自由、刘师培等学者先后加入了挺莽大军，胡适创作的《王莽——一千九百年前的一个社会主义者》（1922年）和《再说王莽》（1929年）尤其影响深远。他在文中指出："王莽受了一千九百年的冤枉，还没有公平的论定……可怜这样一个勤勤恳恳，生性'不能无为'，要'均众庶，抑并兼'的人，到末了竟死在斩台上，……竟没有人替他说一句公平的话。"

无论证据多么充分，论证多么有力，为一个接近于"形象固化"的人物洗白都不是件容易的事。几十年过去了，即使是曹操，也因为枭雄和文豪的强者形象，拥有许多拥趸，王莽却始终缺乏群众基础，不受后人待见。但是，这一点近年来似乎有动摇的倾向，因为有网友在他身上发现了宝藏，信誓旦旦地指出，王莽乃是个实打实的穿越者。网友的理由如下：

一，王莽是中国历史上第一个民选皇帝。二，王莽将土地收归国有，平均分配给百姓耕种，在一千多年前实行了社会主义。三，王莽禁止奴婢买卖，推行的"废奴运动"比美国的总统林肯早了1800年。四，王莽为底层百姓提供了国家贷款，相当于建了一座看不见的国有银行。五，王莽发明了"游标卡尺""飞行器"等一系列"高科技产品"……

　　王莽的穿越说自然是不足信的。实际上，他的一系列超前政策和惊人之举或许正是他的悲剧之源。然而，他是个值得认真研究的重要历史人物，却是不争的事实。作者希望用此书认真梳理王莽的一生，解析他为何会从一个社会底层的破落户变身为九五之尊，为何会有那样"匪夷所思"的治国之道，为何会从万众拥护走向众叛亲离以至于身首异处，为何他呕心沥血却落得个千古骂名。

　　"逝者如斯夫，不舍昼夜"。王莽已经无法为自己辩白，只能任人臧否了。然而，只要拥有科学公正的态度，还是能够通过草蛇灰线，勾勒出其一生的轮廓。相信以后会有更多的史料像华美的"金错刀"一样重现世间，那时，王莽的形象将更加清晰。愿本书能对有兴趣了解王莽生平的读者朋友有所帮助，如有不足之处，还请多多斧正。

目 录

1　第一章　家族的复兴——从一个女人开始

14　第二章　一颗冉冉升起的新星

28　第三章　大司马之争

36　第四章　接手的是个烂摊子

48　第五章　跌入人生低谷

61　第六章　重返姑母身旁

74　第七章　秋后算账的日子到了

81　第八章　安汉公的崛起

96　第九章　成为皇帝的岳父

103　第十章　开始大清洗

113　第十一章　人臣的巅峰

128　第十二章　假皇帝

139　第十三章　一次大考验

146　第十四章　皇位在招手

157	第十五章	爱折腾的新皇帝
163	第十六章	费力不讨好的改革
173	第十七章	剑拔弩张的边境线
186	第十八章	肃杀的朝廷
196	第十九章	"为王者永无宁日"
209	第二十章	不断恶化的周边关系
234	第二十一章	沉迷谶纬之学
241	第二十二章	子孙也不省心
248	第二十三章	叛乱泛滥开来
254	第二十四章	天灾和人祸
265	第二十五章	决定生死存亡的一战
275	第二十六章	"山雨欲来风满楼"
284	第二十七章	悲剧的结局

第一章　家族的复兴——从一个女人开始

距今两千多年前的河北省大名县，位于今天河北省东南部。"大名"这个地名诞生于公元前661年，也就是晋献公十六年，乃是掌卜大夫卜偃从"魏"字中解出来的，此事在《左传》《史记》中均有记载。汉高祖十二年（公元前195年），因该地曾属魏地，所以设立魏郡。又因曾是魏公子元的食邑，故而以元城名之。

在魏郡元城的东北角，有个名叫委粟里的所在。何为委粟里呢？"委"是"抛弃"的意思，"粟"是粮食的统称。所谓"委粟"，就是不用交税粮了。一个不用交税粮的地方肯定大有来头，住在这里的不是皇亲也是国戚吧？在一处闹中取静的所在，坐落着一座壮观的府邸。这座府邸属于王氏家族。一个显赫一时，早已破落的贵族之家，此时既没有之前的荣华富贵，也没有后来的权倾朝野，正处于最失落、最尴尬的时期，看似家业不小，其实不过是强弩之末。那么，这个王氏家族到底是什么来头？为何会沦落到今天这个地步呢？

几十年后，王莽曾在《自本》中将祖先一直追溯到了黄帝，黄帝传八世生虞舜。"舜起妫汭，以妫为姓。至周武王封舜后妫满于陈，是为胡公"，陈胡公的后人陈完避祸到了齐国，齐桓公以为卿，赐姓田氏。没想到竟"引狼入室"。经过十一世之后，田和控制了齐国，传了两代，开始称王。传到田建时，齐国为秦国所灭。到了项羽渡河救赵，田建的孙子田安前去投奔，被封为济北王。刘邦建立大汉朝之后，曾"站错了队伍"的田安失去了王位和封国，后因田荣造反而被诛杀。"瘦死的骆驼比马大"，田家尽管失了势，仍旧是高门大户，奴仆成群，与寻常人家不同，被当地人尊称为"王家"。田家人听得入耳入心，索性就改姓"王"了。

田安的孙子王遂，字伯纪，文、景年间，住在济南东平陵，王遂生子王贺，字翁孺，曾做过武帝朝的绣衣御史。天汉二年（公元前99年），汉武帝穷兵黩武，横征暴敛，以至于哀鸿遍野，民怨沸腾，坚卢、范主等人在魏郡聚众起义。汉武帝对外不肯示弱，对内同样眼里揉不得沙子，要求全力剿灭，一个不留。绣衣御史们纷纷被派往地方，处置胆小懦弱、不作为的官吏。这些绣衣御史多为心狠手辣之人，如暴胜之之辈，堪称皇帝的爪牙。以至于株连者六郡，遭到诛杀者多时竟达万余人。唯有王贺宅心仁厚，对"犯错"官吏往往宽大处理。上级听闻此事，勃然大怒，以王贺渎职为由，将其免除了官职。王贺倒也相当豁达，曾自叹道："我听说，救活一千人积累下的福报，就能让子孙得到封赏，我如今救活了万余人，后世必然兴盛。"

王贺流年不利，不但得罪了朝廷被免了官，还跟东平陵的终氏结下了冤仇，故而迁到了前面提到的魏郡元城委粟里，建起了这座曾经很是壮观，如今已经陈旧破败的宅邸。在委粟里，王贺的运气有所好转，他行善积德，宽宏大量，颇受当地百姓的欢迎，被尊为"三老"。百姓们遇到什么争执或是麻烦，都请他决断、评理，一旦他提出意见，无不遵照执行。

如今，王贺早已驾鹤西去，王家则日渐凋零，只剩下个空架子。

王贺的儿子名叫王禁，字稚君，胸有大志，不修廉隅，沉湎酒色，经常抱怨生不逢时。虽然他继承了这座大宅子，但已经没了做贵公子的资本。在少年时就被迫学习了律法。在仕途上也不得意，成年后做了廷尉史。尽管官职很小，却遗传了祖先的风流潇洒和挥霍作风。几经沉浮之后，终于坐吃山空，捉襟见肘。当时风行男子多娶妻妾，王禁也不能免俗，除了正妻李亲之外，还娶了好几个小妾，生有多个子女。

这一天，王禁闲来无事，想到很久没去李亲房里了，之前听说李亲怀孕了，也不知近况如何，于是就决定过去坐坐，也算尽下丈夫的义务。李亲也是魏郡人，容貌倒也端庄，只是心胸稍稍狭隘了点儿。对丈夫不停纳妾颇有微词。此时，正挺着高高耸起的肚子，侧卧在半新不旧的床榻之上，一边看着有些发黄的蚊帐，一边有一搭没一搭地跟丈夫说着话。

"不去找那几个小妖精，来我这里做什么？"

"放心吧，我不会再纳妾了。"

"这个家真是越来越不像样子了。"李亲摸着高高隆起的肚子，声音里带着怨气。

"多想些开心的事吧。"王禁有些后悔来这里了，"为肚子里的孩子着想一下。"

"我就是在为肚子里的孩子着想，所以才……"李亲看了眼面色憔悴的丈夫，突然觉得他很可怜，于是语气变得柔和了许多，"对了，我昨晚做了个奇怪的梦。"

"什么梦？"

"梦见一轮明月扑到怀里。"

"然后呢？"王禁看向正在窗外嬉笑打闹的孩子们。真希望天上的祖先们能看到这些子孙后代，保佑他早日走出困境。

"然后？然后就不见了呀。"

"上天要启示什么呢？"王禁陷入了沉思，"听说当年孝景皇后梦到太阳投入怀中，生下了雄才伟略的武帝，如今梦到月亮投入怀中，会不会是……"

几个月后，李亲生下一个健康的女婴。王禁抱着沉甸甸的婴儿，心想月亮代表着阴性的力量，生下女婴，倒也颇为应合。只是这女婴虽然长得美丽可爱，却并未看出什么特别之处。再说，人类本来也就男女两种性别，生下女婴也属正常，所以，也就没太放在心上。

王禁太穷困了，没什么特别东西给这女孩儿的，只给了她一个大气的名字——王政君。他的事业难寻起色，在生育上可是不遗余力，前后生有四女八男：长女王君侠，次女王政君；长子王凤，字孝卿；次子王曼，字元卿；三子王谭，字子元；四子王崇，字少子；五子王商，字子夏；六子王立，字子叔；七子王根，字稚卿；八子王逢时，字季卿。他的爱要分给许多人，没法只给一个。

没人知道王禁和李亲私下里怎么称呼王政君，想必为了称呼方便，后来只手遮天的王政君也有个小名吧？那么，我们就暂且叫她小君吧。

温室中的名花是娇嫩的，室外的野花却更坚韧，从小生长在这样一个人口众多的大家庭，让小君养成了温顺娴静，乖巧懂事的性格。她衣着简朴，经常穿母亲、姨娘和姐姐的旧衣服，却一点儿都不在意。对家务活也从不拒绝。但是她并没享受到多少母爱，李亲无法跟王禁众多的姬妾和睦相处，到底还是离开了王禁，改嫁给了河内（河南武陟）一个名叫苟宾的人。

但王禁不认为生活的艰难是自己的责任，要怪就怪他的父亲王贺。要是父亲当年变通一些，心肠硬一些，也不会被辞退，那么王家肯定还是锦衣玉食，富甲一方，也不会有现在的苦日子了。所以，在他看来，父亲才是家族衰败的源头。

这一天，王禁和邻居元城建公在花园亭中小酌了几杯，又忍不住唉声叹气地抱怨了起来。

"公子血统高贵，肯定不会久居于人后的。"建公安慰道。

"住在这样的穷乡僻壤，还能有什么希望？"王禁长叹一声，摇了摇头，"我这辈子算是完了。"

"非也，非也，元城的东面有五鹿的废墟，也就是沙麓旧址啊。公子一定听说过吧？"

"听说过，怎么？"

"春秋时沙麓崩塌，晋国太史占卜后，曾经说过：'阴为阳雄，土火相乘，故有沙麓崩。后六百四十五年，宜有圣女兴。'如今时间恰恰相符，王家很可能有尊贵的女子兴于天下呀。老爷在世时，我就提过此事。"

"您就别跟我说宽心话了，就是真有，也不见得生在我们王家……"

"依我看啊，生在王家最有可能啊……"

王禁心想这个小老头儿真是有意思。他轻轻抿了一口酒，刚刚放下酒杯，突然看到一个年轻女子从花间走过。正值初夏，那些花花草草倒是没有嫌贫爱富的习气，在园中开得正旺。引来了翩翩飞舞的蝴蝶，嗡嗡作响的蜜蜂，也招来了爱花的人儿。王禁看那女子的侧影有些陌生，以为家里新来的仆人，这仆人也入乡随俗地学会了偷懒。正要大声训斥几句，恰好那女子转过头来，没想到却是小君。王禁每天为生计奔波，没留意到小君竟不知不觉长成了大姑娘。以至于她偶然穿了件后母的旧衣服，头发弄了个新花样，竟一时没认出来。

此时的小君正处在最好的时节。肤白似雪，体态微丰，身材颀长，仿佛能掐出水来似的。仔细看去，略方的面颊显得很是大气，两条蛾眉没有修整过，自带着天然之美。一双含笑的杏眼带着无忧无虑的神气，挺直的鼻子端端正正，红润的嘴唇血气充盈，微扬的嘴角显出少女的活泼。这样一个风华正茂的美人，真可以跟亭边那一大丛牡丹争奇斗艳一番了。

"哦，是小君啊。"王禁面容一下子严肃了许多。在子女们面前总要有个样子。

"父亲，这里的花好漂亮。"小君羞愧地说，"我刚才光顾着看花，没看到您和爷爷。"

"多漂亮的姑娘啊……"建公轻声赞叹道。

小君装做没听到邻家爷爷的赞美。用一双晶莹细嫩的小手抚弄着一朵盛开的牡丹花，想要谈谈心事似的。脸上依然带着礼貌谦逊的微笑。

"小君啊，你今天多大了？"建公抚摸着胡须，笑盈盈地问道。

"十五岁。"

"十五岁。"建公轻轻摇晃着身子，好像这美丽的少女是串动听的音符似的，"不小了，该找个好人家喽。"

小君再不能假装没听到了。她那白皙圆润的脸蛋儿已经泄露了秘密，变得跟手中的牡丹花一样红了。牡丹花激动地颤动着花蕊，好像也在开她的玩笑、嘲笑她的窘态似的。小君突然松开花朵，快步跑进了树荫里，豆绿色的丝绦差点儿被爬山虎的藤蔓抓住。牡丹花在风中摇晃着个不停，将花粉抖落到了空中，下了一阵金黄的"小雨"。花丛后面传来建公爽朗的笑声。

"这孩子太无礼。"王禁抱歉地说，"让老伯见笑了。"

"公子啊，我刚才可没开玩笑啊。'昏礼者，将合二姓之好，上以事宗庙，而下以继后世也，故君子重之。'"建公一向喜欢在王禁面前掉书袋。

"是啊，男大当婚，女大当嫁。"

话虽如此，但小君的婚姻之路并不顺遂。等到小君又长大了些，"婉顺得妇人道"，王禁将她许配给了一个大户人家，还没等嫁过去，男方就一命归西了。之后，门第高贵的东平王看中了小君，想要聘娶为姬妾，可是悲剧再次重演，还没等将小君送过去，东平王就一命呜呼了。接连出了两档这样的事，名声难免受损，本来是门庭若市，后来是车马渐稀，最后竟一个说媒的都见不到了。

"这可怎么好？"王禁眼看小君年纪一年比一年大了，不由得着起急来。他想知道问题出在哪儿，于是请来个很有名的术士，让其帮忙破解下迷局。谁成想，那术士对小君仔细端详了一番，脸上竟露出了惊惧的神色，好像面前坐个怪物似的。

"怎么样？"王禁做好了最坏的心理准备，心想自己好端端的女儿，怎么让人怕成这样？

"当大贵，不可言啊！"术士恭敬地说道。

这样一来，形势完全颠倒了过来。本来以为小君是个扫帚星，如今那两个早死的未婚夫反倒成了福德不匹配的可怜虫。可要是连东平王都不配不上，谁又能配得上呢？答案似乎并不难找，普天之下，比东平王更高贵的男子，似乎只剩下天子了。怪不得占卜师傅会面露恐惧了。王禁想起了明月入怀的奇梦和那个神秘的预言，不是跟占卜结果不谋而合了吗？于是，开始全力培养小君，让她研读圣贤文章，学习琴棋书画，内外兼修。

五凤四年（公元前54年），眼看自己的"作品"已经成型，王禁就忍痛割爱地将小君送入后宫掖庭，做了家人子。

何谓家人子呢？

"家人子者，言采择良家子，以入官未有职位，但称家人子。"

第一章 家族的复兴——从一个女人开始

西汉建立之初，除了统领后宫的皇后之外，还有七个品级的妃嫔，分别是：夫人、美人、良人、八子、七子、长使、少使。武帝时又增加了婕妤、娙娥、容华、充依；除了这些较高等级的妃嫔之外，还有长御、材人、待诏掖庭、中宫史、学事史等女官，家人子只能算是候补的妃嫔，平时估计干的也就是宫女的活计。当时的女子大多在十四五岁就已成婚，小君入宫时已经十八岁，恐怕比一些妃嫔年纪都要大，前途实在难测。

在普通人看来，皇廷集无上的权力和无边的享乐于一身，与天堂近在咫尺。其实未必如此，越是美好的东西，争夺就越是激烈。作为王朝的中心，在万丈荣光的背后，也可能是血雨腥风的战场，邪恶滋生的渊薮。后宫中也概莫能外，这个温柔乡里只有一个真正的男人——皇帝，至于那些被阉割过的宦官，已经算不上男人了。佳丽们全都正值盛年，无论从心理上还是生理上都有旺盛的欲望。谁不愿意得到皇帝的宠幸，获得更尊贵的地位呢？谁愿意冷冷清清地独守空房，孤寂一生呢？

因此，小君表面上是来享福，实际上却是来竞争来了，而且以她的出身，胜算实在是不大。幸好小君性情平和，并没有太大的野心。她很容易满足，不是谁都可以成为皇后的，在宫中的日子比在家里舒坦多了，还有许多年纪相仿的姐妹，这也就够了。然而，一天，小君平淡无奇的生活突然被打破了。宫廷女官将她带到了王皇后宫中。一同前来的还有其他四位家人子。全都才貌双全，出类拔萃。

这位王皇后乃是汉宣帝的第三位皇后，也是最后一位皇后。是个低调刻板、谨慎小心的女人。因为没能生育，所以将所有心思都用在了照顾皇太子上。王政君和同来的家人子等了许久。王皇后才款步走了出来。王政君偷偷瞄了一眼，只见王皇后头上戴着简单的钗环，衣着也并不十分华丽，眉眼间却自带着威严。

王皇后对五个家人子仔细端详了一番，轻轻点了点头，对宫廷女官说："好，就这五个了。"

原来，王皇后是在执行一项关于皇太子刘奭的特殊任务。刘奭时年二十四岁，乃是汉宣帝刘询和前皇后许平君所生。"多才艺，善史书，通音律，少好儒术"，只是为人有些柔懦。皇太子宫中自然有不少佳丽。然而，"弱水三千只取一瓢"，他只对一个复姓司马的良娣情有独钟，其他佳丽只有守活寡的份儿。造化弄人，司马良娣突然病倒了，也许如此年轻就离开这个世界打击太大，也许是因为平时积攒的仇恨，弥留之际，她将一腔忧愤都发泄到了其他佳丽身上。

"臣妾的死并非寿数已尽，而是其他姬妾诅咒出来的呀。"她抽噎着说。

司马良娣去世后，刘奭悲痛至极，以至于精神恍惚，终于大病了一场，等到病愈之后，想到司马良娣的遗言，越发对其他姬妾不理不睬了。但刘奭身份非同一般，毕竟是皇太子，将来要继承大汉朝江山的。这件事不单单是他个人的问题，还关系到皇权的继承和血统的延续。何况宣帝刘询早就想抱孙子了呢。

"简直是胡闹！"

得知皇太子为何迟迟没能生育后，宣帝大发雷霆。马上委派王皇后挑选几个宫女给太子送过去。这样一来，就轮到了作为候补的家人子登场了。王政君则幸运地进入了"大名单"。这当然跟她出众的条件和平时的人品不无关系。竞争无时无刻不在，早就在不知不觉中开始了。

现在，五个如花似玉的少女已经站在皇太子刘奭面前。作为一个即将登上皇位的男人，如此的儿女情长实在不应该，可刘奭就是这样一个男人。他觉得自己的心早就跟司马良娣去了另一个世界，已经不能再爱任何一个女人了。所以，他看着这五个少女，不但没露出笑意，反倒厌烦地皱起了眉头，当然，那只是几秒钟的事情——总不能让王皇后下不来台。

刘奭勉为其难地抬头打量了一下，越发觉得不舒服。从她们脸上精心涂抹的脂粉、精巧美观的发式和五彩缤纷的华服上，就能看出她们的企图心来。这也是人之常情。只要成为皇太子妃，将来就有可能成为皇后，谁会不珍视这样的机会呢？不过，也有个例外。王政君之前太默默无闻了，年纪也稍稍大了些，竟是一副与世无争的神情，不太相信皇太子会看中自己。

"她们以为能代替你在我心中的位置？太可笑了。"刘奭一边漫不经心地打量着，一边对心中的司马良娣说。

"殿下总要选一个才是，不然皇后会不高兴的。"司马良娣用生前的声音答道。

"好吧，真是麻烦。"

恰巧这时，王皇后派长御问皇太子喜欢哪一个。于是，刘奭随口回答说，其中一个可以。这下就把"皮球"踢给了长御，好运从天而降，因为王政君此时坐得离刘奭最近，独自穿着带红边的宽大上衣，加上平易近人，面容和善，长御认为刘奭指的就是她了。当天，王皇后就命侍中杜辅、掖庭令浊贤将王政君送到了太子宫。就这样，王政君成了地位尊贵的太子妃。

转眼间，麻雀变了凤凰。以前的明月入怀、沙麓崩塌、占卜结果都得到了验证。

接下来，王政君肩负着一项重要使命——为大汉朝延续血脉。之前，皇太子宫中的姬妾共有十几个，有几个皇太子已经临幸多年了，却始终没人怀孕。王政君的肚子却格外争气，只在丙殿临幸了一次，就怀上了孩子，并于甘露三年（公元前51年），在甲馆画堂诞下一子。这难道不是天赐之福吗？

宣帝刘病已幼遭"巫蛊之祸"，生长于民间，一生功勋卓著，开创了万众敬仰的"孝宣之治"，曾经有"凤皇、甘露降集京师"的吉祥景象出现，几近于完美，唯独缺少个皇孙安慰晚年。得知这个消息，怎能不喜？他将那粉嘟嘟的小生命抱在怀中，将幼嫩的小手含在嘴里，脸上绽开了一朵花。欣喜之余，亲自将其命名为刘骜，字太孙。平时经常带在身边，视如珍宝。

"母凭子贵"，王政君以世嫡皇孙母亲的身份，在皇廷站稳了脚跟。黄龙元年（公元前49年）十二月甲戌，宣帝刘病已驾崩，刘奭登基，史称元帝。刘骜被立做皇太子。王政君先是立为婕妤，又在三天后立为皇后。其父王禁被封为阳平侯，赐特进位。叔叔王宏提升为了长乐卫尉。永光二年（公元前42年）王禁去世，谥号顷侯，长子王凤继承了爵位，担任卫尉侍中。王氏家族从此焕发了生机。

元帝有个能干的父亲，却并没学到太多真本领，在践位之初，还听进过几句良言相劝，干过几件好事，不久则开始重用奸臣石显、牢梁、五鹿充宗，打击忠臣萧望之、周堪、刘更生，还自作主张，更改了许多宣帝的政策，弄得皇权旁落，混乱不堪，让西汉王朝开始走向了下坡路。

当了皇帝之后，元帝的感情生活也大变天，不但将司马良娣从心房挤了出去，还将皇后抛到脑后，反而喜欢上了傅昭仪和冯昭仪。这也难怪，后宫佳丽三千，诱惑实在是太多。再说王政君当年的"上位"本来就有侥幸的成分。幸亏王皇后为人谨慎，善于隐忍，再说还有儿子可以依靠。至于皇帝的心，想要拴牢可不容易。

最让王政君担心的，是她不但"失去"了丈夫，连儿子也开始不争气了。幼年时的刘骜是匹乖巧听话的小马驹，即使是青年时代，也很招人喜欢。谁成想，长大之后，竟然热衷享乐，喜好酒色，长成了一匹桀骜不驯的野马。此时，皇帝的心思都放到了傅昭仪和冯昭仪身上。若是连儿子这张牌也失去，岂不是要一败涂地？王政君心里不禁暗自打起鼓来。

傅昭仪本是上官太后的才人，汉元帝即位后，先是立为婕妤，后又封为昭仪。"为人有材略，善事人，下至宫人左右，饮酒酹地，皆祝延之。"冯昭仪乃是左将军、光禄勋冯奉世长女，初元二年（公元前47年）选入后宫。初为长使，数月后升为美人，两人都生有皇子，尤其是傅昭仪的皇子定陶王刘康，多才多艺，聪明伶俐，乖巧可爱，甚得元帝欢心，以至于"坐则侧席，行则同辇"。

"康儿可比骜儿强多了。"时间久了，汉元帝竟生出了更换皇储的想法。

此后的十余年，王政君一直如履薄冰，努力纠正刘骜的品行。然而，"江山易改，本性难移"，谈何容易？最关键的时刻到了。竟宁元年（公元前33年），元帝突然病情加重，弥留之际，一直由傅昭仪和定陶王刘康侍奉，王政君和太子连见上一面都难。随着时间的推移，不但王政君坐不住了，连王凤都坐不住了。他们要丢的不是普通的物件，而是整个江山。若不是王皇后一向谨慎小心，奉迎上意，史丹、王商等重臣舍命保护，加上宣帝在世时格外疼爱刘骜，恐怕皇储的宝座就要易主了。

经过一番危机四伏、险象环生的角力之后，王政君、刘骜母子终于赢得了胜利。五月，四十三岁的元帝驾崩于未央宫。刘骜正式荣登大宝，成为了九五之尊，史称汉成帝。时年三十八岁的王政君就此成了皇太后。

然而，想要一劳永逸是不可能的，接下来，新的挑战来了——如何守住和治理好江山。刘骜此时正值青春期，元帝在世时，就像上了笼头的野马一样，还有所收敛。登基之后，则原形毕露，开始沉迷声色犬马，无心于朝政，对母亲的规劝也是敷衍塞责，阳奉阴违。万一随着年纪渐长，越发信马由缰，如何对得起江山社稷和列祖列宗呢？

"必须在皇帝翅膀没硬之前抓紧下手，否则悔之晚矣。"王太后私下里想。

于是，王太后开始千方百计为王氏家族攫取权力。这既是为了辅佐和控制皇帝，也是为了强大自己的根基，当然，还有回馈亲情的考虑。在孝道的感召下，成帝对王太后几乎言听计从：王凤被任命为大司马大将军领尚书事，加赐封邑五千户，王崇被封为安成侯，食邑一万户，王谭、王商、王立、王根、王逢时都被封为了关内侯，封赏食邑。朝中大事全由大司马大将军王凤做主。成帝倒也乐得清闲。既然有人拿主意，自己优哉游哉，随心玩乐岂不是更好？

据说，这一年的夏天，昏黄的大雾在京城升腾而起，遮天蔽日，以至于白昼昏暗，天色赤黄，太阳中隐约能看到有黑气。百姓们都吓得关门闭户，生怕大雾里钻出什么吃人的妖怪。成帝忧心忡忡地把朝臣们召集起来，询问上天为何降下这大雾？谏大夫杨兴、博士驷胜等都认为这是阴气太盛，侵抑阳气所致。

"陛下，这是不祥的预兆，不能不警惕呀！"大臣们纷纷附和道。

这无疑将矛头指向了王太后。当初，高祖刘邦与群臣杀白马立下盟誓：

"非刘不得称王，非功不能封侯。"王太后的兄弟们并非刘氏皇族，又没什么功劳，却全都封了侯，违背了高祖当年的约定。外戚中从未出现过这种情况。恐怕是高祖在天上发怒了。事后，王凤感到很恐惧，主动担责，上书请求引咎辞职，还政于皇帝，但成帝没有允许。

朝臣们施加的压力的确不小，可是王太后什么大风大浪没见过？五年后，河平元年（公元前28年），王太后最宠爱的弟弟王崇病逝，王政君深受打击。于是，这个"顾家"的女人决心给予家人更多的"关爱"。第二年，她就以成帝的名义，让王崇的遗腹子王奉世继承了爵位，又在同一日将兄弟王谭、王商、王立、王根、王逢时分别封为了平阿侯、成都侯、红阳侯、曲阳侯、高平侯，也就是所谓的"一日五侯"。这还不算，她还想把母亲李亲改嫁苟氏后生的苟参也封为侯，比之武帝时的外戚田蚡。成帝虽然没答应，但是将苟参任命为了侍中水衡都尉。

就这样，在王太后的影响下，成帝对王氏家族的关照愈演愈烈，以至于"王氏子弟皆卿、大夫、侍中、诸曹，分据势官满朝廷"。与权势一同到来的，是奢靡的生活。王氏子弟"争为奢移，赂遗珍宝，四面而至；后廷姬妾，各数十人，僮奴以千百数，罗钟磬，舞郑女，作倡优，狗马驰逐；大治第室，起土山渐台，洞门高廊阁道，连属弥望"。民间甚至编出了这样的歌谣："五侯初起，曲阳最怒，坏决高都，连竟外杜，土山渐台西白虎。"

现在，王太后掌握了权柄，安顿好了家人，终于可以放心地享享清福了。这一天，她闲来无事，到御花园中欣赏了一番湖光山色，奇花异草，正坐在亭中歇息，一个宫廷女官上前禀告说，大司马大将军求见。

"我这就回去。"王太后想到很久没见到大哥了，不禁莞尔一笑。

王太后坐上凤辇，值班的宦官缓缓站起身来，带着随身服侍的宫女们，稳稳当当地来到寝宫门口，再慢慢将凤辇放下。眼看着王太后从凤辇上走了下来，一个老宦官立即掀开精雕细镂的门帘，用尖细的嗓音喊道："太后驾到！"

等待王太后的不只是王凤，还有一个乡下女人和一个身材瘦弱的少年。

第一章　家族的复兴——从一个女人开始

那女人高高的颧骨，黝黑的皮肤，一双被生活折磨得暗淡无光的眼睛，或许是太过紧张的缘故，看到太后一行人走进来，竟然瑟瑟缩缩地颤抖了起来，急忙抓住那少年的手，跪在地上行礼。

王太后慢慢在宝座上坐下，做个手势，让他们站起来说话，然后对王凤问道："他们是？"

"禀告太后，这是王曼的内人渠氏和小儿子。"

王曼是王太后的同父异母的弟弟，乃是姜氏所生，地位无法跟正室所生的王凤、王政君、王崇相比。成家后按照当时的规矩，离开老宅，分家另住。王曼命不好，因为去世得早，没能像其他兄弟那样受到王太后的福荫，成为高高在上的侯爵。王政君为此很是难过，曾经嘱咐王凤抽空把弟妹一家带过来叙下亲情，以后要经常走动，不可太过冷落了。

"我早就想见见你们了。"王太后叹息了一番，询问起弟妹一家的近况。

"王曼活着的时候，我们靠卖油饼和高馍为生。"几颗晶莹的泪珠从渠氏粗黑的脸颊上滚落下来。

"一定是吃了不少苦呀。"王太后的目光从弟妹身上移开，落在那一身书卷气的少年身上，"只有这一个孩子吗？"

"他是次子，名叫王莽，字巨君。长子王永本来在尚书令手下做诸曹的，前两年病死了……"

"可惜了。"

母子二人虽然衣着寒酸，面带菜色，但是整洁干净，尚有礼节。王太后极其注重亲情，而且有着至高无上的权力和享用不尽的财富。愿意跟亲人们来往，也高兴提供帮助。现在，她已经准备用自己的权利和身份改变这对母子的命运了。

第二章　一颗冉冉升起的新星

这个孩子就是王莽,那么,王莽到底长什么样子呢?

班固在《汉书》中有如下的描绘:"为人侈口蹙颐,露眼赤精,大声而嘶。"就是说王莽长了张大嘴,下巴向前突出,眼睛发红,声音大而嘶哑。这副尊容实在让人不敢恭维。不过,王莽已经被骂了两千多年,自然不会留下什么好形象。别的不说,一个正常人怎么可能眼睛发红呢?莫非是得了慢性红眼病?寺庙里的天王和小鬼的眼睛才是红的。

由于相距时间太过遥远,王莽的真实相貌已经很难知晓了。不过,相貌是次要的,人们更关注的是王莽的内心,以及他的成长经历。那么,王莽在第一次见到姑母王政君之前,有着怎样的生活呢?

由于王曼是庶出,因此,王曼则从小就过着节衣缩食的日子,他没享受到多少生活的赠予,就早早地离开了人世。从建始元年(公元前32年),王家兄弟齐被封侯,但是没有王曼,这说明王莽至少在十三岁之前就失去了父亲。雪上加霜的是,到了十八九岁,他又失去了哥哥王永。接连失去了两根顶梁柱,这个家就越发不像样子了。

王政君当时已经立为皇后,但为了稳固在宫中的地位,保住刘骜的皇太子之位,必须谨言慎行,凡事小心,不可能像后来一样对亲属们多加关照。所以出身贵族的王莽,不得不长期与母亲、寡嫂、妹妹生活在社会底层,过着贫苦孤寒的生活,恐怕有时还要含羞忍辱地接受些接济。

"穷人的孩子早当家",这样的生活经历必然会对王莽的性格形成产生影响。地皇四年(公元23年),新朝已经烽烟四起,千疮百孔,农民军的声势不可阻挡。走投无路的王莽孤注一掷，派出了九虎将。库里明明有六十多万斤的黄金和数不尽的奇珍异宝，却在出发前只给每个士兵发了四千钱的奖金。只够买半石米、一只鸡或两壶酒而已。谁能说这样的吝啬作风，跟儿时的贫困经历没有关系呢？

王莽身上的书卷气也不是凭空而来。王莽当时的确就是个小小的儒生。毕竟是贵族出身，到底跟一般的平民不同。尽管生活贫穷，但王莽的父母颇有见识，他们从牙缝里挤出钱来，让王莽拜沛郡人陈参为师，学习《礼仪》《周礼》，还让王莽跟随名家陈钦学习了《左传》。

当然，也可能是一种较为功利的做法，当时有"经术苟明，其取青紫如俯拾地芥耳"。既然贵族身份靠不住了，想要出人头地，改变命运，只能在经术上下功夫了。因此，王莽从小就深深受到儒家思想的影响，以至于他后来推出的种种政策和改革，也带着浓浓的书卷气。

书籍为王莽打开了一扇通往新世界的大门。他用圣贤们的话来指引自己，鞭策自己。每天都起得很早，把大部分家务活都揽在身上，有什么好些的食物，都先侍奉给母亲，然后给嫂子、妹妹，最后才自己吃。他有一套儒生的衣服，总是整整齐齐地叠放起来，只有去上课时才舍得穿，平时则穿得随随便便，甚至是破破烂烂。

王曼生前提过家族的辉煌历史吗？提过王莽出身名门，有一位贵为皇后的姑母吗？

或许提过，但那就像水中月、雾中花一样，没有改变他们现实生活的样子。穷困像鞭子一样不断抽打着这个贫苦的家庭，让父母和孩子们像陀螺一样不停旋转。父亲和兄长先后过世后，王莽更没时间玩耍了，没完没了的活计在等着他。他的境遇，跟堂兄弟、表兄弟们相比，真是天壤之别。《汉书》在此处这样描述道："莽群兄弟皆将军五侯子，乘时侈靡，以舆马声色佚（逸）游相高，莽独孤贫，因折节为恭俭。"

如今，一切都不一样了。

这是一个崭新的开始，王太后将王莽的母亲留在了宫中，予以关照。

将王莽交给他的叔父们照顾。不久前，他还是个干着各种各样苦活儿累活儿的穷小子，猛然间，却从社会底层直接走进了上流社会。围绕他的是荣华富贵，娇尘软雾。一直以来，他对这种奢华的生活，连想都不敢想，现在却身置其中了。

可想而知，好不容易从社会底层爬上来的王莽，刚开始跟那些鲜衣怒马的堂兄弟们、表兄弟们接触时，很可能感到一点儿自卑。幸亏王莽很快找到了一个避难所，那就是书籍。家境贫困时，要挤时间读书，要想办法找书。如今终于有大把的时间，而且有读不完的书了。在王莽看来，读书就像接受古圣先贤的教诲，这可比跟那些浅薄无聊的堂兄弟、表兄弟们交往有意思多了。

等到长大成人之后，王莽开始结交朋友。他结交的不是不务正业的风流少年、狐朋狗友，而是些跟他一样爱好学问的名人学士。他们互相学习，互相切磋，互相促进。

虽然摆脱了贫困的生活，不用为谋生奔波劳碌，但是王莽还是跟之前一样，一切按照圣贤的指引来行事。绝不受到放荡堕落生活的影响。一个没见过多少世面的穷小子，能有这样的定力，自然是十分难得的。对于位高权重的叔父们，王莽也"曲有礼意"，相处得十分融洽。值得一提的是，王莽的几个伯父、叔父绝不是简单的"暴发户"，"皆修经书，任政事"，日子久了，了解得多了，全都对这位出身低微的侄子刮目相看了。

"这才是真正的王家人啊！"大司马大将军王凤暗暗赞叹道，"比那些只知道吃喝玩乐的臭小子不知强出多少。"

王凤也知道王氏家族的确存在许多问题。怎么纠正这种骄奢淫逸的风气，少受些指摘和议论呢？最好的办法就是在晚辈们中树立一个榜样。所以王凤对王莽格外栽培。他在用行动表明一个态度："我喜欢这样的年轻人。那些恶习难改的后辈将失去机会。"

于是，王莽越发勤勉用功了，他认定自己走在正确的道路上。这种恪守道德，严于律己的作风跟他读过的书一起，渐渐成了他性格的一部分。如果说，族人们从声色犬马、尽情挥霍中获得了满足的话，他就从刻苦自律所带来的自我认同中获得了满足。他克服了一开始接触上流社会时的自卑感，甚至有了一股莫名的优越感。久而久之，他竟成了家族内外的一面旗帜，一个标杆。

七百多年后，唐代诗人白居易在《放言五首·其三》中写道：

赠君一法决狐疑，不用钻龟与祝蓍。
试玉要烧三日满，辨材须待七年期。
周公恐惧流言日，王莽谦恭未篡时。
向使当初身先死，一生真伪复谁知？

王莽的上半生和下半生反差是如此巨大，实在是峰回路转，出人意料，也难怪白居易会发出这样的疑问了。还有人说，王莽若是在篡位前死掉，将会是历史上罕见的完人之一。可是，王莽真的只是在欺世盗名，蒙蔽世人吗？事情绝没有想象中的那么简单，现在可以剥丝抽茧，慢慢道来。

大约在十八岁左右，王莽成亲了。

女方名为王静烟，是昭帝末年丞相宜春侯王䜣的重孙女。王静烟的父亲王咸虽然承袭了封爵，但这个王家也是个破落户，跟王莽算是"门当户对"。从"同姓不婚"的角度来看，这桩婚姻显得有些随便，不过，王莽很钦佩王䜣的品格，自己的未来又是个未知数，所以倒也很知足。后来王莽称帝后，对"糟糠之妻"不离不弃，由此看来，夫妻二人应该是颇为和睦的。

汉成帝阳朔三年（公元前22年），二十四岁的王莽进入中枢做官了。王莽很珍惜工作机会，他办事认真，任劳任怨，谦恭有礼，从不以势压人。因而同事们都很钦佩他，觉得他跟一般的王家人不同。

身处在这样一个盘根错节的大家族里，几乎所有伯父、叔父对王莽的评价都很高。成都侯王商甚至向汉成帝上书，愿把自己的一部分封地让给王莽。王莽还得到长乐少府戴崇、侍中金涉、胡骑校尉箕闳、上谷都尉阳并和中郎陈汤等一干大臣的推举。注重亲情的王太后更是多次为其美言，因此王莽在仕途上越发如鱼得水了。

一天，王莽刚走进大殿，看到朝臣们中间多了个清秀的青年。那青年做儒生打扮，身材不是很高，髭须刚冒出来，看上去聪慧俊逸，气度不凡。大臣们看他的眼神中带着欣赏，嘴上可毫不留情，不断提出经学上的难题。有的甚至连王莽都觉得艰涩难解，那青年却对答如流，毫不费劲。

"犬子才疏学浅，诸位大人就不要为难他了。"光禄大夫刘向在一旁笑着说。

"怪不得，原来是刘向大人的儿子。刘向大人是本朝出了名的大学问家。果然'虎父无犬子'。"王莽心中暗想。

"哪里是才疏学浅，明明是学富五车嘛！"大臣们纷纷夸奖道。

"哪里，哪里！"

"我看跟王莽有得一比呢。"一个官员见王莽站在一旁，干脆将他叫了过来。"来，来，来，王莽，认识一下，他是光禄大夫刘向的小儿子刘歆。"

王莽一向喜欢结交英才。立即大大方方地走了过去。两个青年只对视了这一眼，就知道谈得来。这时，成帝走了出来，大臣们急忙收起戏谑的神情，向前施礼。成帝之前就听说刘歆通达有异才，听说他来了，也来了兴致，接连考问了好几个问题，刘歆回答得仍旧很轻松，诗词歌赋信手拈来。

"好，确实是个人才，"成帝高兴地说，"我要任命刘歆做中常侍。"

中常侍是个仅有虚衔的加官，主要负责顾问应对，多为皇帝爱幸之臣，东方朔就曾在武帝朝担任此职。以刘歆的才学，出任中常侍应该说并无不妥。可是，正当宦官们取来衣冠，准备拜官的时候，大臣们竟支支吾吾地阻拦了起来，说是最好询问下大司马大将军的意见。

"这么一件小事，也要麻烦大司马吗？"成帝忍不住抱怨道。

"还是问下的好。"

成帝没有办法，只好派人去问王凤的意见。没想到，这道小小的任命却遭到了王凤的拒绝，只能作罢了。王莽偷偷观察刘歆的态度，只见刘歆面带微笑，仿佛做官一事可有可无似的。倒是光禄大夫刘向气得浑身哆嗦，面色铁青。王莽对刘向的经历有些了解，宣帝朝时，刘向曾因弹劾宦官弘恭、石显而下过狱，后来又被贬为庶人。这样一个耿直刚正之人，自然不会因为儿子不升官而恼怒，他为何会气愤至此呢？

原来，刘向一向看不惯王氏家族的骄奢作风，堪称批判王氏家族的主攻手。之前，得知成帝在研读《诗经》《书经》等古书，曾根据《尚书·洪范》篇，摘抄从春秋战国到秦汉以来，关于祥瑞、天灾、异变的记载，整理出一本名叫《洪范五行传论》的书送给了成帝，提醒朝臣权势太重带来的祸患。这也就罢了。他还曾在奏章中直接予以抨击："今王氏一姓乘朱轮华毂者二十三人，青紫貂蝉充盈幄内，鱼鳞左右。大将军秉事用权，五侯骄奢僭盛，并作威福，击断自恣，行污而寄治，身私而托公，依东宫之尊，假甥舅之亲，以为威重。"

遭到这样的非议和批评，王凤难免心生芥蒂。出手报复也就不奇怪了。王凤虽有专权之嫌，但身为"骨肉大臣，有申伯之忠"。而且跟刘向官职相差较大，这就像一头雄狮跟一只喜欢汪汪叫的小狗，到底斗起来有限。与之相比，王凤跟王商的斗争则更加激烈，掀起的波澜也更大。

王商，字子威，涿郡蠡吾人，乃是宣帝母亲王翁须之兄王武的儿子，嗣位乐昌侯，元帝朝时担任右将军、光禄大夫，曾在保护刘骜储位一事上立过大功。刘骜继位之后，改任左将军。建始四年（公元前29年）三月，拜为丞相。王商为人敦厚，身长八尺，身材魁伟，相貌出众，连匈奴单于见了都心生敬畏，只能仰面而视，成帝得知此事后，曾赞叹道："此真汉相矣！"

王商不满王凤专权，两人一度明争暗斗，不可开交。朝中几乎人尽皆知。一年秋天，关中接连下了四十多天的大雨。京师谣传要发大水，百姓们乱作一团，以至于"老弱呼号"，发生了踩踏。成帝跟大臣们商议对策，王凤建议太后、皇上和妃嫔们登上御船躲避，官吏到城墙上躲避。大臣们跟往常一样，随声附和，只当是真有其事。只有王商提出了质疑，启奏成帝说，就是古代的无道王朝，也没发生过水淹城郭的事，如今天下泰平，上下相安，怎么会出这种事呢？肯定是以讹传讹。不久，果然证实了王商的说法，王凤为之很是惭愧。

虽然这次王商胜过一筹，但是王凤有王太后撑腰，实力上还是高出一头。王商到底还是因为得罪了王凤的姻亲琅琊太守杨肜，遭到了王凤的弹劾，而且内容的都是些"儿女私情"。成帝认为不值得治罪，王凤极力争辩，还煽动大臣们一起百般诋毁，终于让王商失去了丞相之位。三天后，王商吐血而死，谥号"戾侯"。子弟亲属全部调出宫廷，不得接近皇帝。

自从除掉了王商，王凤在朝中就越发所向披靡了。他杀伐决断，把持朝政，党同伐异，大搞"一言堂"。所有大臣们对其马首是瞻、唯命是从，连成帝都要让其三分。此时，正值王莽在事业上的成长期，耳濡目染间，很可能受到不少的影响。然而，无论多么威风八面、只手遮天的人都逃不过生老病死。

阳朔三年（公元前22年）秋天，辅政长达十一年的王凤病倒了。王莽每天精心侍奉，尽心尽力。他衣不解带，蓬头垢面，汤药熬好了，要亲自品尝一下，确定火候合适，才给伯父服用。接连数月都是如此，真是尽到了侄儿的本分，甚至把王凤的亲生儿子都比了下去。

不过，在当时来说，王莽的做法是再平常不过的事了。在汉代，孝道甚至写进了法律："无尊上，非圣人，不孝者，斩首枭之。"孝道还是选拔人才的重要考核标准。"四科取士"都以"有孝悌、廉正之行"为首要条件。"孝道"不单单针对父母，还推广至叔父、姑母等亲人。所以，王莽对王凤的孝顺是一个合格儒生的正常表现，也是整个时代的风气。

像所有的大家族一样，王莽的堂兄弟、表兄弟们也是良莠不齐，既有不少骄奢淫逸之徒，也有像王莽这样的青年才俊，只不过比较少而已。王舜、王邑、王闳是王氏家族的其他几个贤人，而且都与王莽很谈得来。值得一提的是，有一个表兄弟甚至在仕途上走到了王莽前面，此时，他也在病榻旁精心侍奉王凤，这个人就是淳于长。

第二章 一颗冉冉升起的新星

淳于长,字子孺,其母乃是王太后的姐姐王君侠(小名若)。淳于长进入仕途很早,刚刚二十岁,就做了黄门郎,虽然如此,淳于长却不是什么好人。他人品拙劣,自私贪婪,善于伪装,成功骗取了包括王太后和成帝在内的一干重要人物的信任,心思却用在了聚敛钱财、中饱私囊上。对心术不正的官吏来说,发现一个官居要职而且能用金钱打通的大臣,犹如开辟了一条升官发财的捷径,真是如获至宝,马上像闻到了臭味的苍蝇一样聚拢了过来。因此,淳于长不但攫取了大量的不义之财,而且在朝廷上也长袖善舞,一时间竟成了颇受欢迎的大红人。

凭借敏锐的"嗅觉"和细致的观察,王莽早就把这个表兄弟看透了。

"这种人成天围绕在王太后、皇帝身边,真乃朝廷之祸啊。"他私下里叹息道。

虽然打心眼里瞧不起,但毕竟都是读书人,而且是表兄弟,所以王莽和淳于长至少保持着面子上的友好关系。对于病人也毫不马虎,甚至于抢着干活儿,争着表现自己的孝顺。王凤地位之尊贵不言而喻,成帝之前就多次前来探望。这一天,或许是回光返照的缘故,王凤的精神好了许多,成帝得知消息,又御驾亲临了。

成帝坐在病榻旁,打量着衰弱不堪的舅舅,心中不由得涌起一阵苍凉之感。他对这个舅舅一度相当抵触。他几乎什么都要管,他们之间发生过多次分歧,逼走了心爱的弟弟刘康让他不满,丞相王商的死,舅舅也负有责任。虽然舅舅有许多缺点,但舅舅的忠心却是毋庸置疑的,一旦舅舅驾鹤西去,他能独担大任吗?他以后依靠谁呢?

"我想让平阿侯王谭接替大将军,不知可否?"看到舅舅的眼睛慢慢睁开了,成帝赶紧把最重要的问题提了出来,免得来不及。

"是……陛下吗?"

"是朕。"

王凤依稀间看到成帝的身影,竟不顾拦阻地从病榻上爬了下来,非要按照宫中的礼数,一边叩头,一边回答成帝的问题。成帝百般劝说都没有用,只能含泪任其叩拜。

"王谭奢侈无度，超越本分，不能率领引导百姓。"王凤气喘吁吁地说。

"那由谁来接替您呢？"

"御史大夫……御史大夫王音谨慎听话，行事小心，能走正道，微臣敢用生命保举他……"

"好，好，朕知道了。"

成帝见舅舅如风中之烛一般，真怕他会摔倒在地，永远爬不起来，急忙劝他躺回去。于是，王莽和淳于长走过来，将王凤搀扶回了病榻，轻轻地为其盖上被子。

"陛下，淳于长，王莽……"王凤接着说道，"都是难得的人才……"

"朕知道了。"

王谭是王禁的第三个儿子，是王凤同父异母的兄弟，王音则是王禁弟弟王宏的儿子，是王凤的堂兄弟。按理来说，王谭跟王凤的关系更近些。为什么王凤要推荐王音而不是王谭呢？史书上记载，王谭平时对王凤态度倨傲，而王音却对王凤卑恭如子。京兆尹王章，"资质忠直，敢面引廷争"，乃是汉元帝亲自提拔的人才，因为不满王凤专权，曾向成帝呈送奏章并获得召见，"言凤不可任用，宜更选忠贤"，推荐了素有贤名的冯野王。王音得到消息后，第一时间汇报给了王凤。王凤最终寻找借口诛杀了王章，罢免了冯野王，同时也在心里将王音归到了自己的阵营之中。

不久，王凤的病情愈发恶化，特地写下感谢皇恩的奏章，作为告别信，呈送给了成帝。再次推荐了王音、王莽和淳于长。八月丁巳，王凤终于咽下了最后一口气。第二个月，成帝任命王音为大司马、车骑将军。王谭则负责掌管长安的城门兵马，实在是天壤之别。王莽和淳于长的恭敬孝顺也都获得了回报，王莽升迁为了黄门郎，淳于长迁升为列校尉诸曹，仍旧盖过王莽一头。

前面提到过，淳于长曾经做过黄门郎，如今王莽也要做黄门郎了，那么，黄门郎到底是个什么官呢？

秦汉时，宫门大多油漆成黄色，俗称黄门。黄门郎因为在黄门内供职而得名。黄门郎能自由出入皇宫内外，负责在皇帝和尚书令之间传递公文，既能见到九五至尊，又能接触到朝廷机要，"近水楼台先得月"，自然有说不尽的好处。除了王莽、淳于长之外，刘歆也做过黄门郎，刘向曾在"戒子书"中提醒道："今若年少得黄门侍郎，要处也。"

自此，王莽接触成帝的机会越发多了，得以有机会了解整个朝廷机构的运转。跟学识渊博的刘歆成为同事，更是件开心的事。刘歆的学问越发长进了，不但在儒学上造诣很深，对校勘学、天文历法、史学、经学、诗歌、数学等方面也很精通，简直是个通才。跟他们一起工作的还有容貌清秀，性格耿直的班稚，他是班婕妤的弟弟。

王莽并没在黄门郎任上待太久，很快，他又晋升为射声校尉。

射声校尉是个武官，是八校尉之一，秩比二千石，领兵七百人。所谓"射声"，是善于射击的意思——虽在冥冥之中，闻声即能射中。

王莽本是一介儒生，从来不曾舞枪弄棒过，却担任了武官，听上去有些不伦不类。不过，王莽估计干得不错，因为他很快又得到了提升。新职务是骑都尉、光禄大夫、侍中，负责在皇宫内值宿警卫。王莽的职务越来越接近成帝，可见成帝对他的欣赏和信任。

永始元年（公元前16年）五月乙未（初六），成帝将三十岁的王莽封为新都侯。封国在南阳郡新野县的都乡，拥有一千五百封户。王氏家族俨然又多了一员"得力干将"。在这之前，成帝已将王曼追封为新都哀侯，王氏家族一共有了十个侯爷，权势之盛，在朝中难有匹敌。

王莽的未来充满了希望，有着无限的可能。从小自卑的他，希望实现自己的理想抱负。他一直保持着艰苦朴素的生活方式，乘着破车，驾着劣马，吃着粗糙的食物。与贫苦时几乎毫无二致，完全不像个贵族青年。他的爵位越高，工作越是认真，为人越是谦和，而且慷慨大度，家中不留余财，"散舆马衣裘，振施宾客"。

除了名人雅士之外，王莽还结交了很多王公贵族。这些要人都愿意举荐他，替他鼓吹。不管是本性使然，无心插柳，还是刻意为之，苦心经营，王莽一时声名鹊起，"虚誉隆洽，倾其诸父矣"，王莽则越发"敢为激发之行，处之不惭恧"。

可能在王莽看来，在德行上的大胆张扬并不为过，违背道义才让人鄙夷。这种大胆自信根植于对儒家思想的坚定信仰，以及不甘平庸的性格。当然，还可能是内心深处的自卑心理在暗暗作祟。在家庭生活上，王莽遵从的是儒家的"温良恭俭让"。他所有的家人，都能得到他的悉心关照。谁能想到，这样一个细致入微的男人将来会变成吃人的巨蟒，连亲骨肉都不放过呢？当然，那是若干年后的事情，当下的王莽近乎完人，人人喜爱。

王莽对侄儿王光视如己出，如亲生儿子一样看待。王光到了求学的年纪，就让他到博士门下学习。在休假时，带着美酒和羊肉，前去慰问王光的老师，连王光的同学都一道得到了馈赠。引得书生们前来围观。老年人们更是一致赞叹，夸他是个尊师重教之人。王莽在彰显德行的事情上从来不在乎别人的眼光，只要认为符合圣贤的准则，他就敢大胆为之。

王光比王莽的长子王宇还要年轻一点儿。王莽就安排他们兄弟二人一天结婚。婚礼既简朴又隆重。王莽的人缘很好，朝中大臣和诸位亲友坐满了举办婚礼的大厅，纷纷贺喜。王莽一如既往地礼数周全，态度恭敬。宴席之上，他回想着早年的艰辛岁月，再看看如今的富贵尊荣，真是天差地别，当然，首先要感激姑母王太后的恩情，真是永生难以报答。

朝臣们都感觉到了主人的喜悦，纷纷举杯畅饮，不时开怀大笑。整个大厅弥漫着喜悦的气氛。正在纵情欢乐之际，一个仆人走了过来，在王莽耳边低声说了几句什么。王莽顿时变了脸色，急忙起身向宾客们道歉，快步走回了后堂。这样几次三番下来，宾客们不由得面露疑惑，不知到底出了什么事。

"家母身体不适，在下需要伺候服药，请各位大人多多见谅。"王莽惭愧地解释道。

原来是侍奉母亲服药去了，在讲究孝悌的汉朝，这无疑是很受赞美的举动。宾客们不但没感觉到冒犯，反而越加钦佩不已。于是，王莽的形象愈发高大了，欣赏王莽的也愈加多了。王莽的横空出世，某种程度上纠正了世人对王氏家族的糟糕印象。王莽和同辈的王舜、王邑、王闳都堪称是同辈中的英才，被看作是王氏家族中的清流。

然而，"木秀于林，风必摧之"，王莽越是受到标榜，就越是有人想在他身上找出毛病。尤其是那些被他比下去的堂兄弟、表兄弟们。这些堂兄弟、表兄弟们将王莽、王闳、王邑看作是异己，尤其厌恶做事张扬，好出风头的王莽，总怀疑他是个沽名钓誉、弄虚作假的小人，想要找出他的把柄。

"机会"终于来了，王莽手头充裕些之后，买了座较为宽敞体面的宅邸。这也可以理解，毕竟王莽有老母需要奉养，还有寡嫂、妻子、儿女、侄子需要照顾，是好大一家子。堂兄弟、表兄弟们听说王莽在买房置业的同时，还顺便添置了个年轻美貌的奴婢，不由得暗自窃喜，心想这是金屋藏娇呀，王莽不是一直以圣人自居吗？狐狸尾巴终于露出来了，机不可失，非把它拽出来给世人看看不可。

几个堂兄弟、表兄弟口口相传，相约来到王莽新宅邸的门外，趁着仆人出来开门的机会，以给主人个惊喜为由，将仆人控制住，让他无法进去通报，然后，就跟一群窃贼似的，悄无声息地走了进去，想要看看王莽的真面目。

现在，他们都已经把眼睛瞪圆，警惕地四处看着，惟恐错过了什么，要是当时有手机，肯定已经准备好了拍照功能。

这是座中等大小的宅邸，跟王莽的身份十分相符。格局布置规整朴素，并不奢华。门边矗立着苍松翠柏，墙角种植着修竹腊梅。正值晚春时节，草木葱茏，绿荫清凉，一只只小鸟在树叶间宛转啼鸣，增添了几分灵动之气。无论是庭院，还是小径都打扫得干干净净，甚至连野草都薅掉了，给人整饬规矩之感。众人听说王莽在后花园的书房中读书，就一边欣赏着景致，一边向后花园走去。

刚绕过一个拐角，突然看到一个身材娇小，头发浓黑，面色红润的年轻女子。堂兄弟、表兄弟们如获至宝，急忙躲到了一丛翠竹后面。从茂密的竹叶间仔细看去，只见那年轻女子手里端着茶盘和茶具，身材袅娜，动作轻巧，眉眼间带着淡淡的哀愁，很是有几分姿色。堂兄弟、表兄弟们之前从未在王莽家中见过这个女子，看来，传说中的美貌奴婢肯定就是她了！等到女子款步走进一个房间，堂兄弟，表兄弟们立即互相递了个眼色，蹑手蹑脚地跟了上去。

王凤的公子王襄是个带头的，父亲生前总在他面前夸王莽，把他比得一无是处，跟个废物相似。他早就对王莽心怀不满了。如今真是机会难得。

或许不想错过宝贵的春光，窗子全都打开着，王襄将食指放在唇边，示意大家不要打草惊蛇，然后轻手轻脚地走到窗旁，向里面窥探起来。就像有人刚将一盘美味佳肴放到面前，他已经迫不及待地要吃第一口了。

房间里堆了许多的书卷。王莽正坐在几案前低头写着什么，满园的春色洋溢在室内，跟书卷和墨汁的香气融合在一起，让人神清气爽、俗虑顿消。

王莽的嘴角挂着一抹若有若无的微笑，俨然对眼下的生活很满足，那年轻女子正在安静地将茶具放在桌子上。从正面看去，更觉娇媚多姿，貌美如花。兄弟们慢慢凑到了王襄身后，兴味盎然地向里面偷窥着，都期盼着有场好戏上演。可是，王莽只顾书写，竟连头都不抬。那年轻女子摆好了茶具，给王莽斟了一杯，就在甜美的茶香中站起身来，准备拿着托盘退出去了，两人从始至终竟连一句话都没有说。眼看好戏没等开始就要散场，兄弟们终于按捺不住了，一把将门推开，嘻嘻哈哈地走了进来。

"这下可被我们捉到了！"王襄摇头晃脑地说道，一心想看王莽的窘态。

"你们怎么来了？"王莽忙不迭地从榻上站了起来，"有失远迎！"

"不用慌，也不用不好意思，圣人都说了——'食色性也！'"

王莽愣了一下，见众人挤眉弄眼，神情轻佻，这才明白了过来。"哎呀，错怪我了！"

"人就在这里，还要狡辩吗？"

"后将军朱子元只有一女而无男孩儿,'不孝有三,无后为大',我听说这个女子适宜生子,所以特地买下来,准备送到朱将军府上去。"王莽面红耳赤地说。

当天,王莽果然派人将那年轻女子送到了朱子元府上。朱子元就是朱博,后来一路做到了丞相,反而成了王莽的死对头,实在是世事难料。到底是王莽受了冤枉,还是急中生智,"匿情求名"呢?如今已经很难考证。不过,堂兄弟、表兄弟们没能抓住王莽的"狐狸尾巴",的确是真的。

第三章　大司马之争

尽管朝廷内外的批评声不绝于耳，可是，"任尔东西南北风"，大司马这个职位还是让皇舅们轮流做。辅政八年的王音去世后，王商接替其辅政，王商因病去世，王根继任。王根接继时已经年迈了，只辅政了四年，就因为身体的缘故多次上书乞骸骨。下一任大司马会是谁呢？红阳侯王立曾因"狡猾不遵正道"遭到弹劾，总不能让一个有污点的人担任吧？似乎该考虑一下年轻一代了。

王莽在朝中历练多年，能力出众，声誉卓著，毋庸置疑是下一任大司马的重要人选之一。然而，一个人似乎希望更大，那就是淳于长。在王莽在仕途上一路高歌猛进的同时，淳于长也在持续发力，先后升迁为水衡都尉侍中和卫尉，始终压王莽一头。这对表兄弟似乎冥冥中叫上了劲儿，都想成为年轻一代臣子中的"领头羊"。

如今，竞争开始白热化了。

"大权要是到了淳于长手里那还了得。"一想到西汉王朝可能由这个奸佞之徒掌舵，王莽不由得心头火起。

正所谓"多行不义必自毙"，就像飞蛾扑火一样，根本无需王莽动手，不可遏制的贪婪就将淳于长引向了毁灭。那么，一手好牌的淳于长是如何走向毁灭的呢？这里不能不提到一个关键人物——许皇后。

成帝的第一任皇后名叫许娥，是车骑大将军、平恩侯许嘉之女，恭哀皇后许平君的堂侄女。当年，元帝为母亲在位时间很短，而且惨遭霍氏毒害而难过，特地将舅舅许嘉的女儿婚配给了成帝，以示抚慰。推算起来，许娥

· 28 ·

竟是成帝的表姑姑。许皇后聪颖多才，秀外慧中，只可惜诞下的一子一女先后夭折，没能留下皇子。许皇后和成帝一度很是恩爱。"人无千日好，花无百日红"，后宫中美女如云，许皇后能够宠冠后宫十多年，已经很成功了。

从建始三年（公元前30年）开始，连续三年出现了月食。一些政敌归罪于当时如日中天的大司马大将军王凤，认为是他大权独揽，惹得天怒人怨所致。王凤急于摆脱困境，转而将矛头指向了许皇后，批评后宫荣宠太盛。许皇后年老色衰，又未能诞下皇子，本来成帝就对她清淡爱驰，听王凤这样一说，不但宠爱愈加减退，还减省了许多椒房、掖廷开支，让正宫娘娘日子过得紧紧巴巴的，连做个屏风都要请示。许皇后忍不住向成帝抱怨，反倒碰了一鼻子灰。

"都是王凤老贼害的，不然皇帝也不会这么对我！"她在心里骂道。

成帝当年做太子时，就以好色闻名，如今虽然冷淡了许皇后，可是也没闲着。因为有舅舅们分担政务，他空闲时间多得很，经常带着一批随从微服私访，四处游逛玩耍，甚至跟一群市井流氓、轻薄小人搅和在一起，倒像个浪子。一次，他在阳阿公主家饮酒作乐，看中了一个舞女。这个舞女就是大名鼎鼎的赵飞燕。赵飞燕不但容貌娇艳，而且身段曼妙，轻盈无比，据说能在手掌上跳舞，把成帝迷了个神魂颠倒，不能自已。

赵飞燕还有个妹妹，名叫赵合德，姿色有过之而无不及。成帝见了，越发笑得合不拢嘴。在成帝看来，宫中的女子都太一本正经了。这对姐妹花既风骚入骨，又不至于过于粗俗，真是恰到好处。要是能长相厮守，就是给个神仙当也不要了。宣帝朝的披香博士淖方成恰好看了赵飞燕和赵合德，私下里唾弃说，这是两个祸水。但成帝任性惯了，以至于不向母后请示，就将二人带回宫中，从此日夜寻欢作乐，无心政事……

许皇后本来还盼着成帝能回心转意，自从有了这两个小妖精，不但未能如愿，竟连见成帝一面都难了。她怒气冲天，想翻身，想报仇，想发泄怒火。许皇后的姐姐平安刚侯夫人许谒一向很有谋略，没少为许皇后出谋划策，堪称智囊。许皇后派人将姐姐接入宫中，两人一起商量对策。许皇后将气都撒到了王凤和身怀有孕的王美人身上。认定没这两个小人，自己也不会落到这步田地。许谒急于帮妹妹报仇，一时晕了头，竟对王凤、王美人施以诅咒。事情很快败露了，很多人还对武帝朝的"巫蛊之祸"心有余悸，因此皇宫中最忌讳搞这套东西，许皇后和许谒这次无疑犯了大忌。

赵飞燕自从来到宫中后，一直觊觎着后位，她知道很多人嫌弃她出身低微，天下人不是瞧不起她吗？她偏要做个母仪天下的正宫娘娘，将他们踩在脚下，这样才解气呢。听说许皇后犯下这么大的过失，她犹如猫儿闻到了鱼腥味，立即和王凤结成了临时同盟，一个在朝廷上大加批判，一个在后宫猛吹枕边风。成帝很快就被他们牵着鼻子走了。许谒被处以极刑，许皇后也失去了皇后之位。先是退居昭台宫，后又迁到长定宫，被称作"长定贵人"。

自此，皇后之位出现了空缺。成帝正迷恋赵飞燕无法自拔，一心想要立她为后。立一个舞女为后？真是岂有此理！是不是还要立个妓女为后呢？王太后本来就对成帝乱带女人回宫不满，这次立即提出反对，认为此举不但有失皇家体面，还可能败坏皇室尊贵的血统——后来，赵氏姐妹真的影响了皇室血统，不过是以另一种方式。成帝恨不得把整个江山送给赵飞燕，一个皇后之位算什么，所以一心想要说服母亲。但王太后态度格外坚决。成帝为此一筹莫展，竟连朝都懒得上了。

眼看着成帝成天长吁短叹，愁眉苦脸，大臣们都不知何故。但此事却瞒不住淳于长。淳于长身份特殊，而且身为侍中，经常在宫中走动，所以消息灵通。他像条嗅觉灵敏的狼狗似的，嗅出了讨好主子的机会。在弄清楚王太后的顾虑之后，淳于长替成帝想出条妙计——给赵飞燕和赵合德的父亲赵临封个爵位。这样一来，赵飞燕和赵合德也就不存在出身低微的问题了。

成帝觉得的确是个好办法，果然于四月乙亥（十五日），提前让未来的岳父做了成阳侯。就这样，赵飞燕和赵合德一跃成了侯爵之女，王太后再没有了责难的理由了。但还有大臣这一关需要过，不久之后，刚从县令提拔为谏大夫的刘辅上了道奏章，里面用词颇为尖刻，甚至说出了"腐木不可以为柱；人婢不可以为主"这样难听的话。成帝读罢大发雷霆，将刘辅关进了宫廷监狱，准备秘密处死，左将军辛庆忌等大臣上书求情，这才改判"鬼薪"之刑。

就这样，经过一年多的努力，成帝终于得偿所愿，将赵飞燕立为皇后。汉成帝虽然荒唐，却赏罚分明，从不忘了有功之臣。元延三年（公元前10年），以淳于长停建昌陵有功为由，将其封为关内侯，后又封为定陵侯，淳于长自此"大见信用，贵倾公卿"。

此时，大司马王根在职已近四年，年老体衰，缠绵病榻，眼看大去之期不远。淳于长位列九卿，上得王太后和皇帝的恩宠，下受文武百官的吹捧，虽然为人奢靡了些，倒也贴合当时的风气。总之，所有人都认定淳于长成为下任大司马几成定局。个别小人已经蠢蠢欲动，连礼物都准备好了，在这种情况下，淳于长的本性暴露无遗，不但不知韬光养晦，增长德行，竟越发任性胡为起来，他"多蓄妻妾，淫于声色，不奉法度"，对贿赂来者不拒，多多益善。

除了许谒之外，许皇后还有个姐姐，名叫许孊。许孊早年嫁给了龙额思侯。龙额思侯很早就去世了，许孊也就守了寡，不知何时起，许孊竟然跟淳于长搅在了一起。连许皇后都已人老珠黄，按理来说，许孊肯定也不是青春少艾。然而，或许是臭味相投的缘故，淳于长竟被这寡妇迷得神魂颠倒，而且这次很负责任，于元延三年（公元前10年），正式将其娶过来做了偏房。

此时，许废后正在冷宫中苦熬岁月，无意中听说淳于长如今是朝中的大红人，倍受皇帝宠信，又是王太后的外甥，最近还成了自己的"姐夫"，想利用一下这条宝贵的人脉，于是，就通过姐姐许孊对其百般贿赂。

"做不回皇后，做个婕妤也是好的。"许废后私下里想，"总比在这冷宫中受苦强。"

许废后专宠后宫多年，积攒了不少的私房钱，还收藏有不少的后宫珍宝。当年，成帝看在过往的情分上，都让她带进了冷宫。贪婪，正是淳于长的致命伤。这些私房钱和珍宝对他的诱惑实在太大了，根本没法拒绝。淳于长了解许废后的期望后，承诺要劝说成帝复立其为"左皇后"，以此作为榨取其资财的"诱饵"。许废后信以为真，将成千上万的财物，包括各种御用的衣物器具先后偷运出宫，送给了淳于长。可恨的是，淳于长一边对其百般盘剥，一边还通过许嫌转交的书信肆意调戏，时间长达数年之久，可见其为人是多么的卑鄙无耻，胆大妄为。

"踏破铁鞋无觅处，得来全不费功夫。"淳于长的一部分丑闻正好传到了王莽耳中。王莽正愁找不到淳于长的把柄，这个把柄来得太及时了。王莽立即将其抓在手中，准备扳倒淳于长。

因为职务升高，工作繁忙，此时王莽不能连续在王根病榻旁照料，但是只要一有空闲，一定前来探视。绥和元年（公元前8年）的一天，王莽又抽空来到了王根的府邸。将淳于长见王根久病在床如何高兴，自认为必将接替王根的位置，已经提前组织领导班子，安排亲信，布置政事以及平时的骄奢淫佚，卖官鬻爵，收受贿赂等事全都说了出来。

"为什么不早告诉我？"王根气得怒目圆睁，差点儿从病榻上摔下来。

"我不知道您的意向，故而不敢乱说。"王莽低声答道。

正巧一个侍妾端着碗热气腾腾的药汁走进来。王根压抑不住怒火，猛地一挥手臂，将药碗拨到了地上。只听"哗啦"一声，药碗摔了个粉碎，深褐色的药汁溅得到处都是。侍妾惊叫了一声，赶紧退了出去。

"快，快将此事告知太后……"

"是。"

王莽果然将此事告知了王太后。王太后是个重情重义之人，一向对淳于长视若己出，照顾有加，没想到这孩子竟然背地里做出这等胆大妄为之事来。听完王莽的话，王太后气得哆嗦个不停，连坐都坐不稳了，大声说："这孩子放肆到这个地步了吗？去，禀告给皇帝。"

就这样，此事又传到了成帝耳中。成帝同样惊愕不已。要知道淳于长可是下任大司马的头号人选啊，依他所犯的罪行，倒是可以直接拉出去砍头看在淳于长是王太后的亲外甥,自己的表兄弟,而且在赵飞燕立后一事上出过大力的份儿上,成帝下令免去淳于长的官职,遣送回汝南封国去。

此时,淳于长正做着位极人臣的春秋大梦,没想到,竟被一个响雷唤醒,得知消息后,他半晌没缓过神来。如今事情已经败露,已然没有了转机,也只能接受现实了。想当年,逢迎他的人何其之多,如今一旦失势,竟连个送行的人都没有。淳于长看着乱糟糟的院子,心中仿佛横亘着一座雪山,冻结着一面冰湖,正在感叹人心不古,世态炎凉,家中的老仆忽然跑了过来,禀报说红阳侯王立的嫡长子王融求见。

"他怎么来了?"淳于长愣了一下,心里嘀咕道,"我一向跟他并不来往。"

当年,红阳侯王立曾怀疑淳于长在背后诽谤,两人渐渐冷淡了起来。王融受父亲的影响,自然也不会跟淳于长走得太近。如今,突然来访,莫非想落井下石?淳于长不由得警惕了起来,然而,这次他却估计错了。王融不但是个纨绔子弟,还是个糊涂虫,听说淳于长就要回封国,竟然来索要淳于长的车辆马匹了。

"反正你也用不上了,扔在那里也浪费。"他还觉得自己挺聪明。

"好说,好说。"

淳于长何等精明,眼珠一转,觉得这倒是跟伯父王立修复关系的好机会。干脆借坡下驴地将车辆马匹送给了王融,还额外赠送了许多奇珍异宝,然后擦着眼泪,请求王融劝说伯父顾念亲情,在皇上面前替自己美言几句。"拿人的手短,吃人的嘴软。"王立收到礼物后,果然上了道奏章,替淳于长喊冤叫屈,请求成帝收回命令,将淳于长留在京师。

成帝并不是傻瓜,他早就知道淳于长和王立之间的罅隙,看了这道奏章,顿时疑窦丛生,心想两人怎么突然和好了?莫非互相勾结,一起算计自己?要是不给他们点厉害瞧瞧,还以为皇帝好欺负!立即将此事交有司按验。事后,王立后悔得差点儿抓光头发,无奈之下,只好"丢卒保帅",让王融自杀了。成帝正在气头上,竟愈加怀疑,又下令逮捕了淳于长,关押在洛阳狱中，严厉追究。淳于长富贵了一辈子，哪受得了严刑重罚？还没等狱卒们施展什么手段，就供认不讳了。

淳于长贿赂王立已经让成帝怒不可遏，听说其还调戏前皇后？要给自己戴绿帽子，成帝愈加怒发冲冠，于是，就以"大逆不道"的罪名将淳于长在狱中处死了。之后，将淳于长的母亲王太后的姐姐遣返回了魏郡元城，将淳于长的妻子儿女都流放到了合浦。又委派廷尉孔光持节，将一碗烈性毒药赐给了冷宫中的许废后。可叹许废后白受了好几年的窝囊气，不但没回到皇帝身边，反而将卿卿性命丢了。成帝看在王太后的面子上，将舅舅红阳侯王立遣送回了封国，没有施加重罚。与之关系密切的朱博、孙闳、陈咸等二十多位官吏全部辞退，一场风波这才告一段落。

对于淳于长的倒台，王莽无疑起到了至关重要的作用。如果不是他背后的"小报告"，淳于长还要继续嚣张下去，甚至可能顺利当上了大司马，掌握更大的权柄。同时，他也是淳于长倒台的最大受益者。那么，王莽真的在此事中扮演着不光彩的角色吗？

《汉书》将淳于长列入了"佞幸传"里。这可不是什么值得夸耀的事。"佞幸"指的是依靠谄媚奸谋得到君主宠幸的人，以及以男色事君的男宠，"汉兴，佞幸宠臣，高祖时则有籍孺，孝惠有闳孺。此两人非有材能，但以婉媚贵幸，与上卧起，公卿皆因关说。故孝惠时，郎侍中皆冠鵕䴊，贝带，傅脂粉，化闳、籍之属也。两人徙家安陵。其后宠臣，孝文时士人则邓通，宦者则赵谈、北宫伯子；孝武时士人则韩嫣，宦者则李延年；孝元时宦者则弘恭、石显；孝成时士人则张放、淳于长；孝哀时则有董贤。"看看跟淳于长并列的这几个人，再想想淳于长之前的所作所为，每一项都是不小的罪名。对这种奸佞之臣的揭发，乃是朝臣的责任。要是睁一只眼闭一只眼，才是失职的行为。所以，至少在名义上，王莽做了分内该做的事。

王莽真的就这么光风霁月，没有一点儿私心吗？

那恐怕只有王莽自己知道了，毕竟人心是复杂幽微的。王莽的事业心那么强，野心那么大，要是有一点儿私心的话，似乎也符合情理。无论如何，王莽所做的一切都用道义精巧地遮掩了起来,别人也没有可以指摘的直接证据。同年十月甲寅,病入膏肓的王根正式退休,推举王莽接替自己。就这样,王莽以"首发大奸,称其忠直",正式成为了位高权重的大司马,时年三十八岁。

第四章 接手的是个烂摊子

王莽在朝中历练多年，他的成功是靠多年的奋斗和积累得来的，绝非一蹴而就。成为朝廷的核心人物，从同辈中杀出重围，脱颖而出之后，王莽格外珍惜当下拥有的一切。他想到了那些光辉灿烂，永垂史册的名字，那些前辈的政治家。能够获得跟他们一样的机会，这是多么令人兴奋啊。至少要比之前的伯父、叔父们做得更好，这样才对得起朝廷的信任，对得起自己付出的苦心。与此同时，王莽心底里还有一个更伟大的目标——那就是彻底改变整个国家，实现心目中的儒家理想蓝图。

现在，他跟丞相翟方进、大司空何武共为"三公"，相当于"三驾马车"。这两个同事都跟他一样胸怀壮志，斗志十足。首先，他要干好自己的分内之事。尤其是要改变世人对王氏家族骄横霸道的印象，至少要将他跟那些享乐之徒分开。他不以门第显赫而炫耀，而凸显自己的礼贤下士、勤俭节约和一心为民。特地聘请了许多贤良方正之人和敢言直谏之士担任各级办事属官，用以纠正朝廷的风气；还将朝廷的赏赐和封邑的收入，全都用来款待士人，自己则过节省简朴的生活；身先士卒，克己奉公，处处严格自律。

在王莽的苦心经营下，一系列举措纷至沓来：为了加强地方管理，罢刺史，更置州牧，秩由六百石提高到两千石；扩充太学弟子名额，从一千人增加到三千人；以才行推荐中垒校尉刘歆为侍中，后迁任为光禄大夫，继承其父刘向的事业……他工作得非常辛苦，但是乐此不疲，感觉身上有用不完的干劲儿。因为古代圣贤在指引他的方向，他要"修身齐家治国平天下"。

第四章　接手的是个烂摊子

有一次，王莽的母亲病倒了，公卿列侯们的夫人们相约前来探望。

这些满身绫罗、花枝招展的夫人们本想参观一下大司马的宅邸，却发现这座府邸很是简朴，从家具陈设上看，甚至连普通的官吏都不如。奢华的摆设一件都看不到，最让人吃惊的是，王夫人出来迎接时，竟然身着粗糙的布裙，长度仅到膝盖而已，简直让人分不清是贵妇还是奴仆了。至于招待的食物更是简陋无比，难以下咽。

然而，想想王莽平时穿的旧衣，驾的劣马，乘的破车，一切似乎也就不奇怪了。再想想平时的早出晚归，勤勤恳恳，一丝不苟，就愈发感到钦佩了。然而，光有品格是不够的，王莽得到的并不是一个安闲自在、养尊处优的美差，他接手的是个名副其实的"烂摊子"。

此时的西汉王朝早已没有了往日的辉煌，这座巍峨的大厦正在慢慢倾倒下去，各种社会问题已经摆到了台面上。政治日益腐败，中央权力明显减弱，阶级矛盾逐步加深，土地兼并问题尤其严重。以至于官商勾结，蝇营狗苟，"皆通邪结党，挟养奸轨，上干王法，下乱吏治，并兼役使，侵渔小民，为百姓豺狼。"贵族、官僚、地主、商人们用剥夺来的财富极尽挥霍之能事，过着奢靡无度的生活，普通百姓连有钱人家豢养的犬马都不如。

因为失去了土地，很多百姓成了无家可归的流民，青壮年沦落为奴婢，老弱病残被迫上街乞讨，甚至"饿死于道，以百万数"，富豪们地主们驰骋于地方政权之间，几十万饥寒交迫的流民却在涌入关中。大大小小的叛乱早就不是什么新鲜事了。儻宗、申屠圣、郑躬、樊并、苏令等人接连在各地起兵造反，叛乱虽然都被扑灭了，但是产生叛乱的病灶尚未根除。

当然，这些问题都要暂且靠后，花时间慢慢予以解决。身为大司马，王莽需要面对的第一个重大挑战，乃是维护皇权的延续。

前面提到过，成帝是个热衷享乐的皇帝。他对政治并没太大兴趣，对母亲言听计从，过于依赖诸位舅舅。如果不是托生在皇室，他肯定会成为一个浪荡子。尽管宠幸过无数的美女佳丽，老天爷却跟成帝开了个大大的玩笑——他并没能留下子嗣。曾经有过留下子嗣的机会，还让他宠幸的女人破坏掉了，这在后面将会提到。

在臣子们看来，没有子嗣是上天对成帝荒唐行径最严厉的惩罚，故而在劝谏的奏章中每每提及此事。成帝算不上是个明主，却有一个优点——心胸豁达，大臣甚至说出了："方制海内，非为天子，列土封疆，非为诸侯，皆为民也……明天下乃天下之天下，非一人之天下也"这样的大胆的话。可见当时的言论相当宽松。这样的"狂悖无忌讳之语"如果出现在大明朝，肯定难逃满门抄斩的命运。对于臣子们的劝谏，成帝大多时候都态度良好，当然，听与不听则是另一码事了。

成帝为了得到子嗣想了许多办法，一度很相信鬼神、方术，在祠庙祭祀上的花费也相当大，这甚至还成了扩充后宫的一个理由，然而终究还是失败了。日渐衰弱的身体提醒他必须接受没有皇子的现实，抓紧从皇族中选定一位继承人，免得引起不必要的动荡。此时，主要有两个备选对象，一个是中山王刘兴，一个是定陶王刘欣。

几年前，刘兴和刘欣曾一同来到长安。两人的随从不同，刘兴只由傅陪同，而刘欣把傅、相、中尉都带来了。成帝询问其中缘故。刘欣说是按照诸侯王拜见天子的法律规定，成帝满意地点了点头，又问刘兴为何只带来了傅，刘兴支支吾吾，无言以对。之后，刘欣应成帝的要求，背诵了《诗经》上的诗歌，并做出了正确的解释，刘兴却不能背诵出《尚书》，还在共餐时缺乏礼数，连袜带松开了都不知道。总之，成帝认定刘欣更贤能，刘欣的祖母傅太后得知之后，大喜过望，趁机贿赂了赵飞燕、赵合德和当时执掌大权的王根。支持刘欣的还有翟方进、廉褒、朱博等大臣，只有孔光认为立嗣应该以血缘关系亲疏为据，支持了刘兴。但是，成帝恐怕早就拿定了主意，绥和元年（公元前8年）二月癸丑（初九），正式册封刘欣为皇太子。对于刘兴则增加了三万的封户，封其舅冯参为宜乡侯，以示安慰。

一年后，接连发生了山崩、水灾、日蚀、"荧惑守心"等异象，这些都是很不好的预兆。成帝深恐上天降罪，以"政事不治，灾害并臻，百姓穷困"为由，让丞相翟方进做了"替罪羊"，但仍旧没能消除上天的震怒。四

第四章 接手的是个烂摊子

月十七日,成帝清晨起床时,刚穿上裤袜,就衣服滑落,不能言语了。御医手忙脚乱地前来施救,到底回天无力,只能眼看着情形一点点儿地糟糕下去。计时用的昼漏来到十刻时,年仅四十五岁的成帝终于咽下了最后一口气。

楚王刘衍、梁王刘立正在京师朝见,当天还要拜左将军孔光为丞相,已经刻好了侯爵的印信,准备好了封拜诏书,从这么紧凑的日程安排来看,成帝似乎有意改弦更张,做个有道明君。然而,上天已经不准备再给他机会了。皇上驾崩的噩耗传到了宫外,"民间欢哗,咸归罪赵昭仪"。王太后诏令王莽与御史、丞相、廷尉一起追究原因,给天下一个交代。还没等开始,赵昭仪就自杀了,这是自然意料之中的事情,跟皇帝相比,一个妃子的生命就跟草芥一般,无论她生前多受恩宠。

看着成帝的遗容,王莽心中五味杂陈。他们是有着血缘关系的表兄弟,也是君王和臣子。两种感情纠缠在一起,愈发让人感伤,此时,王莽就任大司马还不到一年。他一心想要"应帝王""作帝辅",扭转西汉的衰败局面,成就一番伟业。他制定了许多了不起的计划,只推出了很少的一部分,还有许多都没有实施,就遭到了当头一棒。但是他不能沉浸于悲伤,他还要料理好成帝的身后事,此乃大司马的责任。

当天,孔光遵照成帝的遗愿,在灵柩前,拜受了丞相、博山侯的印信、绶带。孔光乃是孔子的第十四世孙,太师孔霸之子,堪称一代名儒。年未二十即举为议郎,后入朝担任谏大夫,几乎一辈子都在做官。早就磨炼得圆融无比,跟动辄弹劾同僚的翟方进相比,这样的"老好人"自然更容易打交道。然而,对于王莽来说,放眼望去,仍旧是荆棘密布,危机重重。"一朝天子,一朝臣",他能得到新帝王的支持和认可吗?

只有时间能给出答案了。

夏日,四月,丙午,未央宫举行了盛大的太子登基大典,西汉王朝的第十三位皇帝即位了。他就是史称汉哀帝的刘欣。刘欣此时十九岁。王莽永远忘不了第一次见到他的情景,又是一个病歪歪的皇帝,只不过更年轻而已。

跟被酒色慢慢掏空的成帝不同，哀帝从出生起就体弱多病。西汉末年的皇帝，就跟当时的国势一样，衰弱、无力、病态，一个不如一个。当然，选择皇太子，血统纯正最重要。宁可选立一个"药罐子"，也不能把祖宗好不容易打下来的江山让与外人。

哀帝毕竟不是成帝亲生的，要想以支庶坐上皇位，是有条件的，按照宗法礼制，要"以小宗奉汉大宗之后"，即认成帝的亲属为亲属，"不得顾其私亲"。成帝在世时，已经封楚孝王的孙子刘景为定陶王，让刘欣生父一脉得以延续。在登基仪式上，尊王政君为太皇太后，赵飞燕为皇太后。之前，王政君降下诏书，允许皇帝的祖母傅太后和母亲丁姬每十天来未央宫探望一次。这是"契约"的一部分。从此，哀帝就相当于成帝的后代了。她们不过是皇帝血统上的亲属罢了，没必要走得太近。

刘欣毕竟比王莽小了二十岁，王莽对其并不很担心。倒是对傅太后的糟糕人品早有耳闻，传说傅太后"为人刚暴，长于权谋"。刘欣之所以在皇位争夺中赢得先机，跟她在背后的苦心经营不无关系。这样一个女人，一旦获得了权力，恐怕不会安分吧？

在登基仪式上，王莽偷偷观察了下这个潜在的"对手"。看啊，她那张涂满脂粉的脸上已经隐藏不住心中的喜悦了，皇帝头上的冠冕和身上的龙袍，是她帮忙穿戴上去的。她的宝贝孙儿即将成为九五之尊，统领整个国家了。皇帝是她从小抱大的，她对皇帝的恩情，甚至超过了他那美丽懦弱的母亲。皇帝将来一定会回报她的，补偿这些年生活给予她的痛苦、委屈和不甘，让她获得无上的荣光。

王莽又将目光转向坐在宝座上的王太后，王太后戴着高高的凤冠，穿着满是精美刺绣的凤袍，一如既往的端庄内敛，一条条皱纹不知何时已经爬上那张秀丽可人的面庞。凤冠下隐约露出的头发有些灰白，嘴角跟松弛的脸颊一起耷拉了下来，显得很是严肃。王莽还记得姑母年轻时的样子，真是恍如隔世。现在，王太后是站在西汉王朝顶峰的人，几乎成了未央宫的一部分。王莽像往常一样揣摩着姑母的想法，刘欣能战胜刘兴赢得帝位，姑母无疑发

第四章　接手的是个烂摊子

挥着至关重要的作用。可是，新皇帝真的会知恩图报吗？

"王太后可能低估了王氏家族面临的危险，这是一场彻头彻尾的豪赌。"他忧心忡忡地想。

哀帝当年之所以受到成帝和王太后的垂青，不是没理由的。他在封国时就以贤德出名，喜好《诗经》《书经》，崇尚节俭，享有美德。即位之后，他厉行节俭，减省费用，尽可能地减少各种工程建设。他想成为高祖、文帝、武帝那样的伟大君王。他审批奏章，提出政见，接见外宾，作出决策，一切都顺利极了，痛快极了。

哀帝满怀希望，充满信心，以为自己是个前途无量的皇帝。然而，当他接触到真正重要的决策时，朝廷里经常会出现一阵不安的沉默，大臣们或是心事重重，或是低头不语。他感到纳闷，要求大臣们执行自己的命令，却再次撞在那面韧性十足的墙上，几次三番下来，他终于被激怒了。

"出了什么事？为什么大臣们不听我的话？"他忍不住私下抱怨道。

"这个天下是王氏家族的，皇上还不明白吗？"傅太后冷笑着提醒道。

"皇帝不是权力最大的人吗？"

"只要王氏家族还在把持朝政，皇上就只能是个摆设。"傅太后看着孙儿的眼睛，冷酷无情地说，好像在揭开一块刚刚结痂的伤疤。

就这样，暴风雨到来了。已经没有袒护王氏家族的理由了。唯一让哀帝顾念王氏家族的，无非是王太后曾支持哀帝当上皇帝。可是，忘恩负义可不是平民的专利。刚登基不久，哀帝就向王氏家族吹响了进攻的号角。

"定陶恭王太后住在什么地方合适呢？"哀帝的第一枚"炮弹"射了出来。

丞相孔光提议为傅太后修建一座新的宫殿，大司空何武则建议让傅太后住在北宫，何武无疑想要讨好哀帝和傅太后，北宫的紫房复道可以直接通到未央宫。只要傅太后住在北宫，就不用遵守之前的"契约"，可以每天都跟哀帝见面，并出谋划策了，所以，哀帝高兴地接受了何武的建议。

皇帝刚刚登基，就违背了王太后的命令，这无疑不是个好兆头。清醒者们已经看出王氏家族犯下了个致命的错误，王太后押错了的赌注，政权面临着巨大的震荡，博弈在无声无息地进行着。大臣们察觉到了气氛的变化，全都小心翼翼，如履薄冰，选择对自己有利的"位置"。有些大臣——比如何武，已经做出了选择，并开始为新主子效力了。

王莽对让傅太后住在北宫的安排很是不满，但是为了顾全大局，只能隐忍不发。没想到，这只是个开端而已，事情竟越发变本加厉起来，一系列违犯礼制的事情纷至沓来了，哀帝显然已经下定决心要摆脱王氏家族的控制了——"既然争斗在所难免，就越早越好，早胜利就早自由"。

朝廷表面风平浪静，其实暗地里早已风起云涌。有更多的大臣站到了哀帝和傅太后一边。不久，高昌侯董宏以《春秋》为依据，上书建议将傅太后的尊号改为帝太后。王莽和左将军、主管尚书事的老臣师丹私下里研究了一番，一起上书弹劾了董宏，称其："宏知皇太后至尊之号，天下一统，而称引亡秦以为比喻，诖误圣朝，非所宜言，大不道。"

王莽和师丹表面上弹劾的是董宏，其实针对的是董宏背后的哀帝和傅太后。哀帝底还是年轻，而且刚做了皇帝，凡事还有节制。深知王氏家族树大根深，那些大臣都是共事多年的"老战友"，自己根基尚浅，凡事要戒急用缓，不能轻举妄动。所以，为了避免矛盾激化，就自作主张地将董宏免了官，贬为平民。

没想到，刚扑灭了一根"导火索"，却引爆了另一个"炸药包"，此举竟惹恼了傅太后。

"皇上不能任由这些心思不正的朝臣摆布。"傅太后厉声抱怨道。宛如哀帝儿时犯了错事。

"祖母，那我该怎么做呢？"

"皇上要有自己的主张才是，不然会让人笑话的。"傅太后凶狠地说。

每当哀帝攻击力减弱，傅太后就在他身后输送"炮弹"。在傅太后的逼迫下，哀帝去拜见了王太后，请示其对此事的意见，此行的用意是相当明显的。王太后选择了让步，下诏尊定陶恭王刘康为"恭皇"，尊定陶太后为

第四章 接手的是个烂摊子

"恭皇太后",尊定丁姬为恭皇后,还将傅太后堂弟傅晏的女儿立为了皇后。当然,傅太后这么做不过是为侄女争取皇后的尊荣罢了,皇帝的女人可不止一个,而且哀帝到底喜欢女人还是男人还是桩悬案呢。

傅太后之所以如此飞扬跋扈,仰仗的是汉朝看作跟天一样大的孝道。哀帝是她抱大的,她对皇帝有养育之恩。这个恩情比赐予皇位还要重。傅太后对哀帝的脾气了如指掌,自信能把这小皇帝把控得牢牢的。而哀帝对祖母的言听计从成了一种思维定势,几乎从没想过能跟威严的祖母对抗。稍稍有违逆之心,一看到那张熟悉的面孔,心肠马上又软了下来。

于是,朝廷里风云变幻,此消彼长。丁氏家族、傅氏家族的势力迅速扩张,几个主要人物都得到了封赏。封傅太后的父亲为崇祖侯;封丁姬的父亲为褒德侯;封丁明为阳安侯,封丁满为平周侯;封傅晏为孔乡侯。考虑到皇太后赵飞燕当初有拥立之功,也对赵氏家族也大加关照。封赵飞燕的弟弟、侍中、光禄大夫赵钦为新城侯。王氏家族则接连受到打压,日渐凋零。

"真是岂有此理!"王莽眼看着哀帝视宗法礼制如敝履,心中很是气恼。

到底该以维护宗法礼制为重,以"奉汉大宗""礼为人后"为目标,跟丁氏家族、傅氏家族斗下去呢,还是该忍气吞声,任人宰割呢?王莽一时陷入了纠结。作为大司马,他当然希望朝廷能团结统一,然而以现在的局势来看,想要双方和平相处已经很难了。正当双方厉兵秣马、剑拔弩张之际。王太后下达了一道诏书,命令王莽不要留恋权力,马上隐退。王莽马上领会了王太后的意思。这是要让他避开丁、傅两家的"锋芒"。王莽没有任何犹豫,立即上书乞骸骨,请求辞去大司马之职。

王莽递完了辞呈之后,失落地回到寓所,心中满是失望和颓唐。他一心想要实现野心和抱负,就这么放弃了吗?他心中万分纠结,既对事业依依不舍,又觉得王太后的决定颇有道理,当然,更多的是对哀帝和傅太后的鄙夷、憎恨和不满。他安静地等待着,等待着朝廷的答复,就像等待死刑判决一样。

不久，哀帝让尚书令持诏书前来挽留。哀帝的诏书很客气，上面写道：先帝把政务委托给了您而抛开了其他的臣子，我有幸能够侍奉宗庙，真诚希望能跟您同心同德地合作。现在，您上奏说身染疾病请求退休，显得我不能接受和遵循先帝的意旨，我对此非常悲伤。已经命令尚书通知您，并等待您上朝奏议政事。

哀帝知道王莽是王太后的左右手，是王氏家族中仅次于王太后的核心人物。而跟王氏家族彻底决裂，则后患无穷。另外，哀帝恐怕也有自己的小算盘，他之所以扶持丁氏家族、傅氏家族，打压王氏家族，并不想赶尽杀绝，而是希望各个外戚能互相制衡，以便争取属于自己的利益。毕竟任何一支外戚独大，对他都是不利的。他真正想要的，是将权力留在自己手里，当所有外戚都争取他的支持时，他就可以掌握权力了。

但是他太低估了王莽对王太后的忠心，以及维护礼制的决心。王莽是个被儒家思想浸润到骨髓里的人。哀帝刚登基不久就多次违背礼制，这样的开端绝对不能接受，而且他既然收到了王太后的诏书，就没有违抗不遵的道理。丝毫不出意外，王莽毫不客气地将尚书令打发了回去。

哀帝明白若是王太后不发话，王莽是不会改变主意的，又派丞相孔光，大司空何武，左将军师丹，卫尉傅喜——这几乎是朝中最核心的几个人物了——前去劝说王太后，说皇帝看到王太后的诏书很是悲伤，大司马王莽要是不上朝，皇帝就不敢处理政务，就是为了皇帝，为了国家，也要让王莽回来。王太后为了照顾那几位重臣的面子，这才收回之前的命令。

但是，这样的妥协和退让，就像在一架零件已经错位的机器里加上润滑油一样，根本解决不了实质问题。新旧势力之间终究不可调和，利益纷争已然白热化，矛盾已经不可避免，彻底爆发只是早晚的事情。

一次，哀帝在未央宫中大摆宴席，招待诸位王公贵族。朝中重臣几乎全部出席。恐怕没人真的愿意参加这场宴会，此时的朝廷到处弥漫着看不见的硝烟，两派之间的争斗几乎公开化了，连空气里飘荡的酒菜香气闻起来都像刺鼻的火药味。就在这场宴会上，发生了一件改变王莽事业前途的大事。不过，在描述这件事之前，笔者要先着重说一下宴会的举办地——未央宫。

未央宫作为西汉帝国的大朝正宫，建于汉高祖七年（公元前200年），是由刘邦重臣萧何监督，在秦国章台宫基础上修建而成。因为位于长乐宫之西，又称为西宫，这是一个恢弘壮丽的建筑群。《三辅黄图》上有这样的描述："周回二十八里，前殿东西五十丈，深十五丈，高三十五丈。营未央宫，因龙首山以制前殿。至孝武(汉武帝)，以木兰为棼橑，文杏为梁柱，金铺玉户，华榱璧珰，雕楹玉磶，重轩镂槛，青琐丹墀，左城，右平。黄金为璧带，间以和氏珍玉，风至其声玲珑也！"

这样文学化的描写，当然不能太过当真，但是考古学家挖掘发现，未央宫大约有紫禁城的六倍大，如此广阔的一个皇家宫殿群，肯定是蔚为壮观吧？至少不会比紫禁城逊色。据说，未央宫设有宣室、麒麟、金华、承明、武台、钩弋殿等诸多宫殿，还有寿成、万岁、广明、椒房等殿阁三十二座。据《汉书》记载，除了未央宫内的宫殿外，长安当时类似的宫殿还有四五十座，可惜的是，如今都已灰飞烟灭，不复可见了。

现在，不妨想象一下这场在未央宫中举办的宫廷盛宴。后宫中，满身绫罗的妃嫔们正对着铜镜贴着花钿，高高的蜡烛插在精雕细琢的烛台上，摇曳的烛光拖动着变化无常的黑影，不时窥探一下盒中璀璨夺目的珠宝和帷幔后面精美的床榻。各种奇妙的香气混杂在一起，有的来自西域的香料，有的来自花瓶中的鲜花，有的来自托盘上的水果。能工巧匠们一心想要世人震惊于自己的才华，将器具上的花纹设计得光怪陆离，美妙绝伦，每一件都成了惹人迷恋的艺术珍品。

从泼洒着皎洁月光的窗子望出去，一棵棵古树正伴随着微风，轻轻摇晃着枝干，仿佛在为宴会伴舞。那千回百折的游廊里，身穿褥裙的宫女们派着长长的队列，托举着摆放着美味佳肴的托盘，不急不缓地向前行进着。在举办盛宴的大殿里。一些宫女正在陈列着盛宴。精雕细镂的碗碟闪闪发光，酒樽飘散出醇厚的香气，然而，这一切并不能让大臣们分一点儿心。他们都因近来激烈的权力争夺而正襟危坐，紧绷着神经。

宫女们反倒成了最轻松快乐的一群人，她们不需要想太多，只要打扮得美丽得体，动作轻巧，谨慎小心，就不会犯什么大错。她们鲜红的嘴唇闭得紧紧的，有条不紊地忙碌着。走起路来，像猫一样，不发出一丁点儿声响，若是能听到长袖和褥裙摩擦的声音，也是周围太过安静的缘故。

既然是宫廷宴会，怎么会没有乐舞助兴呢？汉朝的皇帝一度跟乐舞相当投缘。元帝"鼓琴瑟，吹洞箫，自度曲，被歌声，分刌节度，穷极幼眇"。成帝朝，靡靡之音特别盛行。黄门名倡丙强、景武之流，都富甲一方，甚至连皇后都是舞女出身。然而，哀帝却生性不喜好音乐，刚刚继位两个月，就下令裁掉了四百一十四位乐工，所以这场华丽的宴会异常安静。

王莽按照惯例，提前巡视一番，免得有所疏漏。可是，刚走了几步，就发现了问题——王太后的座位旁多了个座位，外面设置了帷帐。

"这个座位是谁的？"

"是定陶太后的。"内者令躬下身子，谦恭地答道。

"胡闹，定陶太后不过是藩王的太后，元帝的姬妾，怎能跟至尊的太皇太后并排而坐？还不抓紧撤掉！"王莽怒斥道。

"是，大人。"

内者令急忙重新安排了座位。此时，傅太后正在寝宫中精心打扮，想在这场宴会上扬眉吐气，大出一番风头，没想到却收到这样的消息。愤怒，屈辱，不甘，嫉妒，失望……像毒液一样淹没了她。傅太后难压怒火，竟撒起泼来，用宽大的袍袖将桌上的铜镜拂到了地面，拔掉头上的钗环扔得到处都是，干脆拒绝出席宴会，用空荡荡的座位宣泄不满。

"让那个老妪自己去吧！"傅太后任由眼泪冲刷脸上的胭脂铅粉，"我是最好欺负的，我是谁都可以欺负的！"

此时的哀帝处境最可怜，他左右为难，受了无数的夹板气。祖母强悍霸道，刁蛮任性，用孝道这座大山紧紧压服住他。王太后又是将他推上帝位的恩人。不是做不孝之人，就是做忘恩负义之人，怎么解这道单选题呢？看来，总要有人让步才行，于是，王莽再次递上了辞呈。距离上次只相隔两个月而已。可见当时的宫廷斗争有多么激烈。

在权衡利弊之后,哀帝这次点头同意了。这是避免冲突、及时止损的最好办法。

哀帝在诏书中赞颂王莽为国殚精竭虑,坚守道义,立场坚定,自己差点儿跟王莽完成了天下太平的目标。虽然都是官方文字,倒也给足了面子。考虑到三公、九卿、士大夫们纷纷称赞王莽,送别的礼物也异常丰厚:黄金五百斤,安车一辆,骏马四匹,益封黄邮聚居民三百五十户。另外,在家中安排中黄门伺候,宫内太监每隔十天赐盛宴一次。授予特进加给事中的官衔,每逢初一和十五都可参加朝会,陈述政见,觐见皇帝时的礼节跟担任三公时一样。皇帝出行时,乘坐尊贵的绿色的车子跟随。

待遇看似优厚,到底是表面文章,王莽的大司马的职务已经被剥夺了,就像拔掉了牙齿的老虎一样,以及失去了之前的权力。王氏家族的力量明显地削弱了。对王氏家族的打压还将持续下去,直到不会再对哀帝和傅太后带来威胁,直到"枝枝叶叶"裁剪到让他们满意为止。

第五章　跌入人生低谷

王莽在仕途上遭遇了第一次重大挫折，幸好他从小遭受了许多的磨难，让他能够经受住命运的雨雪冰霜。当下取得的成就，或许已经超出了王莽早年的期望，他还年轻，还有希望，不应该一蹶不振。《周易·系辞》上说："君子藏器于身，待时而动，何不利之有？"王莽向王太后学习，深居简出，养精蓄锐，过起了普通人的生活，尽管心中燃着一团不肯熄灭的火。

现在，大司马的位置空缺了出来，大司马作为朝中百官之首，重要性不言而喻，一旦出任此职，即"履上将之位，食膏腴之都，任周召之职，拥天下之枢，可谓富贵之极，人臣无二"。大司马不但权力重大，而且具有一定的标志性，不能一直空缺着。当时，最有希望接替王莽的是傅喜。

傅喜，字稚游，河内郡温县（今河南省温县）人，是傅太后的堂弟，"好学问，有志行"。初任太子中庶子。哀帝即位后，出任卫尉、右将军，是傅氏家族中少有的贤人。傅太后一度对傅喜寄予厚望，希望才华能力德行最接近王莽的他能够担当大任，顶替王莽的角色，最好能发光发热，让朝野内外将王莽忘掉。没想到，傅喜不但自称有病推辞了官职，还对傅太后大肆干预朝政颇有微词。傅太后为此很是失望，在她看来，傅喜就是个不知好歹，吃里扒外的家族叛徒。

"给了好处不知感恩，还胳膊肘往外拐？得给他点儿颜色看看才是！"傅太后打定了主意，立即跟哀帝说起了傅喜的坏话，"陛下，还是让傅喜回家去吧，免得他看什么都不顺眼。"

"傅大人是您的堂弟呀，一向在朝中声誉很高。"

"他眼里根本没我这个堂姐！"

"他没犯什么过失，就这么赶走，大臣们会怎么说呢？"

"爱说什么说什么，我就是要让他滚蛋。"

哀帝无奈之下，只好让傅喜以光禄大夫的身份回家"养病"，将左将军师丹封为高乡亭侯，顶替王莽做了大司马。此时，傅太后干预朝政已经是人尽皆知的事情了，人人都知道朝廷上新多了个"幕后女皇"，很多朝臣同情傅喜的遭遇，上书替其求情，人们纷纷议论说："傅喜是傅氏家族的贤人，因为想法不合定陶太后心意，所以才免职的。"

这对傅太后的威信当然是明显的损伤，但傅太后管不了那么多的，她不懂什么政治，她只懂得利益。不是国家利益，而是她自身的利益，而且这场傅氏家族的内斗不过是个小插曲罢了。此时朝廷的主旋律还是以王氏家族为代表的旧势力和以丁氏家族、傅氏家族为代表的新势力之间的较量。因为有哀帝、傅太后做"定海神针"，丁氏家族、傅氏家族后来居上，彻底盖过了王氏家族的风头。再加上赵飞燕羽翼呵护下的赵氏家族，以及后来加入的郑氏家族——傅太后的母亲曾改嫁给了一个名叫郑翁的人，朝廷已经彻底变了天。王氏家族只手遮天的时代显然已经过去了。

"墙倒众人推"，曾经的骑墙派和墙头草看清了形势，立场马上坚定了起来。纷纷甘做马前卒。于是，一支支闪烁着寒光的箭簇向王氏家族射来。建平侯杜业、高阳侯薛宣、安昌侯张禹，司隶校尉解光举报曲阳侯王根"蔽上壅下，内塞王路，外交藩臣，骄奢僭上，坏乱制度"，在先帝去世尚未入陵安葬时，公然聘娶，肆意享乐；王根的侄子、成都侯王况"幸得以外亲继父为列侯侍中，不思报厚恩"，聘娶先帝后宫的贵人。全都无人臣礼，不敬！不道！

哀帝从小就听说不少王氏家族骄横跋扈的传闻，没留下什么好印象，只不过继位时间短，加上有选立的恩情，暂且予以优待而已。如今既然大权在握，自然不再客气，考虑到王根曾经支持自己立为太子，给予遣送回封国的优待，王况则直接剥夺爵位，贬为平民，遣归故郡。不但王氏家族的成员接连遭到打击，依附王氏家族的大臣和同情王氏家族的大臣也不能幸免，显然要将王氏家族连根拔除，连泥土都不剩，于是，王太后茕茕孑立，孤立无援，完全被架空了。

与忍辱负重的王太后和王莽相比，傅太后则要春风得意的多。除了"不知好歹"的傅喜之外，傅太后对傅家人都很照顾，她将母性的光辉洒向了整个家族，有才干的要提拔，没才干的也要提拔，与王太后当年对王氏家族的"关照"颇为相似。

傅迁是傅太后的堂侄，遵照傅太后的懿旨，侍奉在哀帝左右，时任侍中驸马都尉。傅迁尖嘴猴腮，容貌丑陋，神情阴郁，像刚从坟墓里爬出来似的，经常鬼鬼祟祟地冒出来。两只蒲扇似的招风耳总像在偷听着什么，尖尖的嘴巴有些像鸟喙，最喜欢搬弄是非，哀帝一看到他就生出一层鸡皮疙瘩，真是说不出的讨厌。终于忍无可忍，下令将他免职，遣送回原郡去。傅太后听说之后，认为哀帝故意跟自己作对，很发了一通脾气，哀帝见祖母气成这样，立刻认了怂。又下了道诏书，把傅迁叫了回来。

"陛下，这两个诏书的内容前后相反，天下人必将为之疑惑，这样做无法取信于民啊！"大臣们反对道。

"这是祖母的意思。"

"《易经》上说：'涣汗其大号。'陛下的命令应该像出汗一样，既然出去了，就不能再回去才对。"

"我能不听祖母的话吗？"

"这……"

就这样，哀帝到底还是收回了成命，傅迁也恢复了侍中的官职，继续像鬼魂一样时隐时现。两道前后相反的诏书，简直是对皇帝的嘲讽，稍稍有脑子的人都可以看出皇帝没有独立的决策权了。看来朝廷里有位"幕后女皇"是真的，哀帝感觉在天下人面前丢了脸。他年轻气盛，心事重，自尊心还很强，本来身体就孱弱，于是病情愈加严重了。

虽然丁氏家族、傅氏家族取代了王氏家族的位置，但实力仍旧远不及，因为哀帝刻意有所保留，并没有给予他们过多的权力。另外，这两批臣子有着明显的区别，王氏家族尽管奢靡无度，恣意妄为，但是到底出了几位能臣，"皆通敏人事，好士养贤，倾财施予，以相高尚"，不但对皇帝非常忠心，也更懂得"收买人心"。丁氏家族，傅氏家族有着王氏家族的缺点，却没有王氏家族的优点，只知道争权夺势，骄奢淫逸，把朝廷弄得乌烟瘴气，臭不可闻。傅太后刚一参政，就让哀帝把扩大的太学弟子名额从三千人缩减为一千，大力打击儒家。明明地位尊贵，反而爱占小便宜，用低价从执金吾官府买进八个官奴婢，引起了轩然大波，这个自私的老女人还一直想要谋取和王太后一样的尊号。

"皇上眼里到底有没有我这个祖母？"见哀帝一拖再拖，傅太后终于失去了耐心。

"可是，朝臣们不答应啊。"

"哪有天子被大臣控制的，怪不得这些年山崩地裂，异相丛生。"傅太后倒打了一耙。

"祖母，请体谅我的苦衷。"

"陛下体谅过我的苦衷吗？我难道到死也不能完成心愿吗？难道想让我死不瞑目吗？"

哀帝无奈之下，只好对反对此事的大臣们打压了一番，好给祖母个交待。哀帝决定先拿位居三公的师丹开刀。师丹已经七十多岁了，是一代名儒，而且贵为帝师。但哀帝丝毫不给老师面子，以泄露国家机密为由，先是将师丹从高乐侯降为关内侯，又干脆将其贬为了庶人，从此耳根清净。凡是跟师丹持类似政见者，都会受到严惩。哀帝本想"隔山打虎"，让傅喜改弦更张，跟傅太后走得近一点儿，然而傅喜也是个倔脾气，始终坚守原则，不为所动。

傅太后见处理师丹如此困难，也看出王氏家族势力犹存，党羽众多，想要清除并不容易。既然对手如此强大，只有加强自己的力量才能与之抗衡，于是暗中联合朝中大臣朱博和孔乡侯傅晏，形成了一个"秘密同盟"，三个人经常私下谋划，呈递密封奏书，用以干预朝政。他们的第一个目标就是叛徒傅喜，终于以"附下罔上，与故大司空丹同心背畔，放命圮族"为由，将傅喜彻底遣送回了封国，就此去除了一个心腹之患。

赶走了师丹和傅喜之后，傅太后又将打击目标落在了丞相孔光身上。傅太后对孔光积怨已久，当初成帝咨询太子人选时，孔光就没站在哀帝这一边，如今又在自己的尊号问题上接连发难，无疑是火上浇油。

"这老东西专门跟我作对，必须扳倒他！"

傅太后决定新仇旧恨一起算。她将自己的势力联合起来，不断诋毁孔光。团队优势很快体现了出来，傅太后对哀帝的控制力再次得到了验证，很快，哀帝下了一道策书，罢免了孔光的官职和爵位。傅太后趁机让朱博登上了丞相的高位，封阳乡侯，让赵玄升当上了御史大夫。

朱博，字子元，杜陵人，出身于贫寒之家，年轻时曾在县里当亭长，因为能力颇佳，逐渐升迁为功曹。他不是儒生出身，但是性格刚直，为人仗义，交游广阔，敢于诛杀。陈咸在担任御史中丞时，曾因泄露宫禁之事的罪名入狱。朱博特地辞去了官职，到廷尉府中调查此案，发现陈咸被严刑拷打过，伤势很重，就伪装成医生进入了监狱，得以了解到了事情的经过，并设法免去了陈咸的死罪，因此名声大噪。

朱博"起于武吏""不思道德""尤不爱诸生"。不过，王莽当初还曾将婢女送给朱博，可见两人当时交情不错，如今却俨然成了死对头，这也难怪，正所谓"道不同，不相为谋"。朱博如今为了升官发财，千方百计逢迎丁氏家族、傅氏家族，甘当傅太后的鹰犬，已经毫无气节可言了。

据说，朱博和赵玄得到升迁的当天，发生过一件奇异之事。

那天，朱博和赵玄刚走进大殿，准备接受哀帝颁发的策书，耳边突然传来一种宏大的声音，就像有人在耳边猛敲了下大钟一般，那种声音很是奇怪，之前没人听到过，而且绝非幻觉，因为不但朱博、赵玄听到了，大殿上的郎、吏和阶前的武士都听到了，就连隔壁的哀帝也听得清清楚楚。

"这是什么声音？"哀帝猛地站住脚，惊诧地问道，"你们听到了吗？"

恰好黄门侍郎李寻站在旁边。李寻是个阴阳家，很擅长通过各种自然现象来予以劝谏。"这是鼓妖在施展法术呀，陛下。"李寻乘机说道。

"鼓妖是什么？"

"《洪范》上说，鼓妖在君主耳目不明，被人迷惑，让空有虚名的人进入朝廷，升任要职时，就会发出声音。但是又不让人知道声音从哪里发出来的。"李寻煞有介事地说。

"有这种事？"哀帝半信半疑地嘟囔道。

"鼓妖发声出现在年、月、日的中期者，预示正卿要承受灾难。现在是四月，又是一天的辰时、巳时，正是中期。所以，应该另选丞相、御史，以应付天变才是。否则，不但对朝廷有害，不出一年，本人也自会蒙受灾难。"

哀帝知道这些朝臣花招多得很，为了达到目的会使用各种手段，所以低头沉吟不语，不再说什么了。

站在一旁的还有扬雄，而且也看不惯朱博和赵玄的作风，所以接着劝谏道："陛下，鼓妖的出现，象征着君王耳目失灵。朱博大人习武出身，为人强悍坚毅，富于权谋，的确是个将才，但不适合做丞相。如果陛下非要让他担此要职，恐怕会引起上天的怒火，降下可怕的灾难啊。"

"哼，这是祖母的主意。"哀帝明白大臣们都知道自己的处境，所以干脆不再隐瞒了。

"陛下，难道不能劝说一下吗？"

"我是不敢的，你们倒是可以试试。"

李寻、扬雄想到傅太后那阴森森的眼神，一起打了个哆嗦，全都不敢吭声了。就这样，朱博和赵玄在鼓妖发出的"轰隆"声中，成功登上了高位。

朱博上台之后，不但将王莽辅政时创立的州牧之制废除，恢复刺史如故，而且很快恢复了酷吏本色，凶狠毒辣，冷酷无情，对儒臣尤其残忍，被称为"奸人之雄"。为了回报傅太后的提拔，他很快上了一道奏章，建议不再称"定陶"二字，尊"共皇太后"为"帝太太后"，称永信宫，尊"共皇后"为"帝太后"，称中安宫，为"共皇"在京师建立一座巍峨壮观的寝庙，比照宣帝父亲悼皇考刘进的寝庙规格。

于是，加上王政君和赵飞燕，朝廷上一共有了四位太后。傅太后终于实现了梦想——跟王太后比肩而立了，真正攀上了人生的巅峰。以至于连王政君都不放在眼里了，动辄管其叫作"老妪"。要是别人遇到这样的奇耻大辱和窝囊气，恐怕早就受不了了，但几十年的宫廷生活，让王政君练出了炉火纯青的隐忍功夫，她不但没有抗议，反而继续深居简出，真的过起了普通"老妪"的日子。

自从上次的宴会风波之后，王太后常年隐居在深宫之中，已经很少抛头露面了。就像一个可有可无的影子。只有最亲近的几个年老的宫女能看到她。那几个年老的宫女同样满脸皱纹，而且面容傲慢，冷酷严肃，难以接近，在年轻貌美的宫女们中间，显得很是突兀古怪。王太后平时吃的药比饭都多，宫室周围常年萦绕着苦涩的草药味，让人避之唯恐不及。据说，王太后连棺椁都准备好了。等待她的似乎只有一件事——举办一场隆重的葬礼。

王莽还没修炼到王太后这样的程度。他虽然不再担任要职，但时刻关注着政局的变化，眼看着朝政弊端丛生，心中焦急万分，于是，就以地震频仍、灾异不断为由，向哀帝上了一道奏章：劝谏哀帝独立管理国家，摆脱外戚的控制，让朝廷尽快恢复公平修明，将奸佞之臣赶出朝廷，多多选拔耿介之臣。但是，这篇奏章犹如泥牛入海一般，根本没得到任何回复。

"祸兮福之所倚，福兮祸之所伏"，王莽本来是一片好心，反而给自己招来了祸端。

朝廷越是混乱，官员们就越是想念王莽，将其官复原职的呼声始终不绝于耳。傅太后阵营认定王莽终究是个心腹大患，应该尽快拔光他身上的翎羽，免得他将来一飞冲天，带来大麻烦。建平二年（公元前5年）年初，在傅太后的暗中指使下，朱博和赵玄在背后狠狠捅了王莽一刀，他们在奏疏中写道，新都侯王莽，身为大司马之时，不能宣扬尊号的大义，反而压抑贬低傅太后的尊号，有损孝道，罪当诛杀。幸蒙赦令得免死刑，但是不应该再有封爵采邑，请陛下将其贬为平民。

此时，也不知王莽送给朱博的婢女给他生了儿子没有？

整个朝廷都在关注事态的进展。过了许久，哀帝的诏令终于下来了。保留王莽的爵位和封地，遣送回封国。朝廷内外一片哗然，大臣们都觉得王莽实在是冤枉，谏大夫杨宣干脆指出哀帝忘记成帝当年策立其为太子的恩德，没有替成帝侍奉好王太后。提醒说王太后年过七旬，多次经历国丧的忧伤，还主动让亲属隐退，回避丁氏家族、傅氏家族的锋芒，连行路的人都替她流泪难过，"时登高远望，独不惭于延陵乎？"哀帝情知理亏，急忙对王氏家族加以安抚，让王邑继承了其父王商的爵位成都侯，以示自己对王氏家族并未忘恩。

虽然如此，对王莽的处理却依然如故，连遣送封国的日子都定好了，御赐的礼物已经陆续送到了王莽的宅邸，一切俨然已成定局，不可更改。哀帝承受着傅太后施加的重压，只能迎着头皮扛下去，他的旨意能否执行，取决于跟傅太后的心意是否一致。

这段日子，哀帝的日子其实并不好过。因为对成帝朝政策多做更改，他多次受到了大臣的质疑，受到的夹板气更是数不胜数。如果有来生，他宁愿做一个顺心自在的贵族，甚至衣食无忧的平民也可以。他觉得成为皇帝，不是中了头奖，倒像是掉进了精心设计的陷阱里。每天都要操心很多的事情，每天都生活在恐惧、压力和不幸里。到了六月份，帝太后丁氏病逝了，与丈夫合葬于原封地定陶（今山东省定陶县）。哀帝一向跟祖母走得很近，对母亲的关系反而略逊一筹，直到得到了噩耗，母亲美丽柔弱的样貌才在心头慢慢清晰起来。子欲孝而亲不在，其中的痛苦可想而知。

六月甲子，黄门待诏夏贺良告诉哀帝，汉朝历运中衰，应当重新受命。孝成皇帝当年没有应合天命，所以断绝了后嗣。如今陛下患病已久，异象屡屡出现，这是上天的警告。应该赶快改换年号，才能延年益寿，诞生皇子，平息灾害，如若不然，洪水将会涌出，大火将会燃起。

"真的这么可怕吗？"哀帝吓得瑟瑟发抖。

其实如果追究下夏贺良的师承，就应该对他的话心存几分质疑。夏贺良的老师是齐人甘忠可。成帝朝时，甘忠可就曾诈造《天官历》《包元太平经》十二卷，因为犯了假借鬼神、罔上惑众之罪，被投进了监狱。没等判决，就病死了。夏贺良这次不过是新瓶装旧酒罢了。但是哀帝沉湎病榻，已经顾不得那么多了，只要有克服困境的可能，就不妨一试。

于是，哀帝发布诏书，下令执行夏贺良的建议，争取扭转天意。

可是，尽管大费周章，一个多月过去了，却没看到一丝一毫的变化。夏贺良还想变本加厉，胡乱变更国家政事，遭到了大臣们的抵制。失望透顶的哀帝明白自己上当了，首先下诏检讨了自己的过失，下令除了大赦一项外，前面的命令全部废除。又以妖言惑众的罪名将夏贺良等人逮捕入狱，论罪处死。

"我是有史以来最窝囊，最没用的一个皇帝！将来史书上也会这样写的。"想到这里，哀帝差点儿哭出声来。

谁也没料到，一向温顺听话的哀帝竟突然向祖母的阵营发起了进攻。之前，傅太后不满足于傅喜被遣送回封国，还要削除他的爵位，于是，朱博和赵玄又一起弹劾了傅喜和前大司空何武，此事引起了哀帝的怀疑，或许是缠绵病榻，变得过于敏感，或许是久受压制，需要发泄，哀帝下令追查到底。问明真相后，减赵玄死罪三等，削减傅晏采邑封户四分之一，又给了谒者一块符节，召丞相朱博到廷尉处接受审判。朱博是武将出身，性情刚烈，还没等审查出什么结果，就自杀了。

哀帝摆脱傅太后的控制了吗？看来没有，事后不久，他又讨好地让丁、傅两大外戚担任了重要武官，封傅太后的堂弟傅商为汝昌侯。还能怎么样呢？对他来说，祖母的眼泪比千军万马都厉害。不过，从哀帝后来对董贤近乎偏执的封赏来看，哀帝似乎跟傅太后达成了某种"和解"和"交易"：他会给祖母想要的"东西"——比如尊号，但祖母也不要过于管他的事情，这或许就是这次进攻取得的收获吧？

此时，王莽已经回到新野有一段时间了。他还没到四十岁，正值盛年，却早早过起了退休生活。

他有自己的封国，爵位，有用不完的财富，享用不尽的土地。如果愿意的话，完全可以对朝廷上的乱相置之不理，过自己养尊处优，优哉游哉的贵族生活。然而，闲散的日子不是适合所有人的。对王莽这样的人来说，赋闲是一种痛苦，一种煎熬。但王莽是个很识时务的人，他向王太后学习，杜门自守，自给自足，这既符合"无官一身轻"的现状，又可以避免成为打击目标，自然是明智之举。

这段时期，倍感失落的王莽不能在在事业上有所施展，只能在女性身上寻找慰藉。他一共宠幸了增轶、怀能、开明三个女子，这三个女子都是他的侍女，而且都给他生了孩子：增轶生有儿子王匡和王晔；怀能生有儿子王兴；开明生有女儿王捷。这些私生子都留在了封地新都国，直到二十四年后，嫡子都已去世，王莽才承认了他们的合法地位。

这段退隐的日子，王莽并非与世隔绝，仍旧有交友的机会。

南阳太守知道王莽回到封国后，不敢忽视这个大人物，唯恐有所怠慢，特地从太守衙门里挑选了一个优秀的属官——宛县人孔休临时担任新都国相。孔休知道自己使命特殊，要侍奉好辖区内的要人，所以到任之后，特地到王莽的府邸拜访。王莽阅人无数，最喜结交英才，见孔休品德高尚，才学过人，心中很是欣赏，于是，两人互相唱和，渐渐密切了起来。

一天，或许是事业遭到严重打击，心情压抑不畅的缘故，王莽病倒了。孔休得知消息，急忙前来看望，常常陪伴在病榻旁，谈古论今，给王莽消愁解闷，两人感情又深厚了几分。等到病情稍稍好了些，王莽感念孔休的情谊，将挂在墙上的镶嵌有美玉的宝剑摘下，想要馈赠给孔休，留作纪念，孔休见状，急忙摆手拒绝，说万万不能接受。

"我是看您的脸上有伤痕，听说美玉可以消除伤痕，所以送您这个剑鼻。"王莽取下剑鼻递给孔休。

"不能收，感谢足下美意……"孔休仍旧婉拒。

"您是嫌剑鼻太贵重了吗？"

"太贵重了，太贵重了……

王莽微微一笑，找到一把铁椎，猛地砸向了剑鼻。本来光洁圆润的剑鼻，转眼间变成了一堆不值钱的碎玉。然后，王莽亲手包裹起来，送到了孔休手里。受到如此垂青，孔休再也没有推辞的理由了，只能恭敬地收下了碎玉。从这件小事上，可以看出王莽体贴入微的一面，也难怪在朝廷里人缘这么好了。而孔休也表现得很有原则，昂贵的剑鼻不肯收，不值钱的玉碎则是可以收的。

然而，这段情谊并没有持续下去，后来王莽被征召回长安，想要见一见孔休，孔休却以生病为由拒绝了。等到王莽当上皇帝之后，一度想让孔休担任国师，孔休"遂欧血托病，杜门自绝"。到了光武帝即位时，孔休因为及时跟王莽划清界限而得以善终。是孔休富有远见，才作出这个决定，还是另有隐情呢？史书上并没有做出说明。

这段时期，还发生一件事，这件事人命关天，而且彻底改变了王莽的人生轨迹。

这一天，王莽正在埋头读书，突然听到门外传来一声凄厉的惨叫，那惨叫撕心裂肺，可怕至极，出了什么事？王莽急忙快步走了出去，只见一个侍女惊慌失措地从门口跑过。侍女样貌粗蠢，动作笨拙，平时估计是干粗活儿的，她显然是受到了惊吓，看上去魂不守舍。看到王莽站在台阶上，急忙站住脚，畏畏缩缩地鞠了一躬。

"出了何事？"王莽高声问道。

"我不知道，大人，我不知道……"侍女支支吾吾地说，要将脑袋摇下来似的。

"那你慌什么？"

侍女低头不语了，只是不停喘粗气。王莽越发心中生疑，心想，她是从次子王获的院子里跑出来的，肯定是那里出了事，于是，就快步走进了王获的院子。

果然是王获的院子里出了事。只见空地上平躺着个三十左右岁的家奴，那家奴穿着破破烂烂的草鞋，衣服带着好大一块补丁。四肢伸展开来，两个粗糙黝黑的大手松开，上面还带着泥垢，头上有个触目惊心的伤口，殷红的鲜血正顺着伤口不断流出来。身下已经绽开了一朵硕大的猩红色花朵，那"花朵"越开越大，眼看就要延伸到了王获的脚下。

王获就站在家奴旁边，手里提着把闪烁着寒光的长剑，他几乎还是个孩子，嘴唇上方刚长出些许微黑的绒毛。此时，目光直勾勾的，根本不敢直视父亲。手中的长剑伴随着呼吸轻轻摇晃，仿佛还在为刚才惊心动魄的杀戮感到后怕，剑尖上的血水一滴滴地落在地上，溅起一团团的尘埃。

"人是你杀的？"王莽声音像冰一样坚硬，让人不寒而栗。

"是的，父亲。"年轻的罪犯失手将长剑掉落在了地上，慢慢跪了下去，顾不得血迹沾湿了衣襟。

"为何杀人？"

"他偷东西，还不承认。"王获急忙说，"贼赃已经找到了。"

"那要按律法处理，怎可用私刑？"

王获低着头，看着地面，无言以对。周围渐渐安静了下来，空气仿佛在慢慢凝结。危险的气息蔓延开来，树上的鸟雀仿佛有了什么不祥的预感，纷纷拍打着翅膀飞走了。这时，耳边传来急促的脚步声，王莽的长子王宇急匆匆地跑进了院子。

"父亲，此事还要从长计议。"王宇扫了眼这可怕的场景，惊恐地说。

"没想到，我竟生出这种禽兽！"

王莽气得浑身乱抖，骂声不绝于耳。王夫人得知消息，赶紧跑过来规劝，王莽不但不消气，反而连她一起骂了起来，骂她教子无方，污了王家的门楣，骂她有失管教，不配做个母亲。王夫人哪敢还嘴，只希望丈夫的怒气赶快发泄完。正在焦灼难解之际，王获竟趁众人不注意，猛地拾起长剑，狠狠地割进了柔嫩的脖颈，"扑通"一声，摔倒在地上。

众人顿时乱作一团，大呼小叫着前去抢救，可是两朵"红花"已经纠缠在了一处，一缕幽魂已经离开了年轻的公子，哪还有挽回的机会？院子里乱糟糟的，哭声和喊声交织在了一起，只有王莽一直毫无动静，在他看来，杀人偿命，天经地义。王获自裁，也许是最好的解决办法。

其实以王莽当时的地位，想要将此事敷衍过去，并无太大难度，毕竟杀死的只是个犯了过错的家奴而已。在当时，家奴是几乎不具备权力的贱民。贵族豪门杀死奴婢，至多是减罪服刑而已，之前有许多先例可循。然而，因为出身贫寒，跟底层人民接触较多，王莽跟普通的贵族不同，他一向都把奴婢当人看。他认为人的生命都是平等的，他不认为贵族的命就比奴婢的命金贵，更不认为贵族可以拿奴婢的性命当儿戏，任性胡为。

"虎毒不食子"，父母对子女的感情是天生的，王莽为了道义，甚至对亲生骨肉都毫不留情，真正做到了"赏不避仇滩，诛不择骨肉"。这种品格着实是令人敬服。有人批评王莽虚伪狡诈，但是谁会为了一点儿好名声，逼死自己的儿女呢？同样是残杀骨肉，武则天是为了政治目的，是为了个人野心，是为了陷害他人，而王莽却是为了的儒家信仰。

这种"天地之性，惟人为贵"的思想，在王莽再掌政权后，还会发扬光大，惠及更多的人，而如今已经初现端倪，虽然是以如此令人忧伤的方式。

这件事传扬开来，人人都为王莽的德行钦佩不已，也成为王莽过人德行的最强有力的佐证。在王莽回到封国的三年里，数以百计的公卿大夫、贤良方正和百姓上书为王莽喊冤，请求让其重回朝廷。但是，哀帝始终置若罔闻，这可能跟傅太后在背后的干预不无关系。既然将王莽视作潜在的对手，那么，对手的声誉越高就越危险，绝不能轻易放虎归山。

直到元寿元年（公元前2年）的春天，王莽期待已久的机会才终于到来。因为天空中出现了日食。在回答哀帝的策问时，贤良周护、宋崇等再次极力称赞新都侯王莽的功勋和德行。哀帝这次终于动摇了，同意将王莽征召回京，一同得到征召的，还有平阿侯王仁。

为了这一天，王莽整整等待了三年。这三年的低谷期磨练了王莽的意志力，让他懂得了忍耐的意义。前方的道路仍不平坦，但是积蓄起来的力量，却可以增强迎难而上的勇气。

第六章　重返姑母身旁

哀帝虽然将王莽征召回了京师，却是以侍奉王太后的名义，并没有授予实权。这样做，或许是迫于压力，或许是觉得已经剪去王莽的羽翼，不会再带来什么威胁，当然，还或许是根本不在乎王莽什么了，因为大臣们都知道，哀帝此时的心思全放在另一个人身上，这个人就是董贤。

董贤是御史董恭之子，本来担任郎官，又升任黄门郎。现在看来黄门郎实在是个敏感的职位。这个职位虽然不是很高，权力也不是很大，但是跟皇帝接触的机会很多，既容易施加影响，也容易表现魅力。不知何时开始，哀帝对这个容貌清秀的小小黄门郎产生了兴趣，"情不知所起一往而深"。

有一种说法是，这段感情起始于建平四年（公元前3年）三月份的一天，董贤在殿下执勤"传漏"时。比哀帝小两岁的董贤，用自己的细心侍奉深深地打动了这位患有痿痹痼疾的年轻皇帝，董贤即使在休沐假期仍旧留在宫中侍奉，所以，哀帝觉得只有董贤才是真心对自己好，其他人不过是虚情假意、别有所图罢了，"由是始幸""宠爱日甚"，很快将其提拔为只有贵族子弟才可担任的驸马都尉，侍中，负责皇帝的日常起居。

哀帝对董贤的宠幸到了什么程度呢？有一个天下闻名的故事。一次，哀帝和董贤在一起午睡，董贤将头亲昵地枕在哀帝的衣袖之上，"人似秋鸿有来信，事如春梦了无痕"，哀帝率先醒了过来，董贤却还在熟睡之中。哀帝想要起床，又舍不得惊动董贤，宁可拔出宝剑割断了衣袖，然后才小心翼翼地从床边站了起来。这就是成语"断袖之癖"的出处。

如今，"断袖之癖"用来代指男子的同性恋行为，但笔者认为，哀帝和董贤是否是同性恋仍值得商榷。都同床共枕了还有什么好怀疑的？一个帝王跟臣子同床共寝的确不太寻常，但需要指出的是，哀帝二十五岁就驾崩了，这可能是青年男子间的亲密举动，只是不注意分寸罢了。另外，汉朝时的君臣关系相对宽松。当时的大臣上朝时是有座位的，可以跟皇帝平起平坐，共商国是。直到宋朝，大臣们还可以站着奏事。至于跪拜奏事，则是明清的事情了。

举一个时间跨度不太大的例子。据说，光武帝刘秀很善待功臣。有一次，大臣严光与刘秀同榻而眠，严光睡觉不老实，竟然将脚压在了刘秀的肚子上（还有一说，严光乃是刻意为之，以试探刘秀的胸襟气度）。刘秀怕将严光吵醒，竟一直没将严光的脚挪开。第二天，太史向刘秀上奏说，有客星冲犯了帝座，恐怕会对皇帝不利，其实就是暗指严光冒犯一事，刘秀听后哈哈大笑，说无需小题大做。由此可见，汉朝时的君臣关系不能以后世的标准来看待。

很多人推断哀帝是同性恋者的依据，还有后来对董贤的过度封赏：让二十二岁的董贤一路做到了"三公"，赐爵高安侯，食邑一千户；封其父为卫尉，其弟为执金吾，岳父为将作大匠，其他董氏亲属也都得到提拔，所得封赏在丁、傅两家之上；为董贤在北宫门外建筑宏大府邸，"重殿，洞门，土木之功，穷极技巧"；不但将最上等的珍宝优先送给董贤，而且违背《春秋》之义，前后十几次将武库里的武器送到董府；在义陵旁修建了董贤的陵寝，赏赐大量皇室陪葬品，"内为便房，刚柏题凑，外为徼道，周垣数里，门阙罘罳甚盛"……

哀帝对董贤的赏赐的确夸张，但是在中国历史上，一些奸佞之臣通过谄媚皇帝，也得到了相似的好处。文帝前后赏赐宠臣邓通十几次，累计亿万钱之多，听说有巫师预言邓通将来会"饿死"。干脆将邓通家乡的大小铜山都赏赐给他，让他自己开了家"造币厂"。乾隆不但跟宠臣和珅成了亲家，还对和珅的贪腐行为睁一只眼闭一只眼，在乾隆的"呵护"下，和珅大肆收受贿赂，开设当铺七十五间，银号三百多间，而且跟英国东印度公司等有商业往来，财富数不胜数。

那么，为什么说哀帝和董贤未必是同性恋关系呢？《资治通鉴》中的两句话值得关注，第一句是"又诏贤妻得通引籍殿中，止贤庐。又召贤女弟以为昭仪，位次皇后"。试想，如果哀帝和董贤真是一对恋人，哀帝为何要将董贤的妻子叫到宫中，而且住在董贤的住处呢？哀帝还将董贤的妹妹封为昭仪，如果哀帝只喜欢男子，心中只有董贤，为什么还要让董贤的妹妹进宫呢？这岂不是荒废青春吗？下面的一句则更加可疑："昭仪及贤与妻旦夕上下，并侍左右。"谁愿意在跟恋人耳鬓厮磨时，有他人在场，而且是恋人的妻子和妹妹呢？这难道不别扭吗？

既然哀帝和董贤并非恋人关系，为何会宠幸至此，而且有那么夸张的封赏呢？

前面提到过，哀帝要在各大外戚势力的"夹缝"中生存，虽然身为皇帝，但是掣肘颇多。按照史书上的记载，哀帝并非全无野心，他在幼年时亲眼目睹了王氏家族从成帝手里攫取政权的情形，在登基之后，不想重蹈覆辙，一边效法武帝、宣帝，大胆诛杀大臣，加强君王之威，一边希望各大外戚能互相制衡，避免一家独大。董贤的确除了谄媚皇帝之外别无所长，却可以充当哀帝的"棋子"。哀帝将董贤提拔到了高位，就相当于将权力留在了自己手中，从而间接地打击了外戚的力量。历史学家葛承雍先生就指出："哀帝这时正企图摆脱傅、丁、赵、王四家外戚的挟制，策免王莽的儒生班子后，又以'不道'罪名使傅家丞相三易其人，只有董贤这个与外戚重臣毫无牵连，本身又易控制的'私恩微妾'，可以作为顺服工具。"所以，哀帝很可能不过是利用董贤来进行政治博弈而已，在身边放一条听话的狗，总比拴上一头狮子或是老虎要强。这条狗至少跟他一条心，而且还可以抢占其他猛兽的地盘，免得为其所伤。

无论如何，董贤一时间"贵震朝廷""权与人主侔"，甚至连老臣孔光都要让他三分。不过，这样一个不文不武，毫无功劳，仅凭容貌秀美、善于谄媚就占据高位的大臣，自然难以服众，当时朝廷上剩余的一些骨鲠之臣——丞相王嘉、尚书仆射郑崇、谏大夫鲍宣等——频繁上书规劝，让哀帝将董贤封个侯爵都阻碍重重。再加上丁氏家族、傅氏家族也看董贤不顺眼，不时加以攻击，以至于多方力量互相纠缠，朝廷上竟越发乱作一团，简直成了一锅粥。

如果说，董贤的无功受禄惹得天怒人怨的话，傅太后则愈发嚣张跋扈，不可一世了。这个老太婆年纪越大，脾气越是乖戾。她狭隘自私，容不得人，不仅干预朝政，打压王太后，还将枪口指向了中山王刘兴的母亲冯太后。

此时，刘兴已经去世。其子刘箕子从小体弱多病，冯太后亲自抚育，每天敬神祈祷，花了很多心思。哀帝也很关心这个孩子，曾派遣中郎谒者张由带着医生去为其治病。可张由本身就患有狂病，也不知被何事刺激，竟一怒之下离开了中山国，回到了长安。此乃违背法纪之事。张由清醒后，担心朝廷治罪，竟转而诬陷冯太后咒诅哀帝与傅太后。

追溯到建昭元年（公元前38年），傅太后和冯太后当时还都是婕妤。那时的后宫，几乎就是她们二人的天下。就在那一年，后宫中发生过一件事。

当时，元帝正在虎圈观赏斗兽，妃嫔们都在座奉陪。猛兽们争斗得正凶，一只黑熊或许是受到了惊吓，突然跳出圈外，攀上了栏杆。当时真是凶险至极，侍从、贵族、妃嫔们都自顾逃命，连元帝都顾不得了。关键时刻，只有冯婕妤勇敢地走上前去，挡住了元帝，直面凶猛的黑熊，为左右侍杀熊赢得了时间。

事后，汉元帝问冯婕妤："遇到这种情况难免惊惧，你为何敢上前挡熊呢？"

"猛兽只要抓住一个人，就会停止攻击，臣妾担心它扑向陛下的御座，所以上前阻挡。"

元帝感叹不已，心想果然是虎父无犬女，冯奉世一生战功卓著，其女也如此勇敢，实在难得，不但赏赐五万钱，而且从此倍加敬重宠爱。经过此事，冯婕妤将傅婕妤等一干妃嫔都比了下去，两人之间的裂痕愈加大了。不过，元帝并没有斤斤计较，后来将两人都封为了昭仪。

一转眼，几十年过去了，两人都已垂垂老矣，到了儿孙满堂的年纪。傅太后如今在朝中一手遮天，冯太后则偏安一隅，安享晚年。但傅太后对冯太后的嫉妒和仇恨并没有完全放下。如今抓住了冯太后的把柄，不由得心中大喜，立即派御史丁玄前去审理此案。

丁玄一心想要讨好主子，不由分说就逮捕了中山国官吏和冯太后近亲在内的一百多人，分别监禁在洛阳、魏郡、巨鹿。被捕者迟迟不肯认罪。傅太后又派中谒者令史立与丞相长史、大鸿胪丞一同审理。史立一心想要封侯，开始刑讯逼供，接连死了数十人。其中有人经受不住折磨，为求速死，承认做过咒诅之事，史立因而上奏道："冯太后诅咒圣上，想另立中山王为帝。"

此时，冯太后已被废为庶人，在云阳宫居住。史立等人趁热打铁，又去责问冯太后，以为人证物证俱在，冯太后肯定会招认。但冯太后虽然年迈，性格依旧像年轻时一样刚强，始终不肯招认，见拿"主犯"没有办法，几个办案官员有些急了，言词也渐渐变得放肆起来。

史立仰仗着傅太后这个靠山，冷笑着挖苦说："熊跑到殿上的时候多勇敢啊，现在怎么害怕了？"

冯太后气得哆嗦个不停，对左右说："这是前朝旧事，他是怎么知道的？"

"这个你不用管，"史立粗暴地说，"你交代罪行就是了。"

"这就是故意陷害的明证！"冯太后大声说，连看都不看史立一眼，俨然没将这种宵小放在眼里。

"我劝你不要敬酒不吃吃罚酒。"

尽管刚烈了一生，冯太后到底扛不住羞辱，服毒自杀了。很多大臣也都受到了牵连，俨然成了朝野关注的大案。总之，那几年，在丁氏家族、傅氏家族、赵氏家族、郑氏家族、董氏家族的轮番"搅和"下，整个朝廷真是群魔乱舞，乱七八糟。以至于大司马、大司徒、大司空接连更换，忠良之臣随意贬免，"奸佞之臣"倒是欣欣向荣。大臣们都再忙着争权夺势，勾心斗角，哪还有精力关注民生？

正所谓"兴，百姓苦；亡，百姓苦"。此时，贵族阶级、豪族大姓"多蓄奴婢，田宅无限"，农民却纷纷破产，甚至"大饿而死""人至相食"。一些有良知的大臣们一直在关注着民间疾苦。谏大夫、渤海人鲍宣就冒死上了一道极其犀利尖刻的奏章，他在奏章中将百姓们遭受的困苦总结为"七亡七死"："阴阳不和，水旱为灾，一亡也；县官重责，更赋租税，二亡也；贪吏并公，受取不已，三亡也；豪强大姓，蚕食亡厌，四亡也；苛吏繇役，失农桑时，五亡也；部落鼓鸣，男女遮列，六亡也；盗贼劫略，取民财物，七亡也。七亡尚可，又有七死：酷吏殴杀，一死也；治狱深刻，二死也；冤陷亡辜，三死也；盗贼横发，四死也；怨雠相残，五死也；岁恶饥饿，六死也；时气疾疫，七死也。民有七亡而无一得，欲望国安，诚难；民有七死而无一生，欲望刑措，诚难。此非公卿、守相贪残成化之所致邪！"

鲍宣这道奏章写得酣畅淋漓，说出了多少大臣的心声，也让多少大臣为他捏了一把汗。因为他直接将批评的利剑指向了正在朝中兴风作浪的丁氏家族、傅氏家族、赵氏家族、郑氏家族、董氏家族，尤其是大红人董贤，真如同摸了老虎屁股，恐怕是凶多吉少。

事后，哀帝名义上以鲍宣乃是一代名儒为由，宽恕了他，然而，不过是想要一个宽宏大量的美名。不久，还是找借口，对其施以了"髡钳"之刑，流放到上党长子（今山西长子县）。王莽回到京师后，面对的就是这样一个局面。眼看着朝政一点点儿地颓败下去，可又无可奈何。不过，事情总有两面性，丁氏家族、傅氏家族、赵氏家族、郑氏家族、董氏家族越是倒行逆施，胡作非为，朝廷内外对王莽的支持率就越高。王莽仿佛看到这些宵小正在挖一个巨大的"坟坑"，这个"坟坑"早晚会将他们吞噬进去，到时候，只要在上面填些土就行了。

实际上，上天已经开始用种种异象发出警告了。建平三年（公元前4年）正月癸卯，傅太后居住的桂宫正殿发生火灾；豫章郡，一个须眉男儿变成了女子，还嫁了人，生了儿子；山阳方与县，有孩子在母亲腹中啼哭，好不容易生下来，却是个死婴，安葬三天后，在坟茔里又传出哭声，经过抢救，孩子活了过来；建平四年（公元前3年）春，正月，函谷关以东，百姓无故惊恐奔走，手中拿着一枝禾秆或麻秆互相传递，说是"行西王母筹"。这些百姓披头散发，衣衫褴褛，光着脚板，有的夜里绕关而行，有的翻墙而过，有的乘车骑马奔驰，甚至于用驿站车马传递。途经二十六个郡国，直达京师。在街巷、田间小路上聚会，设赌具赌博，夜持火把登上房屋，"击鼓号呼相惊恐"，整个长安为之震动。一直闹到秋天才停止。

由于异象连连，郑崇、杜邺等大臣直接将矛头指向了尊号已从"帝太太后"升为"皇太太后"的傅太后，以及以其为代表的利益集团。但是，傅太后已经没兴趣周旋了，因为她有三个更可怕的对手需要对付——衰老，疾病和死亡。这一次，无论她多么彪悍强硬，深谋远虑，都没有获胜的希望了。元寿元年（公元前2年），这个显赫一时的女人终于离开了人世。她本来盼着王太后走在前头，好享用几年唯我独尊的舒服日子，奈何天命难违，到底还是带着满腔的戾气撒手人寰了。傅太后与汉元帝合葬渭陵，尊称为"孝元傅皇后"。估计到鬼神中间，她都不会停止争抢。

傅太后的去世，不但让王莽和王太后长出了一口气，更是挪走了哀帝头上的一座大山。但是，他头上还有一座大山，这座大山更加沉重，更加致命，那就是他岌岌可危的健康。一个疾病缠身的人，性格也容易变得扭曲。哀帝对董贤近乎赌气的封赏，一方面是为了政治博弈，一方面也许并无太大意义，他就喜欢看大臣们又怒又气，吹胡子瞪眼的样子。他也知道董贤是个没用的草包。他就是要给这个草包披金戴银，加官晋爵，让大臣们全都气得疯掉。没有比这更好玩的了。

现在祖母已经去世了，以他自己的健康状况，也不知道还能活多久。所以，他要玩儿个尽兴，玩儿个痛快。

傅太后尸骨未寒，哀帝就假托傅太后遗诏，请求王太后下令给丞相、御史，要他们增加董贤采邑两千户人家，并赐给孔乡侯、汝昌侯、阳新侯封国。丞相王嘉忍无可忍，把诏书封起来退了回来，并上密封奏书劝谏。在奏书中提醒说，以董贤享受到的尊荣，自古以来未曾有过，"流闻四方，皆同怨之。里谚曰：'千人所指，无病而死，'臣常为之寒心。"

哀帝不但听不进忠言，反而找借口将王嘉下到狱中，可怜一代忠臣竟落得个呕血而死的下场。之后，哀帝先是拿风烛残年的韦赏过度了一下，等到韦赏一死，马上将时年二十二岁的董贤提拔为了大司马、卫将军，领尚书事，似乎想把剩余的大臣，也跟王嘉一样统统气死。

哀帝甚至在一次宴席上，提出要效法"尧禅舜"，把帝位禅让给董贤。王氏家族硕果仅存的力量，王太后的代言人中常侍王闳听罢，猛地站起身来，大声反对道："天下乃高皇帝天下，非陛下之有也！陛下继承宗庙，当传子孙于亡穷，统业至重，天子无戏言！"

"说的好听，我还能有子孙吗？"哀帝看着王闳健康的身体，嫉妒地想。

哀帝欣赏王闳年少志壮，所以事后并没有加罪。想想哀帝之前对那干老臣的心狠手辣，这已经是很给面子了。之后，同情王嘉的大司马丁明被免除了官职。王闳再次劝谏皇帝，哀帝终于失去了耐心，将其贬谪到了外地。过了许久，王太后亲自说情，王闳这才得以重返京师。

现在，董贤的"美名"甚至都传到国外去了，当时西汉王朝余威尚在，前来朝贡的各国使节还有很多。一次，匈奴单于前来觐见，群臣都围绕在哀帝身旁，单于见大司马董贤如此年轻，不禁大为惊诧，于是哀帝命翻译回答说："大司马虽然年轻，但是因为大贤而身居高位。"

单于急忙起身拜贺大汉朝得此贤臣，话虽说得冠冕堂皇，恐怕心中不乏嘲讽和庆幸吧？邻国有这样任性糊涂的皇帝和大臣，匈奴国可以高枕无忧了。

形势还在继续恶化下去，无论是政局，还是哀帝的健康。"汉运将终说"日渐盛行。黄河决口、长安地震、天狗食日等异象，全都被当成了汉朝气数已尽的征兆。元寿二年（公元前1年），民众竟然放火焚烧了武帝的陵邑，显然已经对西汉王朝彻底失望了。

第六章 重返姑母身旁

为了能恢复健康,哀帝把七百余座神祠全部恢复。一年之中,祭祀的次数达三万七千次。不但官员们手忙脚乱,恐怕连天上的神祇也被烟火呛得咳嗽了。可是一样毫无用处,到最后,哀帝连祭祀都不能亲自前往了。

六月戊午,在位六年的哀帝终于没能战胜病魔,在未央宫驾崩了,时年只有二十五岁。

噩耗,抑或是喜讯——这当然要因人而异——传到了长信宫,早有准备的王太后果断出手,马上乘车来到未央宫,并命中常侍王闳拿着宝剑,前去收取了皇帝的玺绶,又派人召来大司马、卫将军董贤,将其引进了东厢房。董贤知道出大事了。他满脸泪痕,诚惶诚恐,犹如无根的野草,被抽取梁柱的房屋,失去母牛的小牛犊。

董贤行过大礼之后,斗胆抬头看了一眼。只见王太后威风凛凛地端坐在宝座上,身上的华服显然很久没穿过了,显得有些陈旧。凤冠上的珠子有些发黄,但是每一颗都价值连城,说不定还是元帝馈赠的礼物。最让董贤吃惊的是王太后的眼睛,那双饱经风霜的眼睛,看上去是如此的犀利明亮,仿佛能透过他的皮肉,窥看他的灵魂似的。

"这些年来,一直传说王太后快要死了,为何精神会如此矍铄?"董贤感到一阵莫名的恐惧。

王太后默不作声地打量着董贤,二十二岁就位居"三公",简直是胡闹,他完全还是个孩子。可是,他多好看啊,白皙光洁的皮肤,充盈着青春的活力,流淌着充满生机的血液。眼眸里带着的忧伤,隐约可见闪亮的泪光,即使忧伤也没法损伤他的美貌。红润饱满的嘴唇轻轻颤抖着,好像一颗落在雪堆里的樱桃。一身雪白的孝服越发映衬出他的俊俏可人,一头浓密的黑发甚至盖过了后宫的一千美人。

最打动人是他那惹人同情的气质。他的眼神中充满了无助,就像一头无心犯错的、满肚子委屈的小鹿似的。董贤此时的表现有几分真实,又有几分刻意。说他真实,是因为他本来就是个无知无识,普通平凡的年轻人,说他刻意,是因为他此时想强调自己的无知无识,普通平凡,间接告诉王太后,他只是哀帝施展权谋的工具而已，并没做过什么坏事。

王太后心明眼亮，什么不懂？有那么一刻，王太后几乎动了恻隐之心。然而，人生是残酷的，无论董贤在这场宫廷斗争中扮演着什么角色，他已经深陷其中了。他的名声早就坏掉了，他注定将成为牺牲品。想到这里，王太后的声音变得冷峻了起来，开始询问皇帝丧事的安排。

"太后开恩……"董贤一句话也答不上来，竟抽噎着摘下官帽，向王太后磕头谢起罪来。

王太后迟迟没有回应，仿佛在思索着什么。董贤恐惧万分，连抬起头来的勇气都没有了，记忆的碎片接踵而至，胡乱堆砌，哀帝接连不断的赏赐就像越砌越高的台阶，如今这台阶已经将他带到绞刑架前，周围是一片漫无边际的黑暗。他茕茕独立，孤立无援，只能任人宰割。

过了一会儿，王太后苍老威严的声音才再次传来："新都侯王莽曾以大司马的身份，办理过先帝的丧事，熟悉旧例，我命他来辅佐你吧。"

"那太好了。"

董贤得到王太后的应允，这才退出了长信宫。此时，已是凌晨时分，天空中繁星点点，一轮明月泼洒着清冷的辉光。宫殿里面都火烛通明，帷幔和屏风拖着长长的黑影，好似堆放着等待分发给众人的丧服。卫兵全都身穿铠甲，手拿武器和火炬。宫女们大多垂首而立，木雕泥塑般一动不动，晨风好似要验证真伪似的，故意让她们的裙裾微微飘动。一些聪明灵巧些的在默默垂泪或是轻轻抽噎，也不知有几分真情。

当晚董贤和王莽碰过面吗？史书上没有记载，但他们心情肯定是不同的，王莽也惊异于王太后的精神矍铄。只不过几天不见而已，年过七旬的王太后再次焕发了青春，连那些年老的宫女也仿佛年轻了许多，看来王太后之前不过是麻痹对手罢了。傅太后和哀帝在世的日子，她被迫捡起了炉火纯青的隐忍功夫。终于，柔弱战胜了刚强，她熬死了咄咄逼人的傅太后，熬死了任性胡为的哀帝，重新回到了舞台中央。

"巨君，你准备好了吗？"这个世故老辣的"胜利者"不动声色地

第六章 重返姑母身旁

问道。

"准备好了。"

"你不要辜负我的信任。"

"是,太后。"

王太后轻轻点了点头,立即下诏尚书,将所有调动军队的符节,百官奏事、中黄门、期门兵等全都交给王莽负责,长安各大宫殿也全部由其掌管。就这样,王氏家族在遭受长期压制之后,终于打了场漂亮的翻身仗。对手阵营的两员主将傅太后和汉哀帝已经倒下了,剩下的都是群不值一提,容易对付的宵小,姑侄二人根本不将他们放在眼里。

"几家欢乐几家愁",在王政君和王莽重掌大权的同时,董贤已经失魂落魄地回到了豪华的府邸。这座府邸是多么华丽啊:设置有前后大殿,殿门宽阔敞亮;整个府邸精雕细镂,富丽堂皇,摆满了哀帝生前赏赐的宝物;很少有人能在这样的年纪赚到这么大的家当。董贤到底为此付出了什么?连他自己都说不清楚。

如今看来,这座华丽的府邸却好似一个精心装饰的堆满了随葬品的坟茔。董贤突然感觉上当了,他为何要这些身外之物,那花不光的金钱,吃不完的粮食,走不尽的封地,有什么用?不过增加了天下人憎恶他的口实罢了。要是当年安心做个小小的黄门郎,何至于此呢?

"陛下,你怎么抛下我走了?"董贤瘫软在了地上,轻声呜咽了起来,仿佛哀帝还能听到似的,"都是你害的,不然我也不会到今天这个地步啊!"

董贤茶饭不思,时刻关注着宫中的消息,希望能有奇迹出现,不久,他听说王莽掌握军权的消息,自己受到了尚书的弹劾,罪名是哀帝病重期间没有亲自侍奉医药,已经禁止他进入宫殿禁卫军中了,董贤越发知道大势已去,但是他毕竟还年轻,仍想抓住一线生机。第二天,他心存侥幸地来到皇宫大门口,脱下高高的官帽,赤着双脚,痛哭流涕,叩头谢罪,希望王太后能大慈大悲,大人大量,看在故去的哀帝的面子上,留给他一条生路。

董贤跪了很久,等到的却是一纸罢免的诏书。诏书上写道:"贤年少,未更事理，为大司马，不合众心，其收大司马印绶，罢归第！"

当晚，绝望的董贤就和妻子双双自杀了。这似乎是痛苦最少的死法。他生前得了多少富贵，世人就有多恨他。朝廷内外都想"食其肉寝其皮"，他被生前得来的权势和财富给"活埋"了。

王莽得知董贤夫妇自杀而死，已被家人连夜掩埋的消息，担心其是诈死，特地派人把棺柩挖出来，抬到监狱里仔细验视了一遍，认定确是董贤本人，就地掩埋了事。就像对一条无足轻重的狗一样。

之后，王太后诏命王公大臣推荐大司马的人选，这不过是走形式而已。王莽经过多年积累，在朝廷内外威望极高，几乎无人可以匹敌，何况还有王太后在背后撑腰呢。包括大司徒孔光、大司空彭宣在内的朝廷大员纷纷推举王莽。不过，也有被名利冲昏了头的，前将军何武、左将军公孙禄竟然互相举荐，后来被发觉并治了罪。

王太后的确擅长忍耐，但绝非没有脾气。或许是压抑了太久的缘故，她决定临朝代理朝政，尝尝君临天下的滋味。

庚申，王太后正式任命王莽出任大司马，掌管尚书事。王莽推荐安阳侯王舜为车骑将军，此时距离哀帝驾崩，只有三天的时间。对这三天，王太后和王莽可能早就做好了准备，毕竟哀帝一直病病歪歪，早逝肯定是有预兆的。这个关键的转折点到来之后，王太后老当益壮，及时出手；王莽雷厉风行，迅速地掌握了局面，让政敌没有任何回旋的余地。

这次政权过度看似轻描淡写，其实险象环生，危机四伏。当时丁氏家族、傅氏家族仍在朝中占据主动，试想，如果傅皇后、董贤利用哀帝突然驾崩，没有立下皇位继承人的机会，伪造遗诏，引用党羽，另立一个小皇帝，后果不堪设想。对于王太后和王莽来说，这是关键性的三天，考验智慧、胆识和魄力的三天，更是决定命运的三天。

当然，除了在关键时刻抓住了时机之外，之前的积累也至关重要。王太后在丁氏家族、傅氏家族崛起后的隐忍，"诏外家王氏田非冢茔，皆以赋贫民"的慷慨大度。王莽在担任公职期间的努力付出和过人声誉，在丁氏家族、傅氏家族夺权后的急流勇退,在陷入人生低谷后,对德行的坚守,尤其是次子王获杀人时的大义灭亲。这些都赢得了广泛的同情和支持。丁氏家族、傅氏家族、赵氏家族、郑氏家族、董氏家族得到权力之后,狭隘自私,目光短浅,只顾享受胜利果实,缺乏足够政治眼光。明明有贤人傅喜,却内部倾轧,反而重用自私自利、蝇营狗苟的奸佞小人,这些都是他们失败的原因。

历史的车轮呼啸而过,不做片刻停留。要是不能抓住机会,就会摔个鼻青脸肿,甚至是粉身碎骨。把握住了命运的转折点,顺势而为,则将迎来崭新的局面。如果说,王莽第一次出任大司马是浅尝辄止,第二次出任大司马则是其长期执政的开端。他将以此为契机,开创一个属于自己的时代,尽管这个时代是如此的命运多舛,饱受争议。

第七章　秋后算账的日子到了

国不可一日无君，首要任务就是迎立新主。于是，皇位继承人的筛选工作又开始了。经过从六月戊午到九月辛酉的六十四天真空期后，皇帝人选定了下来，这个人就是中山王刘箕子。刘箕子是元帝庶孙，中山孝王刘兴之子。刘箕子时年九岁，母亲卫姬，是宣帝朝卫婕妤兄卫子豪的女儿。祖母是被傅太后害死的冯太后。成帝、哀帝都没能留下皇子，刘箕子是王太后唯一的庶孙，也是血统最接近皇家的人选了。

七月份，王太后派安阳侯王舜和大鸿胪左咸拿着符节将刘箕子接到了未央宫，正式的登基大典将在两个月后举行。可以用这两个月了解一下朝廷的礼数。至于怎么做皇帝，慢慢学还来得及，没人会真打算让一个九岁大的孩子管理国家。王莽将会选拔全国最顶尖的人才担任帝师，让小皇帝变得学识渊博，品德出众，至少不能像哀帝那样忘恩负义。

这两个月王莽忙得很，绝非只做了挑选皇位继承人一件事。面对大批的政敌，尤其是那些曾经背叛王太后和他的朝臣们，他做好了"秋后算账"的准备。正值盛夏时节，在热气熏天的朝堂之上，已经有人暗中牙齿打颤了。不过，他们暂时不用担心复仇的利刃落在身上，因为打击将会先从死人开始。

王莽很快挥出了一系列的组合拳，将傅太后的尊号贬为"定陶恭王母"，将丁太后的尊号贬为"丁姬"，让她们生前的努力烟消云散；以"同心合谋，背恩忘本，专断放肆，图谋不轨"为由，将傅太后的堂侄女、前皇后傅黛君贬到了桂宫；以骄恣奢僭，不知悔过为由，抄没了董家的财产，除了董母送回巨鹿故郡外，其他亲属流放广西合浦，据说整整变卖了四十三万万钱，"长安中小民欢哗"……

又以"专宠锢寝，执贼乱之谋，残灭继嗣，以危宗庙，悖天犯祖，无为天下母之义"为由，将皇太后赵飞燕的尊号贬为"孝成皇后"，迁到北宫居住。王太后当年将赵飞燕立为皇后就很勉强，何况赵飞燕还曾勾结傅太后整治过王氏家族呢？自然予以支持。不过，说赵飞燕"专宠锢寝，执贼乱之谋"也就罢了，为何还说她"残灭继嗣，以危宗庙"呢？

这件事还要从头说起。

当初，为了能立赵飞燕为后，成帝光是说服母亲就花了好一番心思。没成想，赵飞燕一旦坐上了后位，成帝却犯了喜新厌旧的毛病，竟将心思用到了赵合德身上，将其安置在了昭阳舍，千恩万宠，无所不用其极。从宫殿装饰的奢华上就可以窥见一斑："庭彤硃而殿上髹漆；切皆铜沓，黄金涂；白玉阶；壁带往往为黄金釭，函蓝田璧、明珠、翠羽饰之。自后宫未尝有焉。"

尽管失去了成帝的欢心，舞女出身、正值青春妙龄的赵飞燕可也没闲着。她既不是名门千金，也不是大家闺秀，从小跟些优伶乐师、轻薄少年混在一起，哪受得了秋夜孤灯，深宫寂寥？既然皇帝的心思不在自己身上，她就暗地里想办法寻欢作乐。《资质通鉴》中有这样的描述："赵后居别馆，多通侍郎、宫奴多子者。"

流言蜚语很快传到了成帝耳中，成帝不禁龙颜大怒，要给赵飞燕点儿颜色瞧瞧。这时却体现出姐妹一条心了。或许是顾念姐妹之情，或许是"垄断"了皇帝，有些过意不去。对于姐姐淫乱后宫之事，赵合德不但不良言规劝，反而为之遮掩。

"姐姐向来性格刚强，如今明明有人故意陷害，如果陛下中计，那我们赵家就后继无人了。"赵合德擦着眼泪抱怨道，好像受了天大的委屈似的。

成帝一见爱妃哭得花枝乱颤，马上融化成了一堆烂泥巴，真恨不得把心掏出来给她，立即断定这是善妒的后妃们刻意构陷。从此之后，凡有举报赵皇后奸情的，干脆予以正法，更是将光禄大夫刘向为了端正风化、宣扬贤妃、贞妇写就的《列女传》《新序》《说苑》扔到了一边，连看都不看一眼。于是，赵飞燕越发有恃无恐，恣意妄为起来。

不过，虽然绝宠于后宫，干了许多风流韵事，但姐妹二人终究没能生育。对于赵飞燕和赵合德不能生育的原因，《飞燕外传》中有一种说法：姐妹二人都十分爱美，为了压倒其他妃嫔，让肌肤变得更加雪白娇嫩，曾把一种名为肌息丸的蜜丸塞入肚脐。这种由麝香、高丽参、鹿茸等名贵药物制成的蜜丸虽然功效明显，副作用却极大，竟滞留积蓄在任督二脉，难以消散，令她们终生无法怀孕，等到设法补救，为时已晚。

《飞燕外传》只是稗官野史，后宫也不是普通男子随便能出入的地方，所以以上的说法都相当可疑。但是有一点可以确定，就是赵飞燕、赵合德的确没能生下一男半女。这对于皇后和妃嫔来说是相当可怕的一件事。古往今来，因为不能生育而遭到冷遇的妃嫔，甚至皇后，真是数不胜数。赵氏姐妹一定会拼尽全力把控住成帝，不让怀孕的机会留给别的妃嫔，所以，批评这对姐妹花"专宠锢寝"，还是有可能的。

至于"残灭继嗣，以危宗庙"，其实也是正史所载，而且格外骇人听闻。

"溥天之下，莫非王土；率土之滨，莫非王臣。"整个天下都是皇帝的，别说专门为其设置的后宫了。在这个温柔乡里，皇上不但可以任意宠幸精心为其选拔的妃嫔，有时还会换换口味，对宫女有所沾染。赵飞燕有个名叫曹宫的宫廷教习，乃是官婢曹晓之女，才貌双全，通晓《诗经》，虽然比不得那些金枝玉叶，倒也颇有几分撩人之处。哀帝一度经常出入赵飞燕宫中，跟曹宫接触的机会也颇多。一来二去，不知何时，竟让其怀上了龙种。曹宫到底被成帝宠幸过几次，如今已难以考证，但从生产日期推断，惹出乱子的那次应该在元延元年（公元前12年）的正月。

虽然曹宫身份低微，但考虑到成帝始终没能得到皇子，这到底是件难得的喜事。一开始，赵飞燕本想将此子转到自己名下，将来也有个依托。赵合

第七章 秋后算账的日子到了

德的想法，却跟姐姐不尽相同。在赵合德看来，曹宫虽将来一旦生下皇子，就可能骑到她和姐姐头上，到时后患无穷，不可不防。

"谁知道那死丫头是怎么勾搭上皇上的，不如先下手为强，以绝后患。"赵合德对姐姐说。

元延元年（公元前12年）十月，曹宫在掖庭生下一个男婴。得知消息后，赵合德满脸通红，气得说不出话来。她命太监拿着一道诏令，交给一个名叫籍武的官员，将产妇、婴儿和六名宫婢一起抓进暴室，要其尽快处死。暴室就是皇宫中的洗衣房。宫中的妃嫔一旦犯下错误，全部关押在这里。

"收藏好我儿子的胞衣，知道他是谁的孩子吗？"曹宫抽抽噎噎地对籍武说。

籍武不是傻瓜，马上明白了过来，这样一来，难题就落在了籍武头上。伤害皇子，实属重罪。赵合德宠冠后宫，又不敢得罪。籍武左右为难，想出了个折中的办法。虽将曹宫、婴儿、宫婢关进了暴室，但是并没亏待，希望事情能出现转机。三天后，太监又来了，得知婴儿未死后，顿时变了脸色。

"小人执行命令是死，不执行命令也是死。"籍武跪倒在地，涕泪横流地说，"陛下至今没有后嗣，千万三思而后行，否则悔之晚矣。"

因为事关重大，太监也不敢拿主意，所以就又回去上奏了一番。但是赵合德心硬如铁，决心已下。到了晚上，还是让太监带走了孩子。曹宫每天以泪洗面，痛不欲生。又过了三天，太监带来了个绿色的小盒子。里面是两枚毒药，还有一封"赫蹄书"。所谓的"赫蹄书"，可能是史书上记载的第一张纸。

在这封"赫蹄书"上，成帝冷酷无情地逼迫曹宫吃下毒药。君命难违，曹宫知道自己活不成了，只能服毒自尽。不久，六个宫婢也自缢而死了。就此，婴儿销声匿迹，不知去向。令人惊恐的是，这还不是个案。许美人也曾生下一个皇子，赵合德得知之后，嫉恨得以头击墙，大声哭泣，不肯进食。成帝被逼无奈，只好派人弄死了皇子，放进一个苇草编的小箱子里，在狱楼墙下挖了个小坑，草草地掩埋掉了。

不久，市井间就流行起了一首童谣："燕燕，尾涎涎，张公子，时相见。木门仓琅根，燕飞来，啄皇孙。皇孙死，燕啄矢。"

童谣里的"张公子"指的是成帝的宠臣，张安世的四世孙，驸马都尉张临和敬武公主之子。为人风流潇洒，成帝当年很是宠幸，不但将其封为了富平侯，还将许皇后的妹妹嫁给了张放。对张放的封赏虽然不如哀帝对董贤，但同样不容小觑。"与上卧起，宠爱殊绝，常从为微行出游，北至甘泉，南至长阳，斗鸡走马长安中，积数年。"

成帝年轻时之所有那么荒唐，跟张放的影响关系不小，王太后担心其继续学坏，专门派人寻找张放的错处，好不容易才将其赶出京师，即使如此，成帝还跟张放藕断丝连了很久。"成帝崩，放思慕哭泣而死"。因为成帝微服私访时，经常以富平侯张放家人的名义，故而称作"张公子，时相见"。

至于"燕飞来，啄皇孙"，自然指的就是赵飞燕和赵合德合谋害死皇子一事。唐朝骆宾王曾在著名的《为徐敬业讨武曌檄》中写道："燕啄皇孙，知汉祚之将尽"，也指的是这件事。

被害死的皇子都是王太后的亲孙子，王太后怎能不心痛？如果这皇子得以保全，哀帝也就没了登基的机会，不但皇帝的血统更加纯正高贵，王氏家族也就没有后来的磨难了。从这个角度想，赵飞燕和赵合德的罪行又大了几分。估计王太后恨不得"生啖其肉"。如今，赵合德已死，赵飞燕恐怕难辞其咎。

赵飞燕也知道这次凶多吉少，深恐责罚再次加重，因此朝请夕谒，对王太后百般讨好，将多年来没尽过的礼数全都补上了。然而，到底难以挽回。八月份，王莽以"失妇道，无共养之礼，而有狼虎之毒，宗室所怨，海内之雠也，而尚在小君之位，诚非皇天之心"为由，将孝成皇后赵飞燕贬为庶人，同时贬为庶人的还有孝哀皇后。当天，两位前皇后都自杀了。

王太后和王莽睚眦必报，对那些为丁氏家族、傅氏家族效劳过的鹰犬走狗也没放过。高昌侯董宏当年曾为傅太后、丁姬求取尊号，如今已死，将其子董武予以贬逐；曾因密奏得宠，在冯太后冤案中要弄过阴谋诡计的毋将隆、张由、史立、丁玄等人全部予以惩戒；左将军公孙禄与前将军何武之前结党营私，互相推荐，予以严惩；河内太守赵昌戕害大臣赵崇，予以流放……

有"秋后算账"的，也有得到平反的。第一位，当然是已经回到封国的傅喜。王太后在诏书中引用了孔子的名言——"岁寒然后知松柏之后凋也"，称赞傅喜"姿性端悫，论议忠直"，让傅喜返还到长安，赐予故高安侯的府邸，"位特进，奉朝请"。

然而，傅喜的处境相当尴尬。此时丁氏家族、傅氏家族的势力几乎被打击殆尽。傅喜每天上朝时，放眼望去，皆是异姓，同族中只剩自己一个，不免孤立忧惧，不是滋味。没过多久，还是上书请求回到封地。王莽随了傅喜的心愿，让他在封地安度晚年。傅喜死后，赐谥"贞侯"，也算得了个善终。

孙宝是另一个有代表性的人物。他在哀帝朝担任司隶，为人正直，敢于直谏。当年，明明知道冯太后蒙冤，但是朝臣们或是昧着良心落井下石，或是三缄其口，明哲保身，只有孙宝敢于跟傅太后作对，请求重新审理此案。尚书仆射郑崇看不惯董贤宠幸过度，冒死劝谏哀帝，遭到尚书令赵昌的陷害，孙宝再次挺身而出，仗义执言，为此被贬为庶人。

孙宝是个很有个性的人。据说，他在担任京兆尹时，曾遇到过一个很有趣的案子。

在市场上，有个卖圆饼的和一个村民不小心撞在了一起，酥脆的圆饼从担子上掉落了下来，全都摔碎了，村民承认过错，认赔五十个，但卖饼的很贪心，坚持说有三百个。双方各执一词，互不相让。案子到了孙宝这里。孙宝看出卖饼的蛮不讲理，想要讹诈。冷冷一笑，说此案并不难断，命人另外买来一个大小相似的饼来称一称，再将破碎的碎饼聚在一起称了下，仔细折算重量，根本没有三百个，卖饼无法抵赖，这才认错。虽然只是件小事，但是可以看出民众对孙宝才智的认可。看来孙宝之所以在朝中到处树敌，完全是心性耿直，不愿跟那些口是心非的朝臣同流合污罢了。

王莽认为孙宝堪称直言谏诤之臣，奏请王太后，将其提拔为了光禄大夫、大司农。还有其他许多遭到打压的官员也陆续启用。奸佞之臣一概予以追究，这样做既是为了拨乱反正，同时也是为了重新搭建"领导班子"，为今后的工作做准备。总之，整个朝廷改头换面，焕然一新，已经不是从前的模样了。

第八章　安汉公的崛起

此时，王太后临朝称制，成了西汉王朝最有权势的人。但是王太后没有精力管过于琐碎的事情，大部分具体工作都交给了王莽。王莽每件事都尽心尽力，让姑母开心自在，对他放心。老臣孔光是一代名儒，在三位皇帝手下担任过丞相，王太后很是敬重。王莽以其作为突破口，将孔光的女婿甄邯提拔为了侍中兼奉车都尉，凡事都先告诉甄邯，让甄邯转告给孔光，再由孔光禀报王太后，这样一来，这些意见总能得到王太后的批准，对政敌的打击也在不知不觉中完成了。

孔光时年65岁，比王莽整整大了20岁，早年间，由于性格刚正，直谏无忌，多次触怒圣上，勇猛不亚于当今的年轻一辈。因此，在仕途上几经沉浮，甚至一度辞官回家讲学。不过，锋芒毕露都是过去的事情了，经过数十年的蹉跎，孔光如今年老体弱，个性早已大不如前了。政治见解跟年轻时简直南辕北辙，恰似换了一个人，认为揭示君王的过错来表达忠直，乃是臣子的大罪，变得又胆小，又谨慎，又随和。在孔光眼里，王莽道貌岸然，处处道义为先，几近于完美。只是以他一辈子的人生经验看来，只要是人就有缺陷和不足，若是一个人看不到任何漏洞，那这个人一定城府极深，甚至相当危险。虽然共事多年，孔光仍旧没能将王莽看透，只觉得此人深不可测，不知道他"面具"之后藏着的是什么，也不知道他野心的边界在哪里。

为此，他"忧惧不知所出"，多次上书乞骸骨都遭到了拒绝。王莽不但不让孔光回家养老，反而向王太后提议，让孔光担任了平帝的老师，位居四辅，兼给事中，继续"发挥余热"。

除了孔光之外，还有几位官员受到了王莽的重用：安阳侯王音之子王舜，"少习儒术，其人修饬"，有乃父的遗风，是王太后另一个喜爱的侄儿；甄丰以通明经入仕，从下层官吏做起，一路高歌猛进，直接调入朝堂，封为广阳侯，甄丰是靠个人奋斗，白手起家的人才，不但官职高，而且有学问，尤其擅长古文；甄丰的弟弟甄邯也很有才干，在朝中担任侍中奉车都尉。

王舜与王邑是王莽的心腹，负责"查微知隐""得失政要"；甄丰、甄邯负责掌管监察部门，掌管纠察、弹劾、审判；前丞相平当的儿子、防乡侯平晏掌管国家机密和军政大事；刘歆主管礼乐和典章制度；孙建负责边疆防务和军事治安；涿郡人崔发、南阳人陈崇、甄丰的儿子甄寻、刘歆的儿子刘棻等都因为才能得到重用，担任要职。这些人就是王莽新领导班子的主要成员。

除了孙健为军功出身外，这些官员大部分都受过充分的儒家教育，堪称"儒士"。班固在《汉书》上说王莽"附顺者拔擢，忤恨者诛灭"。对手下官员既严厉又直率，而且颇有默契，有所意图只要稍做暗示，这些人就会按照他的意思呈报上去，"莽稽首涕泣，固退让焉，上以惑太后，下用示信于众庶"。不过，班固是东汉王朝的御用史官，王莽是东汉王朝的死对头，从这层关系就知道班固的评价不能全信了。

无论班固的评价如何糟糕，至少从之后一段时间的政绩来看，这个领导班子的工作还是很见成效的。这段时间，王莽不但表现出了过人的德行，而且用实际行动证明自己不是一个单纯的书呆子，而是一个真正的政治家。王莽第一次的大司马任期只有八个月，才华没有得以充分施展，但是这一次不一样，这一次他在王太后的荫庇下，把这些年积攒的能量彻底释放出去。一切都在有条不紊地进行着。在忙于公务的同时，王莽始终不忘对王太后传递孝心，他知道王太后的分量，知道自己所拥有的一切都是王太后赐予的。当然，也知道，如果没有王太后的信任和支持，自己将寸步难行。所以，所有王太后关切的，都是他关切的，一丝一毫都不会落下。一次，王太后无意

第八章　安汉公的崛起

中打听了几句匈奴国的风俗,他立即记在了心里,回去后,特地通过重金贿赂,派人将王昭君的女儿须卜居次云从匈奴接了过来,给王太后做伴。

王莽希望通过这件事,显示王太后的威望和恩德已达至盛,超过了前代,以此取悦于王太后。宫中的生活是富足的,但是空间毕竟有限,难免会感到沉闷无聊。王莽敏感地察觉到了这一点,春夏秋冬四季,经常派人护送王太后乘坐马车到长安四郊游玩散心。每次出游前,华丽精美的小马车上都要装上许多的钱币、丝织品、牛肉、美酒,以便随时赏赐,慰问孤儿、寡妇和贞妇。王太后总是在赞美声中离开,心情自然分外愉悦。

但王莽绝对不是孔光那样的"不倒翁"和"老好人",遇到原则性的问题时,也会寸步不让。红阳侯王立是王太后同父异母的弟弟,辈分虽高,却多次犯错,王莽抓住了王立的把柄,并不准备对长辈客气。当然,其中可能也有争夺权力的考量。

这一次,王莽又用老办法,先是让孔光向王太后禀告了红阳侯王立之前的过失:明知道淳于长犯了大逆不道之罪,却大量接受他的贿赂,替逆贼说话,贻误朝廷;曾建议把官婢杨寄的私生子立为皇子,以至于世人都说将是吕后和少帝的重现等等。等到做好了铺垫,王莽又像往常一样补了一刀,对王太后说:"红阳侯肆意妄为,恐怕很难昭示后世,完成维护幼主的功业。"

"红阳侯是你的亲叔叔啊。"

"如今汉室衰微,接连两位皇帝都没有子嗣,太后代替幼主执掌朝政,竭尽全力作天下的表率,仍担心天下不顺从,要是对红阳侯的过失视而不见,群臣就会滋生出奸邪之念,祸乱就会由此发生。"王莽忧心忡忡地说。

"他现在连官职都没有,你想让我怎么处置呢?"王太后叹息道。她有时觉得王莽做事太六亲不认了。

"不如下令把红阳侯遣送回封国去。"

"是不是太无情了?"

"等到国事安定之后,太后可以再把红阳侯调回来。"王莽面无表情地说，一副公事公办的样子。

王太后沉吟良久，终于点头应允了。当然，这类人事变动是次要的，关键还是要在工作中全力以赴。王莽不但鞭策自己，也鞭策自己的领导班子，大家团结一心向前走，目标是国富民强，天下太平。在王莽日复一日的努力下，病入膏肓的西汉王朝渐渐有了生气。经济开始恢复了，路上的饿殍减少了，仓库里的粮食多了起来，商人的生意也兴隆了起来，破败的房屋有人修缮了，山河大地像被清洗过一样。无论是王太后、大臣们，还是普通百姓，都看到了王莽的贡献，并为之钦佩。

一天，一个身着奇装异服的人来到了长安，立即引起了百姓们的围观。让百姓们感到好奇的，不单单是他那古怪的装束，稀奇古怪的口音，还有他包裹里装着的一只白色野鸡和两只黑色野鸡。

"这个外国人是千里迢迢来卖野鸡的吗？"

"不，我是越裳氏使者，我是来进献野鸡的。"那人通过翻译解释道。

"哪来的什么越裳氏？不会是骗子吧？"百姓们忍不住哈哈大笑起来。

一些学识渊博之士听说此事，却不由得心头一震。历史上的确有一个越裳氏，这个越裳氏远在益州塞外。在一千多年前的周王朝，也曾来到过中原，同样随身携带着野鸡。不过，只有白野鸡，并没有黑野鸡。据《尚书大传》记载：上次越裳氏进贡白野鸡，是因为中原出了一个大圣人——周公。如今越裳氏使者再次带着野鸡来，是不是因为出了另一个圣人呢？这个圣人会是谁呢？百姓们口口相传，议论纷纷呢，整个长安城几乎都沸腾了。

至少越裳氏使者来的很是时候，经过这段时间的努力，国家的确见到了起色，越裳氏使者要是在哀帝朝来，恐怕会当成刻意嘲讽吧？事情很快传到了王莽耳中，之前的"汉运中衰说"让王莽很捏了一把汗，如今越裳氏使者带着野鸡前来进贡，在王莽看来，代表上天已经放过了汉朝，应该大张旗鼓地宣扬一番，从而重振百姓的信心和干劲儿。元始元年（公元1年）正月，王莽亲自拜见王太后，讲述了此事的经过。

"太后，正值太平盛世，宜将外族进献来的白野鸡祭献宗庙才是。"

"就按你说的办吧。"王太后对王莽充满了信任。

于是,王太后下诏,用白野鸡祭献宗庙,让祖先共享荣光。祭献仪式十分考究,全部参照周朝时的形式进行,进退都法度森严,无比考究,一丝不苟。大臣们联想到周公当年献祭的盛况,都感动得热泪盈眶,以参与其中而为荣。仪式结束之后,王莽设宴款待了越裳氏使者,并回赠了丰厚的礼物。礼数周全,不卑不亢,很有中央王朝风范。送走了越裳氏使者,激情仍旧在大臣们胸中涌动不止,民众间更是传得沸沸扬扬。看来所谓的"汉运中衰说"完全是扯淡,大汉朝日子还长着呢。

这件事也正式揭开了偶像崇拜的序幕,在大臣看来,如果没有王莽的贡献付出,没有王莽的卓越德行,哪有大汉朝的"复活"和"中兴"?于是,有大臣上奏说,王莽决策拥立新帝,安定宗庙,功劳无可匹敌。前朝的大司马霍光有类似的功劳,当时,朝廷参考对萧何的封赏,增加霍光封邑三万户,让其子继承爵位和封邑,如今也该遵照先例进行封赏才是。

左膀右臂受到了推崇和欢迎,这代表有识人之智,用人之明,王太后自然高兴。不过,她还是有些犹豫地问道:"你们提出这件事,不会因为王莽是我的亲属吧?"

"实在是因为大司马有功劳。"

大臣们仍旧意犹未尽,又上奏说依照儒家理想的帝王制度,要是臣子有足够的功劳,就应该在生前获得相应的封赏,所以周公在世时就以国号作为他的称号。王莽如今德比周公,也应该依照先例来办。大臣们越说越激动,差点儿滴下泪来。王莽的品格力量仿佛将整个大殿映照得闪闪发亮,让那些高大的灯烛都黯然失色了。

"越裳氏进贡白野鸡跨越千年的时光再次出现,足以证明王莽功德之高超。"一个大臣高声说。

"依照圣王的法度,臣子应该有与之相配的美号才行。"另一个大臣不甘示弱。

第三个大臣低头想了想,突然有了主意:"王莽有稳定国家、安定汉朝的莫大功勋，应当赐封为安汉公。"

"对，安汉公，就叫安汉公吧！"

"还要增加封户，子孙有继承爵位封邑的权力，这是顺应上天的旨意啊。"

王莽听说朝廷要封自己为安汉公，不由得又喜又惧。喜的是自己多年的奋斗拼搏得到了回报，终于受到了朝廷的认可，惧的是朝臣们将他跟霍光同列，那霍光虽然生前功劳不小，却是个"擅废立，亡人臣礼，不道"的权臣，后代还曾图谋造反，跟这样的人同列，这可不是什么好事。王莽虽然心存顾虑，但并没说出来。而是上书列举了孔光、王舜、甄丰、甄邯等几个重臣，表示功劳是大家的，他愿意将赏赐让给其他人。

这样的谦逊之词，这样的高风亮节，越发激起了大臣们的崇敬之情。于是封赏的呼声愈加强烈了，这呼声整日在未央宫中不绝于耳，王太后不可能不受到触动，毕竟她亲身感受到了侄儿的优点和好处，而且比谁都多。王莽的孝顺就是跟成帝相比，也是有过之而无不及，他们之间名义上是姑侄，真是情同母子。

于是，王太后下诏说："'无偏无党，王道荡荡。'属有亲者，义不得阿。君有安宗庙之功，不可以骨肉故蔽隐不扬。君其勿辞！"

王太后命谒者引导王莽到正殿东厢等待封赏，王莽仍旧"谦逊""婉拒"个没完，王太后又命尚书令姚恂过去相劝，姚恂同样铩羽而归。王太后情急之下，派长信太仆王闳捧着诏书去召，王莽竟然干脆托病不出了。

"王莽竟然连我的话都不听了吗？"王太后有些生气了。

"大司马这是不想独揽功赏呀，太后最好不要违背他的意愿。"大臣参谋道。

"那我该怎么做呢？"

"太后只要连同孔光等人一起封赏，大司马就会接受的呀。"

二月丙辰，王太后果然听从大臣们的建议，下达了诏书：太傅，博山侯孔光乃是四朝老臣，几代都担任太傅、丞相的高官，忠诚仁厚，声名远播，参与重要决策，增加封邑一万户，任命为太师。车骑将军安阳侯王舜仁义忠孝，曾经迎接中山王入朝，击退敌兵，辗转万里，功勋德行举世闻名，增加封邑一万户，任命为太保。左将军光禄勋甄丰侍宿护卫三朝天子，忠义诚信，仁爱笃厚，曾经迎接中山王入朝，辅助劝导君王，用心奉养，对安定国家有功，赐封为广阳侯，食邑五千户，任命为少傅。三人都授予四辅的职位，子孙继承爵位和封邑，另赐一座府第。侍中奉车都尉甄邯用心值宿护卫皇帝，参与重要决策，不辞劳苦，赐封为承阳侯，食邑二千四百户。

朝臣们这次却失算了。依照王莽的意思，似乎功劳都是大家的，既然对其他大臣的封赏已经完成，也就没他什么事了。大臣们自然不依不饶，坚称王莽这是谦逊推让，他的功劳比谁都大，封赏绝对不能落下他。但是王莽仍旧拒绝，甚至于托病不上朝了。为什么王莽对封赏如此排斥呢？王太后和大臣们分析其中的原因，很快找到了症结所在，赶紧把之前诏令上的霍光改成了萧何。

王太后的新诏令上写道：大司马、新都侯王莽历经三代皇帝，担任了三代三公，承担着周公一样的职责，制定了万事久安的长策，功德堪为朝臣们的领袖，高尚品德流传全国，连远方异邦的人都仰慕他的威望，以至于越裳氏千里迢迢贡献白雉。所以把召陵、新息二县两万八千民户加封给他，免除其后代差役，并可继承爵位与封地，仿照萧相国的成例褒奖他的卓越功勋。任命其为少傅，主持四辅的工作，称号为安汉公。赏赐萧相国之前的官邸，"定著于令，传之无穷"。

如果说霍光是个不学无术的擅权之臣，那萧何则是个功勋卓著的开国元勋，王莽肯定不能再有任何意见了。于是，历尽千辛万苦之后，王太后终于将安汉公的策命递到了王莽手中。"于是莽为惶恐，不得已而起受策。"

为何王莽如此地不情愿呢？因为这顶"帽子"实在是太大了。王莽之前的举措的确产生了一定的效果，但西汉王朝百病缠身，弊病重重，很多根本性的问题仍没能得到彻底解决，想要回到全盛时期绝非易事。用白野鸡祭献宗庙，无非是想振奋一下民心，增强一下凝聚力罢了，前途仍旧是一片荆棘和迷雾。自己被抬得越高，可能就摔得越惨，王莽此时并不确定自己就能成为西汉王朝的救世主，所以，始终心存顾虑。他尽管接过了策命，但是只接受了太傅的官位和安汉公的称号，坚决不肯接受封地和子孙可以世袭爵位、封邑的赏赐。

"等老百姓都丰衣足食了，再接受也不迟。"

"那要等到猴年马月？"

见王莽和大臣们僵持不下，王太后只好充当一下"和事佬"，协调说，可以暂时将王莽的俸禄、家臣的赏赐都增加一倍，等百姓家家富足了，大司徒、大司空再报告上来。王莽仍旧谢绝，反而提出将赏赐的范围再扩大些。

于是，在王莽的提议下，朝廷增加了对列侯、王爷、功臣后代子孙们的封赏：故东平王刘云之子、言乡侯刘信之兄刘开明继承爵位，复立为王；故东平思王刘宇之孙刘成都立为中山王，以奉大宗；宣帝曾孙刘信等三十六人封为列侯；太仆王恽等二十五人因"守经法，不阿指从邪"赐封关内侯。又令诸侯王公、列侯、关内侯无子而有孙如同母兄弟之子者，皆得以为嗣。刘氏宗族因罪绝属籍者恢复宗室身份，右将军孙建、大鸿胪左咸、宗正刘不恶、执金吾任岑、中郎将孔永、尚书令姚恂、沛郡太守石诩等因东迎平帝即位，做事谨慎认真勤劳，全部赐封关内侯，赏赐相应封邑；平帝即位前所过县邑的二千石以下官吏晋升至佐史爵。

封赏结束之后，王莽还想将朝廷的恩泽进一步扩大。因此，朝廷又有了"新动作"：两千石以上的退休官吏，将原俸禄的三分之一作为退休金，让他们晚年没有后顾之忧；派遣谏大夫到三辅地区普查，凡是元寿二年混乱时期被迫多交赋税者，退还多交的部分；保护义陵周围不妨碍陵墓正殿的百姓坟墓，无需搬迁，避免移动骸骨，惊动魂灵；不再按军法设置十人共用的储积器具。"上遵宗庙，增加礼乐，下惠士民鳏寡，恩泽之政无所不施"。

这可真是普天同庆、雨露均沾了。官员和百姓们都觉得笼罩在哀帝朝的阴霾已经褪去，好日子终于来了，这当然都是王莽的功劳，安汉公的功劳。要是没有他老人家的推动，哪儿来的这么多的好处？在一波又一波的颂

第八章 安汉公的崛起

扬声,越发增强了王莽的自信和魄力,于是,他持续发力,其他举措纷至沓来:设置负责"班教化,禁淫祀,放郑声"的羲和官,由刘歆担任;公卿以下推举"敦厚能直言者"各一人,负责纠正朝廷的过失;追谥孔子为褒成宣尼公,将孔子的后代孔均封为褒成侯;将周公的后代公孙相如封为褒鲁侯;节省开支,减少重大工程,叫停明光宫和三辅驰道的修建;妇女不是亲自犯法,男子八十岁以上、七岁以下者,如果不是家中犯下重罪,或者朝廷专门下诏,都不可随意拘捕,应该进行审讯的,官吏到其居住处验问;特许监狱里的女犯人回家,每个月缴纳三百钱的雇山钱,由官府雇人从事劳役;每乡推举一名贞节女子,免除徭役,予以表彰,竖立楷模;设置少府海丞、果丞,海丞主管海税,果丞掌诸果实;派遣十三位大司农部丞,一人负责一个州,劝导从事农桑……

政策渗透到了百姓生活的方方面面,深得人心,好评如潮。整个社会都开始呈现繁荣昌盛之势,连王太后也受到这股浪潮的感染,主动减省十县封地归交给大司农,用租税收入赈济贫民。此时的王莽的确称得上是朝廷的宠儿。大臣和百姓们都感觉到了他的卓越,认为之前对他的赞美实至名归,将他跟萧何、霍光同列似乎是低估他了,他就是当代的周公,应该跟周公同列才对。所有人都认定他的品德和功绩必将彪炳史册。

王莽辅政的五年的确取得了有目共睹的政绩。有历史学家认为,如果没有王莽苦撑危局,恐怕西汉王朝早就垮塌了。甚至连一直抹黑王莽的班固,都不禁在《汉书》中称赞道:"孝平之世,政自莽出,褒善显功,以自尊盛。观其文辞,方外百蛮,亡思不服;休征嘉应,颂声并作。"

这或许是王莽一生中最快乐的一段时光。他所有的决策都得以顺利推行。下属们能力出众,同心同德,跟他一样不辞劳苦。政策带来了实实在在的好处,国家在从"阴沟"里爬出来,百姓们的生活得到了改观,衰颓之象在一点点儿地褪去,一切都在向好的方向发展。他用实际成绩证明了自己的能力,证明丁氏家族、傅氏家族当初的错误和荒谬。他正处于一个男人最好的时候,精力尚未减退,能力已趋成熟,经验也已充足。他尽情地发挥着政治才华，他实现了自己的理想抱负，他的事业渐入佳境。

王莽很会做人，知道临朝称制的王太后才是真正的头号人物，才应该坐在第一排。所以，尽管成了朝廷内外首屈一指的政治明星，但绝不独享尊荣，但凡容易赢得赞誉的诏令，都以王太后的名义发布。王太后每天游山玩水，享尽了清福，却得到了意外的好评，怎能不高兴呢？

王太后其实并不热衷于政治，她之所以临朝称制，是被丁氏家族、傅氏家族压抑了太久，不想再让人牵着鼻子走而已。她从小到大是被当作一个贤妻良母的女人来塑造的，既没有吕雉的狠辣手腕，也没有武则天的天赋才能。她是个称职的皇后，适合过养尊处优的日子，却算不上个优秀的政治家，可是她又不愿意放弃权力。所以，她采取了个折中的办法，将工作交给了王莽。权力在侄儿手里，相当于在自己手里，又避免了案牍劳神，何乐而不为？

王太后的生活丰富多彩的很。春天，率领皇后和列侯夫人们到茧馆采桑，在灞河边祈福除灾；夏季，乘坐小马车纵情游玩于周边各县；秋季，到西郊东馆消遣，望昆明池，在黄山宫中聚会；冬季，在飞羽殿设宴饮酒，在上兰围猎，到长平馆散步，到泾水沿岸游览风光。王太后依旧乐善好施，每经过各地方，就要大施恩惠，赏赐沿途的百姓钱帛牛酒，逐渐形成了习惯。人人都感激涕零，称赞王太后的美德。

王莽总是把姑母放在心上，总觉得自己做得还不够。

有一次，在跟王莽闲聊时，王太后不经意间提及，自己当年刚到皇太子府邸时，曾在丙殿接受召见，如今已经五六十年了，现在还能清晰记得当时的情景。

王莽急忙说："太子的宫殿就在附近，可以前去游玩，没有什么麻烦的。"

王莽就是这样贴心，类似的事情不胜枚举。人心就像面镜子，你对别人好，别人自然也会对你好，王莽如此孝顺，姑母也愿意对他予以关照。

随着年纪的增长，王太后对政治越发厌倦了。臣子们早把王太后的想法揣摩清楚，觉得这是为王莽博取更多权力的好机会，于是上奏说："以往的官吏多凭功劳升迁到二千石，州部所荐举的秀才出身的官吏，也多有不称职者。应该让安汉公对他们进行考核。这样才不至于泥沙俱下，鱼目混珠。再说，太后也不适宜案牍劳神，过问太多的细微琐事。"

"准奏。"

于是，从那以后，王太后除了爵位上的事情，全都交给安汉公和四辅处理，过起了轻松自在的退休生活。权力越发转移到了王莽手里。官员都要经过王莽的考核。当然都要符合王莽的眼光才行。所有任用者，王莽都关怀备至，不时赠送礼品培养感情。但是一旦不合心意，或者不称职，则立即明白上奏给王太后，免除他们的官职。这样一来，王莽的权力也渐渐跟皇帝差不多了。

第二年刚开春，祥瑞接踵而至。先是远在南海，距离京师三万里的黄支国派使节进贡了只头上生有一只角的怪兽——其实就是犀牛。西汉人并没见过犀牛，因此很是稀奇。不久，越郡官员奏报说，有人在长江中看到一条时隐时现的黄龙。接连出现吉兆实在让人兴奋，满朝文武又蠢蠢欲动了。

太师孔光、大司徒马宫等上书说："安汉公的功德堪比周公，应该把他的功德禀告祭祀宗庙。"

"确是如此。"大臣们纷纷支持，"应该让祖先们知道安汉公对大汉朝的贡献。"

平帝穿着小小的龙袍，端坐在龙座之上，假装听着讨论，心中其实懵懂得很。他太小了，才十一岁，根本听不懂大臣们的咬文嚼字，引经据典，只知道等这些老家伙们说完，自己就可以回后宫玩耍去了。至于那些复杂的事，自然由安汉公来处理。他表面上一脸肃穆，像个小大人，其实不过是装装样子，心思早不知道飞到哪去了。

这时，大司农孙宝突然从行列中走了出来。朝廷顿时安静了下来。

眼看着孙宝面色不善，俨然要发动进攻，大臣们的心都悬了起来。当年，就是孙宝让红阳侯王立丢掉了几近到手的大司马之位，从此一战成名，孙宝还曾向傅太后、哀帝发起过进攻。如今，这个"重炮手"又走了出来，不知道中弹的是哪一个？

"陛下，周公是崇高的圣人，召公是伟大的贤人，他们尚且有意见不同的时候，这些都记载在经典上，但是对两个人的形象并无损伤。"孙宝大声说，"如今风雨不依时节，百姓衣食不足，每遇到事情，群臣都交口称赞，难道朝廷就没有不赞美的人吗？"

大臣们或是互相递着眼色，或是低头不语。朝廷上变得愈加安静了。静到能听到风儿钻进窗缝的声音，静到能听到胸腔中的心跳，静到能听到鸟雀在远处的鸣叫声。

孙宝的话虽然不中听，说的却是实情，国家的确比前些年强盛了些，但还没到天下太平，五谷丰登的地步。可是，即使是这样的进步也来之不易呀。要不是王莽的努力，也断不会有这样的成果，而且，谁也想不到孙宝竟然会将"炮筒"指向王莽。王莽堪称是孙宝的恩人，当年，孙宝因为得罪了傅太后被罢免了官职，正是王莽将他重新提拔上来的。

"老毛病又犯了。"朝臣们暗自摇头，"这下可有好戏看了。"

平帝呆呆地看着朝臣们，他听出大司农孙宝说了非比寻常的话，又依照平时的习惯，将目光投向了安汉公，因为安汉公一直是一锤定音的。可是，这次不一样，只见安汉公面沉似水，竟然一句话都说不出来。平帝又将目光转向了大司农，只见孙宝花白的胡须好像芦花一样，在猛烈喘息的带动下，一颤一颤的，腰杆挺得笔直，目光如炬，让人想起古画上准备慨然赴死的武将。

突然间，平帝明白了过来，大司农孙宝和安汉公僵持了起来。平帝还是第一次遇到这种情况，之前从来没有人敢跟安汉公作对，安汉公从来都是说一不二的。到底出了什么事？为什么会是这个样子？他现在该如何应对，该摆出什么样的表情呢？他的小脑袋瓜有些转不过来。或许是过于紧张的缘故，他突然有些尿急。而且尿意越来越严重，连一分钟都等不了了。

平帝猛地站起身来，向暖阁跑去。侍中、奉车都尉甄邯趁机大声宣布：

"暂停议论此事。"

胆敢招惹如日中天的安汉公？这还了得！别看王莽平时道义为先，凡事严谨自制，一丝不苟，但是发起脾气来形如烈火，对付起政敌来更是毫不手软。再说，此时的王莽早已不是单打独斗，而是有了自己的党羽。事后，根本不需要他亲自出手，党羽们就自动寻找起了孙宝的把柄，就像一群发现了猎物的凶猛猎犬一样。

孙宝做事粗枝大叶，大开大合，把柄自然不难找。一段时间之后，王莽的党羽们就有了收获：孙宝派遣下属去故乡迎接母亲妻儿。母亲不幸在半路上病倒了。为了避免旅途颠簸导致病情恶化，孙宝临时决定，暂且让母亲住在弟弟家，让妻儿先到长安。现在看来，这本是再寻常不过的决定。然而，上文提到过，汉朝以孝立国，孝道写进了法律，不孝敬父母可是犯了天地不容的大罪。司直陈崇得知此事后，马上上奏弹劾孙宝，指出这样做有违孝道，立即交付三公审讯，孙宝恐怕也不愿再在朝廷效力，干脆责备自己年已七十，糊涂昏聩，于是辞去了的官职，老死家中，再未出仕。

朝臣们看到了孙宝的下场，都引以为戒，从此只挑赞美之词来说，违逆之语则放在肚子里，免得自找麻烦。这对执政者来说，肯定不是什么好事。这个世界需要不断指正，纠错，才能向好的方向发展。这个智慧，中国人早就懂得。《国语·周语上》上写道："防民之口，甚于防川，川壅而溃，伤人必多，民亦如之。是故为川者，决之使导；为民者，宣之使言。"

王莽现在就在犯这样一个低级错误。说到底，王莽也是人，也无法避免人性的弱点。此时，他走得太顺了，赞美的话听得太多了，难免有些膨胀。然而，人是会撒谎的，老天却不会。或许是想要进一步考验下王莽处理困境的能力，不久之后，就降下了一场前所未有的大旱灾。

可怕的旱灾泛滥开来，覆盖的面积相当巨大，青州地方尤其严重，看上去真是满目疮痍。秧苗在烈日的暴晒下枯黄萎缩，苟延残喘，河流生了病一般，变得"消瘦"了许多。滩涂扩大了，颜色斑驳，由深到浅。细小些的水流干涸了，只留下一条条深色的"泪痕"。大地上风尘四起，裂开了无数个扭曲变形的"嘴巴",好像在等待雨露的滋润。农民们痛哭着向上天求雨,想保住像孩子一样精心伺候起来的秧苗,却得不到一点儿怜悯。

"苍天啊,我们受了一辈子苦,为什么还要遭这个罪呀……救救我们的田地吧,那是我们的命呀……"百姓们的眼泪早就流光了,只剩下嘶哑的干嚎了。

祈祷产生了效果。"雨滴"终于来了,只不过是横着飞来的,不,那不是"雨滴",而是密密麻麻的蝗虫,蝗虫所过之处,寸草不留,一片狼藉。蝗虫的数量实在是太多了,放眼望去,到处都是,扑不光,杀不尽,赶不走。老百姓彻底失去了生路和希望,只能扶老携幼,忍饥挨饿,四处逃荒。

流民从各个村庄涌了出来,穿着带补丁的衣服,拿着破碗,拄着拐杖。他们要到有水的地方,要到有活路的地方去。路上,连草籽都找不到了,连树皮都要啃光了,甚至发生了人吃人的惨剧,简直成了人间地狱,死神的游乐场。灾民渐渐蔓延到了京师,可京师的粮食也有限,哪有那么多粮食给他们吃?不是天下太平,国泰民安吗?接下这响亮的一巴掌!

到了五月份,又出现了日食。按照当时的观点,灾异的发生跟执政者有千丝万缕的关系。"国家将有失道之败,而天乃先出灾害以谴告之"。这些异常的天象,就像上天紧锁的眉头一样,足以让帝王和臣子们颤栗不止了。面对接踵而至的灾害,作为朝廷的柱石,王莽再也坐不住了。先是请示王太后,宣布大赦天下,为了避免成为攻击目标,又将上天的"震怒"归罪于丁氏家族、傅氏家族之前太过奢侈,并建议"太后宜且衣缯练,颇损膳,以视天下"。

王莽也取消了桌上的肉食,每天反躬自省,检讨自己,希望上天能尽快回心转意;又拿出百万钱的捐款,献出田地三十顷,交付大司农救助贫民。朝臣们纷纷向他学习,慷慨解囊,捐钱捐地。据史书记载,为了安置灾民,在王莽的倡导下,有二百三十位官员捐献出了田宅,按人口数分配给灾民。在长安城建了五个"里",新盖民宅两百所。在王莽的推动下,从上到下一起努力,尽可能满足灾民最基本的生活需要。

第八章 安汉公的崛起

经过一段时间的休养生息之后,灾情终于减退了。雨露滋润了万物,大地上饥渴的"嘴巴"得到了灌溉,慢慢地合拢。代表死亡的枯黄色和灰白色褪去了,绿色蔓延开来,带来了生机和希望。难民区渐渐空了,流民们纷纷回到了故乡,拿起久违的农具耕种了起来,人们的脸上的忧伤也被喜悦代替了。

心中的重压终于减轻了,王莽带领大臣们上奏王太后,称颂说:"今幸赖陛下德泽,间者风雨时,甘露降,神芝生,蓂荚、朱草、嘉禾,休徵同时并至",恭请恢复平时的服装和饮食。王太后下诏书礼让,并且投桃报李地在诏书中写道:"闻公菜食,忧民深矣。今秋幸熟,公勤于职,以时食肉,爱身为国。"

王莽收到诏书,觉得姑母的恩情就像冬日的暖阳一样泼洒在心头。于是,姑侄二人的情谊愈发深厚了。

第九章　成为皇帝的岳父

元始三年（公元3年）正月，平帝刚满十二岁，却已经到了选立皇后和妃嫔的年纪。这其实并不奇怪，因为天灾，人祸，以及医疗卫生条件的限制，汉朝人的平均寿命只有四十岁多一点儿，所以盛行早婚，若不及时成婚，甚至还会招致惩罚。汉惠帝曾颁布一个法令："女子十五以上至三十不嫁，五算。"就是说，女子到了十五岁以上三十岁以下还没有嫁出去要交五倍的税款。因为身份特殊，平帝尽管距离"冠礼"还差几年，却可以提前启动选立后妃的工作了。

一旦将女儿嫁给皇帝，也就成了皇亲国戚，不但驶上了通往荣华富贵的快车道，还可能由此掌握重权。这里面政治的因素不小，像汉成帝这般，看中一个出身低微的舞女，就将其立为皇后的情况极其罕见。更多的时候，选后要考虑政治联姻、缔结同盟、巩固权势等诸多因素，更像抢夺一个香喷喷的大蛋糕。以汉惠帝选后为例，汉惠帝的皇后张嫣是吕后的女儿鲁元公主与宣平侯张敖之女，说起来，竟是汉惠帝的亲外甥女。吕后之所以将年仅十一岁的张嫣送进宫中做皇后，其实是想要维护皇权，免得肥水流向外人田，岂是立个皇后那么简单？

那么，西汉的皇后到底是怎么选出来的呢？

《后汉书·皇后纪》记载："汉法，常因八月算人，遣中大夫与掖庭丞及相工，于洛阳乡中阅视良家童女，年十三以上，二十以下，姿色端丽，合相法者载还后宫，择视可否，乃用登御。"所谓的"算人"就是核查户籍人口，不至于遗漏。"相工"是懂得相面之人。那是个科学尚未启蒙的年代，看相、星象、占卜甚至是一种官方行为。想做皇后，首先面相过得去才行。即使身份尊贵如张嫣，也不能获得特殊照顾。

据史书记载，汉惠帝三年（公元前192年）春，吕后派人携带锦帛、玉璧来到宣平侯张敖和鲁元公主府中，考察了张嫣的相貌、手足、身高、礼仪、学问、兴趣等等。不管是走形式，还是公事公办，反正流程丝毫没落下。只有通过考察后，才能进入皇宫母仪天下。现在，为平帝选后的时机到了。此乃国家大事，身为大司马的王莽当然要放在心上。

"皇帝即位三年，长秋宫未建，液廷媵未充。乃者，国家之难，本从亡嗣，配取不正。请考论《五经》，定取礼，正十二女之义，以广继嗣。博采二王后及周公、孔子世列侯在长安者嫡子女。"王莽在奏章中写道。

这道奏章无疑说到了王太后心坎上，成帝、哀帝都没能得到子嗣，应该吸取教训，抓紧选皇后才是。早立皇后，就能早得皇太子。于是，宫廷选秀正式启动了。然而，这时却出现一个意外，有人发现王莽家中有个待嫁的女儿，此女名叫王嬿，跟平帝同岁，年纪符合标准，家世更是无可挑剔。既然是选立皇后，当然没理由落下。可是考虑到王莽的声望地位，一旦王嬿在候选名单中，其他女子恐怕也就希望不大了。

很多史书都认为，王莽在选立皇后一事上别有用心。之所以如此积极热心，是因为一开始就想将女儿嫁给平帝，做皇帝的岳父，从而巩固权势，继续把持权柄。那么，王莽真是这样想的吗？如果了解其中的隐情，就知道未必如此。前面提到过，冯太后之所以招来杀身之祸，惹出那么大一个案子，跟给当时还是中山王的平帝找医生有关系。这就不经意间泄露了一个秘密。平帝"幼有眚病"，这种病又称作"妖病""肝厥"，也就是现在的癫痫，在当时几乎是治不好的。

王嬿虽是个女孩儿家，但是性格刚烈，一向最受王莽宠爱。王莽真的会为自己的野心，牺牲爱女的幸福吗？难道成为皇帝的岳父，真的还能增加王莽的权柄吗？不想送女儿入宫的可不只王莽一个，当初王太后曾想让前丞相、乐昌侯王商将女儿送进宫中做妃子，王商就曾以女儿生病为由拒绝过。

为什么王莽就要乐于送女儿进宫呢?

王莽当时的所思所想,如今已经很难知晓。总之,他很快上奏王太后,谦逊地表示,自己并没有高尚的道德,女儿的资质也很低下,不适合在挑选之列。需要避嫌的不只是王莽,还有王太后。此时在备选之列的,除了王嬺之外,还有多个王家的女孩儿。所以王太后下诏说:"王氏家族的女子是我娘家人,就不要参加挑选了。"

然而,王太后还是太低估王莽的影响力了。

事情很快向失控的方向发展。自从听说王太后不让娘家人参加选秀后,平民、诸生、郎吏及以上的官员多达一千多人,每天到皇宫门口为王嬺请愿,公卿大夫或是前往廷中,或是干脆俯伏在宫内官署门下,纷纷向朝廷施压,一起大声疾呼:"安汉公功勋辉煌,如今应当立他的女儿为皇后,否则天下人把期望寄托给谁呢?我们希望能让安汉公的女儿做天下母!"

那是在两千多年前,没有如今这样花样繁多的媒体和宣传手段。无法想象,王莽动用各种渠道鼓动平民、诸生、郎吏来为女儿造势。可以肯定地说,人们都是自发前来的。这些人每天聚集在朝廷内外,好像在进行一场战斗,为偶像争取利益的战斗。王莽派遣长史及以下官员,分别去劝说阻止公卿及诸生。可是,犹如扬汤止沸,请愿的人反而日渐增多,人们大有不答应就不离开的意思。

眼看着聚集在皇宫大门口的人逐渐增多,几乎成了一片人海。王太后只好顺应民意,将王嬺加入了选拔之列。人群得知消息,立即欢呼了起来,好像不是王莽的女儿要成为皇后,倒是自己的女儿要成为皇后似的。这样一来,王莽就落入了十分尴尬的境地,只好无奈地建议将选择的范围定得宽泛一点儿,希望女儿能成为"漏网之鱼"。

"选择其他女子,就会出现两个正统。"公卿大臣们纷纷反对道。

王莽知道这次是躲不过去了,只好勉为其难地表态说:"好吧,那请考察我的女儿。"

正式"纳采"的日子到了。王太后委派长乐少府夏侯藩、宗正刘宏、尚书令平晏等几位重臣前往。几位大臣回来后，说的都是赞美之词：安汉公的女儿受到了良好的教育，容貌秀丽，适宜延续皇族，接掌祭祀。总之，是个十全十美的皇后人选。听完了大臣们的意见，就算过了第一关，接下来，还要听听老天的意见。

王太后又命令太师孔光、大司徒马宫、大司空甄丰、左将军孙建、执金吾尹赏、行太常事太中大夫刘歆及太卜、太史令等四十九个大臣一起占卜，预测吉凶。这次占卜非同一般，排场很大。官员们戴上鹿皮帽子，穿着素色衣服，神情肃穆郑重，一点儿不敢马虎。这些人都是王莽辅政班子的主要成员，同时也是些学问深厚的大儒，堪称国家栋梁。经过一番细致入微的占卜之后，大臣们说这是金、水互相辅佐的吉兆，父母和睦喜悦的卦象，正是所谓康乐、强健的预示，子孙大吉的征兆。

这代表王嬿又受到了上天的认可。两关成功闯过之后，王太后用太牢之礼祭祀和策告了宗庙，将选定皇后一事禀告给了列祖列宗，此事就算定下来了。于是，王莽的崇拜者们又多了个封赏王莽的理由。信乡侯刘佟上奏说，依照《春秋》上的记载，天子迎娶纪国国君的女儿时，先将纪国国君从子爵升为了侯爵，如今安汉公要将女儿许配给天子，应该进一步扩大封国才是。朝臣们纷纷表示支持，提议把二万五千六百顷的新野县田地加封给王莽，补足纵横各一百里。

王莽急忙辞谢说："微臣的女儿实在配不上最尊贵的君王，现在又听从诸位大臣的意见，加封土地给微臣。微臣私下里想，能够成为皇上的近亲，获得爵位和土地已经是巨大的荣耀，假如说女儿真能配得上圣上的圣德，微臣封地的赋税足够供给朝见时的贡品，不需要再增加封地。臣愿意归还增加的封地。"

听完王莽的话，大臣们不免又感叹了一番。

古代娶媳妇要有纳征，也就是彩礼、嫁妆，皇家也不例外。当然，其规格是普通百姓没法比的。虽然西汉王朝百弊丛生，但是奢侈之风未减。一般人家嫁女都要倾尽家财。卓文君出嫁时，父亲送给她僮奴百人，钱百万以及大量的衣被财物。迎娶皇后越发不可同日而语。有司按照惯例，将皇后的纳征定为黄金二万斤，合银钱二万万。王莽嫌数额太大，只愿接受四千万，把其中的三千三百万送给了陪嫁的十一位媵妾。

大臣们见王莽收的纳征这么少，纷纷说有悖祖制，有失皇后的身份。王太后在大臣们的请求下，下诏增加纳征二千三百万，连王莽之前收下的七百万，合为三千万。王莽又将其中的一千万分赠给王氏宗族中的贫者。自己则继续过着简朴的生活。他乘坐的破车和驾驭的劣马几乎成了街中一景，在朝廷内外引发的触动自不待言。王莽的德行仿佛旭日东升，简直耀人眼目。

元始四年（公元4年）二月丁未，经过一年多的准备，大婚的日子到了，整个未央宫张灯结彩，喜气洋洋。民间争相传诵，人人翘首以待。吉时一到，宫门大开，迎亲的大队人马出发了，高大的骏马脚步轻快，矫健如龙，精雕细镂的重翟车，以两重雉羽为蔽，辉煌壮丽。皇家法度森严，无论是行进路线，还是礼节程序全都丝毫不差。按照规矩，卫士们必须提前清道，那些房屋靠近街道或是位置较高的人家，不免要偷偷地在窗口看上一看，欣赏一下这难得一见的宏大场面。

安汉公府邸里，显得有条不紊，而又喜气洋洋，一向不苟言笑的王莽，暂时忘掉了所有的烦恼忧愁，神清气爽地指挥着仆人们，像往常一样条理清晰。王嬿日常起居的房间里，王夫人一边为女儿梳理秀发，一边叮嘱了女儿很多事情：以后在宫中要小心谨慎，对王太后要孝顺听话，对皇帝要顺从，对妃嫔们要宽容大度，凡事以大局为重，不能丢祖先的脸面等等。

"以后啊，你就是大汉的皇后了。"王静烟低声提醒道。

"娘，皇上什么样子？"

"当然是极好了，不然能当上皇上吗？"王静烟微微一笑，"你啊，马上就知道了。"

"我要是成了皇后，爹就不会处死我了，对吗？"

王静烟打了个哆嗦，忍不住低头看向了女儿。女儿的眼神不像个十三岁的小女孩儿,好像在哪里见过,没错,那是王莽平常的坚毅眼神。王静烟猛地抓住女儿瘦弱的双肩使劲儿摇了摇——忘了她就要成为地位尊贵的皇后,哀求道:"从今天起,一定要谨言慎行,不能乱说话,知道吗?"

"知道了,娘。"王嬿收回了让母亲感到恐惧的目光,微笑着点了点头,又变回了小女孩儿模样。

"一定要让为娘放心才行呀。一定要有个皇后的样子。"

"我还能常回家来看望你们吗?"

"当然能,皇上很厚道的。"

皇家的车队已经到了府门口。王静烟得到通报后,再次提醒了一遍礼仪,叮嘱了几句话,然后就挽着瘦弱纤细、衣着华丽的女儿走了出去。室外的阳光轻柔地洒在母子二人身上,好像要赐福给她们似的,刚才还是一副慈母模样的王静烟一下子矮了不少。她挽着的乃是大汉朝的皇后。即使身为皇后的母亲,此时也只能甘当绿叶。王静烟肯定想不到,将来的某一天,她也会成为皇后,命运是多么神秘莫测呀。

册封仪式在熟悉的庭院中举行。同一个庭院,只不过改变了布置,却增添了几分肃穆的气氛。地面清扫得一尘不染,廊柱、窗棂都擦拭得反射着亮光。四处张挂的红绸、鲜花和其他华贵的装饰,让这个简朴的院落显得与往日截然不同。王莽身着崭新的朝服,看上去一如既往地严肃认真。粗黑浓密的髭须,嘴唇紧抿着,眼睛微眯着,流露出倔强的神气,明察秋毫且令人敬畏。

王嬿面朝北方跪拜,使臣高声宣读册文,授予了典册及宝绶。一个闪耀着皇室光芒的宝座已经放好。王嬿在宫廷女官的搀扶下缓缓入座,面容端庄,动作优雅,恰到好处。两只雪白柔嫩的小手,在宽大的袍袖中紧紧握住。正式接受过官员们的拜礼后,她就是母仪天下的王皇后了。而就在几十米外,她卧室的箱笼里,还放着她经常摆弄的玩偶呢。

黄昏时分,王皇后登上金碧辉煌、耀人眼目的重翟车,缓缓驶出高高的大门。百官或是乘车,或是骑马,跟随在重翟车的后面,浩浩荡荡穿过街道。在百姓们敬畏的眼神中缓缓向前行进。车队准时通过上林延寿门，进入未央宫前殿。之后，群臣就位行礼，宣布大赦天下，再次将王莽的封地增加到"地满百里"，上至三公，下至侍者，全都有封赏。

女官引导皇后进入大殿。跟皇后同龄的皇帝正在等着她呢。在此之前，皇帝已经将名字从刘箕子改为了刘衍。既然不能决定朝中大事，只能在名字上拿拿主意了——或许连新名字也不是自己起的。皇后走到皇帝面前，表情局促不安，连头都不敢抬，皇帝仔细地端详着这个个子比自己还要稍稍高些的女孩儿，目光中充满了好奇。以后，她就是他的女人了。

"也许不是唯一的女人。"已经知道些宫中事体的小皇帝想，"她长得不算漂亮，但她是安汉公的女儿。"

随后，皇帝和皇后一起进入帷帐。里面摆设着宴席，陈列着各种珍馐美味，经过一天的忙碌，两个人都饿坏了。宴饮完毕，皇帝和皇后在太监宫女们的帮助下，脱去沉重的冠冕，换上了常服。之后，洞房花烛夜就正式开始了，两个孩子会干些什么呢？一起玩耍的可能性更大吧？

第十章　开始大清洗

直到此时为止，王莽的一系列政治举措仍旧深得民心，灾情到来时的表现也可圈可点，安汉公的荣耀几乎天下皆知了。这让王太后愈加放心地将权力交到他的手里。到了夏天，王莽又设置了祭祀五谷神的社宫，在各郡国、县邑、乡村设置了学官。车马使用、婚丧嫁娶、奴婢买卖，田产转移等等，事无巨细都有详细规定。

王莽就像"大家长"一样，耐心地管理着这个国家。严厉时仿佛寒冬腊月，宽厚时仿佛春风化雨。在王莽的推动下，又以"继绝世"为由，将刘氏宗族子孙和功臣后代一百一十七人封为郡国王和关内侯。于是，从王公贵族到平民百姓没有不说王莽好的。元始二年（公元2年）九月，执金吾侯陈茂成功招降了两百多个盗贼，全部遣返回家乡，更是成为王莽卓越工作能力的明证。

现在关于王莽的史料绝大部分都出自班固的《汉书》。

班固曾因"私修国史"，被关进京兆监狱。汉明帝刘庄读到了书稿，欣赏班固的才华，赦免了他的罪过，任命为了兰台令史，负责掌管和校定皇家图书，也就是将其正式收编了。班固也就从"私修国史"变成了受诏修史。班固既然拿了汉家的俸禄，在人家眼皮子底下做事，大力宣扬"汉德"并批判汉朝的老对手王莽自然也就不足为奇了。所以研究王莽，既不能绕过《汉书》，又需要擦亮双眼，不能被一些刻意抹黑所蒙蔽，这着实不是件容易的事情。

史学家的如椽巨笔写下寥寥几行而已，就可能关系到一个人的命运。

值得一提的是，班固在《汉书》中收录了许多重要的史料，例如大司徒司直陈崇的一篇奏章。这篇奏章是陈崇的好朋友，张敞的孙子张竦草拟的。情感丰沛，语气真诚，列举了许多重要的史实。王莽是当时的重臣，他的一言一行，都为世人所见。陈崇和张竦就是有天大的胆子，也不敢欺骗朝廷，所以，这篇奏章的内容应该是可靠的。我们不妨删掉里面的溢美之词，抛开一些主观性的评价，通过一条条值得信赖的真实事件，来看一看王莽的"真面目"：

窃见安汉公自初束脩，值世俗隆奢丽之时，蒙两宫厚骨肉之宠，被诸父赫赫之光，财饶势足，亡所辑意，然而折节行仁，克心履礼，拂世矫俗，确然特立；恶衣恶食，陋车驽马，妃匹无二，闺门之内，孝友之德，众莫不闻；清静乐道，温良下士，惠于故旧，笃于师友。孔子曰："未若贫而乐，富而好礼"，公之谓矣。

及为侍中，故定陵侯淳于长有大逆罪，公不敢私，建白诛讨。周公诛管、蔡，季子鸩叔牙，公之谓矣。

是以孝成皇帝命公大司马，委以国统。孝哀即位，高昌侯董宏希指求美，造作二统，公手劾之，以定大纲。建白定陶太后不宜在乘舆幄坐，以明国体。《诗》曰"柔亦不茹，刚亦不吐，不侮鳏寡，不畏强御"，公之谓矣。

深执谦退，推诚让位。定陶太后欲立僭号，惮彼面刺幄坐之义，佞惑之雄，朱博之畴，惩此长、宏手劾之事，上下一心，谗贼交乱，诡辟制度，遂成篡号，斥逐仁贤，诛残戚属，而公被胥、原之诉，远去就国，朝政崩坏，纲纪废驰，危亡之祸，不隧如发。《诗》云"人之云亡，邦国殄瘁"，公之谓矣。

当此之时，官亡储主，董贤据重，加以傅氏有女之援，皆自知得罪天下，结仇中山，则必同忧，断金相翼，借假遗诏，频用赏诛，先除所惮，急引所附，遂诬往冤，更惩远属，事势张见，其不难矣！赖公方入，即时退贤，及其党亲。当此之时，公远独见之明，奋亡前之威，盱衡厉色，振扬武怒，乘其未坚，厌其未发，震起机动，敌人摧折，虽有贲、育不及持刺，虽有樗里不及回知，虽有鬼谷不及造次，是故董贤丧其魂魄，遂自绞杀。人不还踵，日不移晷，霍然四除，更为宁朝。非陛下莫引立公，非公莫克此祸。《诗》云"惟师尚父，时惟鹰扬，亮彼武王"，孔子曰"敏则有功"，公之谓矣。

于是公乃白内故泗水相丰、藜令邯，与大司徒光、车骑将军舜建定社稷，奉节东迎，皆以功德受封益土，为国名臣。《书》曰"知人则哲"，公之谓也。

公卿咸叹公德，同盛公勋，皆以周公为比，宜赐号安汉公，益封二县，公皆不受。传曰申包胥不受存楚之报，晏平仲不受辅齐之封，孔子曰"能以礼让为国乎何有"，公之谓也。

将为皇帝定立妃后，有司上名，公女为首，公深辞让，迫不得已然后受诏。父子之亲天性自然，欲其荣贵甚于为身，皇后之尊侔于天子，当时之会千载希有，然而公惟国家之统，揖大福之恩，事事谦退，动而固辞。《书》曰"舜让于德不嗣"，公之谓矣。

自公受策，以至于今，亹亹翼翼，日新其德，增修雅素以命下国，逡俭隆约以矫世俗，割财损家以帅群下，弥躬执乎以逮公卿，教子尊学以隆国化。僮奴衣布，马不秣谷，食饮之用，不过凡庶。《诗》云"温温恭人，如集于木"，孔子曰"食无求饱，居无求安"，公之谓矣。

克身自约，粢食逮给，物物印市，日阕亡储。又上书归孝哀皇帝所益封邑，入钱献田，殚尽旧业，为众倡始。于是小大乡和，承风从化，外则王公列侯，内则帷幄侍御，翕然同时，各竭所有，或入金钱，或献田亩，以振贫穷，收赡不足者。昔令尹子文朝不及夕，鲁公仪子不菇园葵，公之谓矣。

开门延士，下及白屋，娄省朝政，综管众治，亲见牧守以下，考迹雅素，审知白黑。《诗》云"夙夜匪解，以事一人"，《易》曰"终日乾乾，夕惕若厉"，公之谓矣。

比三世为三公，再奉送大行，秉冢宰职，填安国家，四海辐凑，靡不得所。《书》曰："纳于大麓，列风雷雨不迷"，公之谓矣……

如果班固想要对王莽一黑到底，肯定不会完整收录这篇两千多字的奏章。衡量一个人的不是带有主观意味的谄媚，而是他真实的所作所为。这篇奏章列举的史实与班固的批判语调几乎背道而驰。让《汉书》对王莽的态度呈现出自相矛盾的一面。这篇奏章的收录说明班固是个有良知的大史家，无论迫于怎样的压力，也要尽可能地尊重事实，还原真相。

这篇整篇回顾了王莽的奋斗历程，可以看作王莽到此时为止的人生总结。班固将王莽跟大禹、周公、绛侯、霍光、卫青、公孙戎等人的成就做了比较，认为应当以周公为先例，进一步扩大王莽的封赏。然而，王莽的谦逊就像未央宫的城墙一样难以攻克。大臣们有了之前的经验，都做好了"鏖战"的准备。

该用什么样的策略，才能让王莽接受封赏呢？还没等大臣们商量出个结果，王莽家里就出事了。

王莽吃了太多的苦头，始终对丁氏家族、傅氏家族带来的不利影响念念不忘，决心不让悲剧重演。所以严格防备此时的外戚——平帝的亲属冯氏家族、卫氏家族。元始元年（公元1年）六月，派遣少傅、左将军甄丰捧着玺印、绶带，来到中山王国（今河北定县），拜平帝的母亲卫姬为中山孝王后，封卫姬的兄弟卫宝、卫玄为关内侯，将平帝的三个妹妹封为君：谒臣号修义君，哉皮为承礼君，鬲子为尊德君，食邑各二千户。这三个封号意味深长，或许正代表着朝廷对外戚的期许。如果还不够清楚明白，接下来的要求就更清楚明白了——所有外戚全部留在中山国，不准进入京师。

王莽此举是为了避免外戚干预朝政，免得再诞生个嚣张跋扈的"傅太后"出来。然而，毕竟有些违背人情，母子亲情是割不断的，何况平帝年纪尚小呢。据说，平帝因为思念母亲，经常日夜啼哭不止。卫姬也因为思念幼子，每天泪眼盈盈，长吁短叹。平帝的几个舅舅认为受到了不公的对待，更是窝了一肚子火。

这项政策在大臣们中间也颇受争议,未能得到全部支持。大臣申屠刚指出这不但违背天道,而且不符合"汉家之制",建议将中山太后召至京师,置之别宫,让其能够时常见到平帝,让冯、卫两家外戚"亲奉宿卫,以抑祸患之端,上安设计,下全保傅"。但是王莽强硬得很,不但没有听从建议,不久之后,还以"僻经妄说,违背大义"为由,将申屠刚免除了官职,遣送回了故乡。之后的政策越发严厉,下令以中山国苦陉县为卫姬的"汤沐邑",不许其离开半步。

反对者其实不只申屠刚一个,只不过迫于王莽的权势,不敢直说罢了。如今见申屠刚吃了大亏,越发三缄其口,不肯自找麻烦了。然而,时间久了,甚至连王氏家族内部也出现了质疑的声音。王莽的大儿子王宇就跟他唱起了反调。那么,王宇为什么跟父亲对着干呢?真的是为了道义吗?其实站在王宇的角度,也颇可理解。

在王宇看来,政坛波谲云诡,瞬息万变,危机四伏,商容、比干、白起、商鞅、韩信、彭越、晁错、霍光、翟方进……哪个不是一时的豪杰,转眼间就灰飞烟灭。平帝尚幼,日子还长着呢,王莽已近暮年,一旦有个三长两短,冯氏外戚、卫氏外戚就会像出笼的猛虎一般出来伤人,"覆巢之下,焉有完卵"?到时,王宇和他的妻子儿女难免要受到牵连。

刚满三十岁的王宇是个顾家的好男人,他没有父亲那样的宏图大志、卓越才华、澎湃野心,只想照顾好妻子儿女,让他们永保平安。而以眼下的局势看,自己这个小家十有八九要成为父亲事业的牺牲品,怎么能不让人担心呢?可是,父亲如此倔强固执,难以说服,他虽然明知道处境危险,仍旧无计可施。王宇深思熟虑了一番之后,决定"另辟蹊径"。

元始元三年(公元3年)夏天,王宇私下跟皇舅卫宝通信,建议卫后借上书谢恩的机会,批判丁氏家族、傅氏家族当年的罪行,与其划清界限,消除王莽的顾虑。卫后果然写就了一篇言辞恳切、大表忠心的奏章。然而,却没起到理想的效果。朝廷夸赞其"深明为人后之义",下令赏赐黄金,增加了汤沐邑,以兹鼓励。等到提出进京的要求时,却遭到了拒绝。之后,王宇再次让卫姬上书要求，又遭到了拒绝。

"父亲早晚会害死我们。"王宇得知计划受挫后，私下对老师吴章和内兄吕宽抱怨道。

"不用多担心，当下的朝廷，没人能够动摇安汉公一丝一毫，有什么好担心的？"吕宽仿佛看到了王莽威严的身影，语气很是恭敬。

"哼，父亲是只展翅翱翔的雄鹰，儿女们却是群软弱无力的家雀。"王宇语气悲凉地说，"现在父亲对皇帝如此冷酷无情，一旦皇帝长大，肯定会想办法报复的。"

"可以让安汉公提拔下公子。只要公子有了权势，就没人敢随意摆布。"

"要是父亲想提拔我，还会等到现在？"王宇把胸中的怒气都释放了出来，"看到我母亲穿的衣服了吗？连别的贵族家的仆人都不如，到我们家吃过饭吗？看看吃的都是什么粗劣东西？在外人看来，做安汉公的妻子儿女不知有多光彩，其中的苦楚只有自己知道。"

"那你准备怎么办？"

"我早就不盼着沾父亲什么光了，只要不受连累就行了。"王宇两手在背后握在一起，眉头紧锁地看向窗外。"现在看来，要是父亲倒下去，我们肯定也要跟着倒霉。"

"我倒是有一个办法……"吴章低声说道。

"什么办法？"王宇猛地转过身来，兴奋地问道。他一向很钦佩信赖老师吴章。吴章乃是一代名儒，治《尚书》的博士，学养深厚，弟子满天下。

"安汉公一向笃信鬼神，可以半夜将血水涂洒在府门上。到时，安汉公受到惊吓，一定会向我询问缘由。我可以趁机依据《洪范五行传》推演，劝他给予冯氏家族、卫氏家族一定权力。"

"对，这个办法好。除了王太后，也只有鬼神能阻止父亲了。"王宇高兴地说，"可是，派谁去呢？"

"近在眼前。"

"老师，您要去吗？"

第十章 开始大清洗

"非也。"

王宇马上明白了老师的意思，于是将此事托付给了内兄吕宽。吕宽天生的好脾气，一向对妻弟言听计从，或者听了王宇刚才的话，也担心受到连累，竟立即答应了下来。一天深夜，吕宽带着一坛血水来到了安汉公的府门前，猛地泼了过去，殷红的血水顺着门板向下流淌，看上去充满邪气……吕宽本以为此事轻而易举，已经完成了任务，没想到，他运气很不好，竟被一个起夜的守门小吏遇到，虽然当时侥幸逃脱，没被捉到，却被皎洁的月光透露了真容。吕宽知道此事非同小可，得罪了王莽肯定没好果子吃，立即逃亡到了广汉。

王莽现在只手遮天，掌控着整个天下，哪那么容易逃掉？吕宽很快被抓了回来，他禁不住严刑拷打，把事情的前因后果全都交代了出来。王莽一向对亲人，像对自己一样严苛。立即将王宇送进了监狱，王宇对父亲很了解，知道肯定是活不成了，干脆饮毒药自尽了事。据说，王宇的妻子吕焉当时身怀六甲，王莽让她在狱中多活了段时间，等孩子生下来，才予以正法。

事后，王莽向王太后禀告了此事。王太后听说王莽又逼死了一个儿子，不由得大为震惊，心想王莽怎么总向亲生骨肉下狠手，这还有完没完？但王太后毕竟是见过大世面的女人，她在诏书中对王莽予以了褒扬："公居周公之位，辅成王之主，而行管、蔡之诛，不以亲亲害尊尊，朕甚嘉之。"

王莽得到了王太后的鼓励和支持，越发大开杀戒了起来。他认为吴章对王宇的罪行难辞其咎。下令先将吴章腰斩，然后在长安东市门，来了个五马分尸。可怜一代名儒转眼间风流散尽，竟落得个身首异处的下场。吴章在学界颇有影响力，门下弟子达千余人。王莽将这些人都看作恶人的党徒，下令全都不得为官，免得造成更大的祸患。

"树倒猢狲散"，眼看王莽的手段如此狠辣，吴章的学生们纷纷转投他师，跟吴章划清界限。不过，也有例外。大司徒掾云敞曾经师从吴章，为了报答教诲之恩，放弃了升官发财的机会，主动上书自我弹劾，然后将吴章七零八落的尸首收集起来，装进棺椁，精心埋葬。对云敞的义举，长安人都十分钦佩。时任车骑将军的王舜也很赏识云敞的志节，向王莽做了推荐，王莽任命其为中郎谏议大夫。

之后，王莽开始对冯氏家族、卫氏家族大加杀伐。王莽如今大权在握，攻击力自然相当可怕，打击是摧枯拉朽式的。冯氏家族、卫式家族几乎被屠戮殆尽。王莽刚刚逼死了儿子、儿媳，又向外戚下了狠手，心中的戾气达到了顶点，干脆一不做二不休，又将滴着血的"刀锋"指向了其他政敌。

敬武公主是宣帝刘询之女，元帝刘奭的妹妹，王太后的小姑子。不是那种只知道享清福的普通贵族女子。她一共结过三次婚，初嫁车骑将军张安世的曾孙、富平侯张临，生了那个一度让汉成帝十分痴迷的张放。张临去世后，又先后嫁给名将赵充国之孙、临平侯赵钦和前丞相、高阳侯薛宣。敬武公主的三任丈夫都是第一流的政治人物，本人也对政治颇感兴趣，相传，她还跟继子薛况有过一段不伦之恋，简直是惊世骇俗了。

当年丁氏家族、傅氏家族显贵之时，敬武公主跟他们过从甚密，跟王氏家族则颇为疏远。王莽回到政治核心后，敬武公主依仗地位尊贵，不但不加以依附，反而私下里颇多微词，恐怕王莽早在心里将其划到了政敌之列了。王莽调查发现，跟敬武公主传出丑闻的薛况跟"血门案"中的吕宽十分要好，立即下令逮捕了薛况，公布了他和敬武公主通奸的罪行，判处死刑，枭首于市，又派遣使者以王太后的名义给敬武公主送去了毒药。

看着那碗褐色的毒汁，敬武公主怒气难平，大声抗议道："刘氏孤弱，王氏专权，排挤宗室皇族。"

"小官也是奉命行事。"

"嫂嫂怎么会披露妹妹闺房中的私事并处死妹妹呢？"敬武公主提高了音量。

使者躬身施礼，不再回应。"人为刀俎，我为鱼肉"，敬武公主知道自己的抗争是无力的。不如早下决心，少受些屈辱，咬了咬牙，干脆服毒自尽了。据说，王太后听说敬武公主"暴病而死"，大为震惊，曾顾念旧情，有意参加小姑子的葬礼。王莽担心事情败露，尽力在中间劝阻，王太后这才没能成行。

这次"大清洗"表现出王莽冷酷无情、心狠手辣的一面。王莽有意借此机会，将所有政敌全部消灭。于是，雪亮的刀锋越挥越快，带沫的血浆淹没了大半个朝廷。除了平帝的母亲卫姬之外，卫氏家族的核心人物全部被诛杀。刚刚成为中山王后的卫宝之女，也被废掉了封号，流放到了合浦。王莽代汉自立之后，更是干脆将卫姬贬为平民。各封国胆敢非议王莽者，全都未能幸免，其中包括梁王刘立、前任将军何武、前任司隶校尉鲍宣、王商的儿子乐昌侯王安、前任左将军辛庆忌的三个儿子以及南郡太守辛伯等等。清洗的目标甚至指向了王氏家族内部，王莽的亲叔父红阳侯王立、平阿侯王仁被迫自尽，"死者以百数，海内震焉"。

王莽虽然喜欢"是古非今"，托古改制，但很明白"霸王道杂之"的道理，该出手时就出手，绝不手软。然而，虽然王莽的声誉日渐攀升，但是绝非没有反对者。掀起如此大规模的政治运动，民间不可能毫无反应。王莽也不希望掀起太大的动荡，破坏自己好不容易塑造起来的完美形象。为了解释自己为何将屠刀伸向亲骨肉，同时也是为了推广"忠孝"教育，他"喟然愤发作书八篇，以戒子孙"。

王太后在读过这八篇文章后，深受感动，心想这样的事情，自己恐怕没有勇气做到，看来大臣们对王莽的崇拜并非凭空而来，于是，在大臣们的建议下，命令将其下发全国各地，用来教授给学生，跟儒家经典《孝经》一样看待。能将这八篇戒子孙书背诵下来的官员，将会记录在官府档案，几乎成了考核官员的重要指标了。

王莽还特地召来深明古礼的少府宗伯凤到宫中讲解"为人后之谊"。强调他之所以诛杀叔父、堂弟、亲子，逼死敬武长公主等至亲和重臣，全都是为了"大义"，绝非为了个人恩怨。之后，王莽以王太后的名义，设立了宫廷大讲堂，命令公卿、将军、侍中和文武百官都要前来听讲，让皇帝和大臣们一起受教育，"欲以内厉天子而外塞百姓之议"。

讽刺的是，这其间却恰恰发生了与之相违背的事。金钦是武帝宠臣金日䃅弟弟金安上的后人，身上流着一部分匈奴人的血液，却以忠孝著称。当年，金日䃅长子是汉武帝弄儿，因在大殿中跟宫女嬉闹，金日䃅认为太过失礼，直接将其杀死，武帝伤心震怒之余，亦感佩不已。平帝即位后，金钦以家世忠孝为皇帝伴读，后升迁为了光禄大夫、侍中、轶中二千石，封成都侯。同时受封的还有金钦的族弟——金日䃅的曾孙——金当。金日䃅和金安上生前都曾封侯，后因嫡系无后嗣而国绝。金钦、金当各以支庶受封以奉祖宗后代。金当的母亲和王莽的母亲是孪生姊妹，求封为"太夫人"，金钦利欲熏心，乘机怂恿金当为本生父、祖父立庙，并请求朝廷派大夫主持祭祀，自立为大宗。"以支庶上为大宗"，违背了"为人后"之义。甄邯得知之后，当众予以了批评，弹劾其"诬祖不孝，大不敬"。

金钦不识时务，顶风作案，很快成了被批判的"典型"。四辅、公卿、大夫、博士、议郎经过严肃讨论后，认定金钦"宜以时即罪"，金钦悔之晚矣，为了不连累族人，在狱中自杀而死。事后，甄邯因"纲纪国体，无所阿私，忠孝尤著"而受到了王莽的封赏，增加封户千家。

不过，王莽此时正在努力挽回声誉，并不想彻底得罪金氏家族。另封金安上曾孙金汤为都成侯，以续大宗之后，作为对金氏家族的安抚。据说，金汤受封之后，为了遵循"为人后者，义不得顾私亲"，甚至连家都没敢回。王莽就这样挥舞着"道义"的旗帜，党同伐异，大加杀戮。这面大旗是如此的光耀夺目，朝臣们几乎不敢逼视，于是对王莽越发心怀敬畏了。

第十一章　人臣的巅峰

接下来，王莽的声望还将继续攀升，攀升到一个令人咋舌的地步。这不单单是因为王太后和朝臣被白雉、犀牛的祥瑞迷昏了头，还因为王莽符合时代的要求，符合人民的期待，真正达到了儒家"内圣外王"的崇高标准。所以，不但王太后信赖他，朝臣和百姓们也希望赐予他更多的权力。所有人都希望能在这位新圣人的率领下，重振大汉朝的国威，创造更多的福祉。

卓有成效的施政举措，似乎也证明了王莽的可靠。然而，王莽一直在做的不过是小规模的改革，尤其注重道德风气上的建设。当他掌握无与伦比的权力，将改革的"手术刀"伸向最核心的"病灶"，为了解决这个国家的根本问题，不得不触犯很多人的权益时，局面将大不一样。王莽也将随之落入冰火两重天的境地。

王莽的一生就像坐过山车，时而在低谷，时而在高峰，跌宕起伏，险象环生，几乎很少有平坦的时候，当然，这或许就是他的选择。平淡的人生不属于他，他也不屑于平淡的人生。他命中注定要浓烈地不安分地活着。

现在，王莽还在一如既往地忙碌着，将王太后的信赖和朝廷内外的赞美当成了动力，在智囊团的协助下，不断推动着国家机器，向儒家理想国的方向前进，希望能真正挽救西汉王朝于"倒悬"。伴随着一项又一项造福百姓的政策的推出，大臣们在感佩之余，又开始张罗着增加王莽的封赏了。

大司徒、司直陈崇等儒生将王莽誉为当代周公，建议以周公为先例，将王莽的封国扩大到纵横七百里，让王莽的长子像伯禽一样受到封赏，其他儿子的封赏，也跟周公的六个儿子一致。王舜则以《春秋》为依据，请王太后赐予王莽像伊尹、周公一样的荣誉。据说，主动前来请求增加王莽封赏者就达到八千余人。这些支持者炙热的情感，因为聚集在一起而加倍增加，像通红的火炭一样烘烤着整个未央宫。

王太后像往常一样将奏章下到主管官员手里。主管官员请予归还以前加封给王莽的二个县以及黄邮聚、新野县的田地，以"周公为太宰，伊尹为阿衡"为灵感，建议给王莽加赐封号"宰衡"，位居三公之上。属吏的俸禄是六百石。三公上书奏事，开头要加"冒昧地说"。官员们不得与王莽同名。外出时随从期门亲兵二十人，羽林骑兵三十人，前后各十辆大车。将王莽的母亲封为功显君，赏赐封地二千户，佩戴系着红色丝带的黄金印章。王安封为襄新侯，王临封为赏都侯。增加皇后聘礼三千七百万，合成一亿，以示隆重。

朝廷早已知道如何跟王莽周旋。经过一番艰苦卓绝的"拉锯战"，四月甲子，王太后亲自来到未央宫前殿，主持这场封赏仪式。王莽不敢过于忤逆，只好带着两个儿子王安和王临提前敬候。

王安和王临都如同父亲般谨小慎微，恭敬有礼，投向父亲的眼光也是敬畏的，但是他们远没有别人想象中那么幸福。几年前，他们一家还很完整，如今，两个哥哥已被父亲逼死，还未成年的妹妹（姐姐还是妹妹无可考）成了皇后，幽居在未央宫深处，失去了自由。因为悲伤过度，母亲王静烟眼睛都快哭瞎了，就是再风光的封号，也弥补不了这个家庭的残缺。

这个家庭真是集高官显爵和痛苦打击于一身。外表看上去富贵尊荣，里面却苦涩无比。兄弟二人很了解父亲，知道这个侯爵能否到手还是个未知数呢。果不其然，仪式的刚开始，一切都很正常，依照周公受封的成例，王莽在前面下拜，王安、王临在后面下拜。但是王莽当场磕头拒绝了朝廷对自己的封赏。回到家后，又上了一道奏疏，表示只接受赏赐给母亲的封号——功显君，请求退还王安、王临的印信以及爵位封地。这突如其来的变化，让王太后和大臣们措手不及，很是尴尬，只能再次聚集起来，再次探讨应对办法。

"赏赐抵不上安汉公的功绩呀，"大臣们说，"谦虚节俭，退避礼让，是安汉公一贯的品德。"

"安汉公现在每次朝见，都不住地磕头流泪，退让封赏，以至于已经上书称病不肯上朝了，"王太后叹息道，口气不大开心，俨然觉得太过麻烦，"是接受他的推让，让他处理政事呢？还是继续执行定好的封赏，让他退归到自己的府邸呢？"

这时，老臣孔光颤巍巍地走了出来，用谦恭地语气说道，"王安、王临亲自接受了印信，策封的爵位、称号已经通告给了上天，事实已经很清楚明白了。黄邮、召陵、新野的田地收入虽多，都只和安汉公有关，安汉公想要减少自己的收入，让出这部分的土地，来促成国家的风化，还是可以同意的。至于其他的封赏，应该从大局着眼才行。国家的清明风气要实现，宰衡的官爵不能世袭，增加的彩礼钱是为了表示尊重皇后，不是为了安汉公本人。功显君的食邑止于自身不能继承。褒新、赏都两国共有三千户，为数很少。忠臣的节操也应该适当委屈一下，以申张君主信赏必罚的原则才是。"

孔光还建议王太后派遣大司徒、大司空拿着符节、捧着制书，诏令安汉公尽快入朝理政，让尚书不要再接受王莽的辞让奏章。孔光不愧是老臣，一番话说得有理有据，不容置疑，更不容拒绝。这样一来，王莽终于同意上朝了，并且接受了将太傅、大司马、宰衡的官职和尊号合并到一起的新印章。

王莽又把新增加的一千万彩礼钱，赏赐给了在长乐宫服侍王太后的随从们。将王太后的姐妹——也就是其他的几位姑母——全都封为了君，君侠为广恩君，君力为广惠君，君弟为广施君，各有各的汤沐邑，甚至连侍候王太后的宫婢的子女有了病，也会亲自前往探望。只要是能让王太后开心的事，他都愿意做，就像侍奉慈母一样。于是，在王太后跟前说王莽好话的人就更多了。

"欲娱乐以市其权"，班固在《汉书》中挖苦道。

王莽对王太后的恭顺只是为了攫取权力吗？当然不是，想当初，傅太后大权独揽，把握朝纲之时，王太后处于弱势一方，几乎完全架空，偌大一把年纪，东山再起的机会也不大，王莽仍旧不顾安危，敢于发起座位之争；王莽成为九五之尊之后，王太后权势几乎消失殆尽，王莽仍旧对其宛如孝子，不敢有丝毫怠慢；王太后宫车晏驾之后，王莽悲痛得几乎失去了人形。从这些都可以看出，王莽姑母的孝顺还是发自赤诚的。

王莽的德行不但普照整个朝廷，而且洋溢到了外面。不久，太保王舜上奏道，百姓们全都对王莽的德行心悦诚服，敬佩不已，一个名叫路建的蜀郡男子受到了感化，本来决定去打官司，一想到王莽的德行，竟收回了诉状。即使是周文王当年感化虞、芮两国国君，让他们终止田地纷争而退让，也不过如此。于是，王太后将此事颁布给了天下。这相当于在黄金时间段，花五分钟时间做了个专题广告。这样一来，王莽的推崇者就扩散到了全国，声誉越发高涨了起来，几乎无法控制了。

王莽在上得到了王太后的信任，在下得到了百官和民众的拥护，地位稳如磐石，在朝廷上一呼百应。亲信们都认为，如此高的地位，再不讲究点儿排场实在说不过去了。因为王莽可是大汉朝一等一的人物呀，几乎是一面旗帜，再像以前那样恶衣恶食，劣马旧车，简直是有损形象。西域诸国的使者看到了，还以为大汉朝实力不济呢。

从此之后，王莽竟然真的大讲起了排场。每当外出时，前后都各有十辆大车跟随，随从不是普通的侍卫和仆人，而是当值理事的尚书郎、侍御史、谒者、中黄门、期门护卫亲兵和羽林军。王莽不是亲手拿着符节，就是由谒者代拿。光是属员的俸禄就高达六百石。三公奏报时都要先讲一句"冒昧地说"。真是威风八面，显赫得不得了。

以王莽的作风，一开始对这种安排肯定是抗拒的，必定又是谦逊个没完没了。然而这完全是出于儒家思想的熏陶。"由俭入奢易，由奢入俭难"，从人性的角度讲，谁不希望受到尊重，得到尊荣呢？所以这种谦逊是一种自我抑制、自我约束的结果，一旦打开这个"闸门"，放纵自己的欲望、野心和虚荣，后果则不堪设想。此时的王莽，或许是被大臣们绑架了，不得不坐上高位、讲究排场，但是当他真真切切尝到了甜头，难道他还能保持初心，始终约束住自己吗？从一个一无所有的穷儒生到万众瞩目的帝王，王莽肯定走过了一个相当复杂的心路历程。我相信，他真正享受权势的那一刻是一个关键的节点，从此之后，他将会渴望权势，以至于不择手段地获得权势。

此时的王莽抵达这个节点了吗？他开始享受自己的权势了吗？他开始享受自己的排场了吗？还是身不由己，全部是听从王太后和大臣们的安排？还没有清晰的证据。可以肯定的是，他一直在努力前进。这一年，在王莽的提议下，朝廷兴建起了明堂、辟雍、灵台。

到底什么是明堂、辟雍、灵台呢？

《孟子·梁惠王下》："夫明堂者，王者之堂也。"明堂号称上通天象，下统万物，是皇帝听察天下，宣明政教的地方，体现"天人合一"的思想。凡朝会、祭祀、庆赏、选士等重大典礼和活动，都在明堂举行。

《五经通义》："天子立辟雍者何？所以行礼乐，宣教化，教导天下之人，使为士君子，养三老，事五更，与诸侯行礼之处也。"辟雍本为周天子为教育贵族子弟而设立的大学。因四周有水，形如璧环而得名。前门外有便桥。多为祭祀之用。

《诗·大雅·灵台》："经始灵台，经之营之，庶民攻之，不日成之。"朱熹对此解释说："灵台，文王所作。谓之灵者，言其突然而成，如神灵之所为也。"或许是颇为灵异的缘故，灵台后来成为观测天象的所在。

据说，建造过程相当神奇，八月初二庚子日，王莽得到王太后的诏令，当天即到工地进行了考察，部署工作，第二天，儒生和百姓十万人聚集在一起，并正式开工，只用了二十天，三座巍峨壮观的建筑就竣工了。用现在的话说，就是个"基建狂魔"。儒生和平民们看到三座宏伟庄严的建筑拔地而起，纷纷赞叹说，就是周公当年建筑都城洛邑也没这么快呀。王莽辅佐朝政，只用了四年，功德就已很是显著，其成就简直超过辅佐幼主成王的周公，如今，明堂等建筑废弃千年，再现人间，更是让人赞叹。

明堂、辟雍、灵台的建立，让王莽的形象愈加高大了，简直接近于天神。然而，王莽并不就此满足。

王莽从小饱读诗书，熟知经史，对儒生的艰辛困苦格外感同身受，所以，又特地下令修建馆舍一万余间，还在上林苑建起了交易市场，设置了平衡物价的常满仓，让学者和太学弟子们能够安心搞学问。另外，下令在太学开设了《乐经》课程，增加了博士名额，每一经有五个学者负责。凡是收藏有散失的《礼经》、古文《尚书》《毛诗》《周官》《尔雅》、天文、图谶、钟律、历算、本草、方技、月令、兵法、《史籀篇》等文字并通晓大义，有独到见解的学者，都可以乘坐公车前往官府报到，会得到特殊的帮助和优待。于是，天下学者能人蜂拥而至，数以千计。满大街都是知识分子，让长安城多了许多的人文气息。王莽让精英们各抒己见，朝廷会派人认真记录下来，然后加以讨论，从而纠正荒谬，统一学说。

在王莽的关照下，文化上呈现欣欣向荣之势，学者们迎来了前所未有的"好日子"。不但生活上充裕舒服了许多，在思想和学术上也得到了充分的鼓励和支持。扬雄曾经仿照司马相如的《封禅文》，写了一篇《剧秦美新》，对照秦始皇对文化的迫害，赞美了王莽在文化事业上的重大贡献。这位文坛领袖深情地在文中歌颂道："遥集乎文雅之囿。翱翔乎礼乐之场。胤殷周之失业。绍唐虞之绝风。懿律嘉量。金科玉条。神卦灵兆。古文毕发。焕炳照曜。靡不宣臻……"虽然扬雄的语气中不乏谄媚，但这样的政策，不可能不得到儒生们的欢迎。

据《汉书》记载，"冬，大风吹长安城东门屋瓦且尽。"这阵大风显然很是不祥。的确，朝廷内外对王莽的崇拜已经难以遏制，走向极端。怎么才能给予王莽更多的封赏呢？还能给予王莽什么样的封赏呢？似乎到了考验朝臣们的想象力的时候。王莽没时间考虑这些，黄河正在发脾气，他正在到处搜罗人才去治理黄河。

可以说，中华民族的历史，就是跟黄河掰手腕的历史。传说中的大禹治水，治的就是黄河。这其实跟两岸百姓的增多以及对环境的破坏不无关系。据统计，从文帝十二年（公元前168年）至东汉中叶的二百多年，黄河一共决溢12次。最近的一次，是平帝元始年间，黄河在荥阳县境内决口，大幅度向南摆动。哀帝朝，也曾"博求能浚川疏河者"，待诏贾让提出上、中、下三策。终究难以根治黄河水患。为了治理好黄河，王莽召集了数百位有识之士。长水校尉关并、大司空掾王衡、御史韩牧、司空桓谭等人给出了多条治黄方案，"费钱数亿万"，仍旧没有太大建树。这也为黄河在六年后在魏郡溃决埋下了隐患。

此时，东方有东夷王横渡大海奉献海珍，南方有越裳氏通过重重翻译献上白雉和黑雉，黄支国跨越万里之遥进贡犀牛，北方的乌珠留若鞮单于主动上书，将本名囊知牙斯改为"知"，以示对中原文化的仰慕和推崇。只有西方的羌人在首领良愿的率领下对抗朝廷，始终没能平定。之前，王莽在跟黄河的角力遭受了挫败，于是又将征服西羌当作了工作重点。

"不战而屈人之兵，善之善者也"。王莽仔细分析了一番形势，认为赵充国征讨西羌的余威尚在，于是派遣中郎将平宪前往西羌，试着用财货利诱良愿。此举效果颇佳。良愿慑于西汉武力，加上又贪图财货，率领本部落一万二千人，迁出了鲜水海、允谷、盐池等地，定居在高山险阻之处，继续做汉朝的藩蔽。就这样，王莽没费一兵一卒，就达成了目标。元始四年（公元4年），冬天，王莽奏请王太后，新设置了西海郡。让西汉帝国的疆域深入到了青海西部的茫茫大草原，又在西海郡设置修远、监羌、兴武、军虏、顺砾五个县，并在国内增立新法五十条。凡有违犯新法者，强行迁徙到西海郡去。当时的西海郡地广人稀，荒凉得很，几乎被野兽占据，迁徙过去的人难免要吃些苦头，因此对王莽心怀怨恨者颇多。

至此，东海、南海、北海、西海四郡齐全，这是多少名臣都未能完成的伟大成就，朝廷内外一片欢欣鼓舞。王莽在接连不断的赞誉声中，愈加膨胀了起来，新举措接踵而至，他又根据经书道义重新订正十二州的名称和分界，分京师为二郡，即前辉光（长安以南诸县）和后丞列（长安以北诸县），还更改了公卿、大夫、八十一元士的官名、位次。更改各郡、各封国的管辖区域，或是取消，或是新设，或是变更，"天下多事，吏不能纪矣"。

此时，王莽反复无常，喜欢折腾的一面初露端倪，但是朝野内外被他迷得神魂颠倒。几乎王莽推出的每一道政令，都会赢得一片欢呼和掌声。

元始五年（公元5年）正月，王莽在新建的明堂里，举行了合祭祖先的仪式，全国二十八个诸侯王，一百二十个列侯，九百个皇族成员应邀参加。王孙贵族们都惊异于这座恢弘典雅的建筑，认定其中蕴藏着神奇的力量，否则怎么会那么快建筑起来呢？因此，整个仪式格外肃穆认真，仿佛祖先真的在天上俯瞰这一幕似的。典礼结束后，赐封孝宣帝曾孙刘信等三十六人为列侯，其他皇族成员也各有封赏，可谓皆大欢喜。

但是，在一片喜悦祥和之中，也蕴藏着危机。自从汉兴以来，刘氏皇族繁衍生息，规模不断扩大，此时已经多达十多万人，不但耗费巨大，而且鱼目混珠，泥沙俱下。所以王莽采用了"一手大棒，一手胡萝卜"的策略。这次大封赏过后不久，就下达了一道措辞严厉的诏书，要求各郡国选取有德义者担任宗师，负责督导纠正宗室子弟，对于犯法乱纪的宗室子孙要严加惩处。

"王莽已经开始管教起我们了吗？他是个什么东西？这可是高祖开辟的江山啊。"一些刘氏皇族看到诏书后，对王莽的尊重转眼间荡然无存。

在王莽看来，这些皇亲国戚都是些吃祖宗老本的，大多是些好逸恶劳，只知骄奢淫逸，放纵享受的笨蛋。感觉到刘氏皇族的抵触情绪后，不但没有让步，反而决心采用更强硬政策，务必让他们放规矩点儿。然而，正当王莽研究如何给这些刘氏皇族戴上"紧箍咒"时，却传来了孔光的死讯。

"孔光死了？"王莽吃惊地嘟囔道，过了许久才平静下来，"对啊，这不奇怪，他已经够老了。"

王莽现在还依稀记得这位老臣年轻时的样子，那时他刚刚走上仕途，而孔光正值壮年。时间会在一个人身上施加多么大的变化啊！从御史大夫、丞相到大司徒、太傅、太师，孔光几乎将朝廷里的大官做了个遍。前后辅政十七年。不单单他的面孔在发生改变，他的官职在发生变化，他的性格也在变化。如果让老年的孔光和青年的孔光并肩站在一起，恐怕没人能认出这是同一个人吧？这是上天变的魔术，现在，这个魔术结束了。

第十一章 人臣的巅峰

王莽知道王太后很看重孔光,所以对孔光的后事十分重视,追赠博山侯的印绶,赏赐了大量的随葬品和金钱丝帛。葬礼规模盛大,光是送葬的车子就有一万多辆。车队浩浩荡荡,一眼看不到头,纸钱迎风飞舞,好像下了场鹅毛大雪。文武百官跟在送葬队伍后面,少府供设帷帐,谏大夫持符节,博士负责丧葬礼仪。委派五百名兵士共同挖掘坟墓,放下用昂贵木料制成的棺材,规格几乎同当年大将军王凤的葬礼一样。之后,王莽特意提拔孔光的四五名弟子担任卿大夫,另一名儒马宫接替孔光的位置,做了太师。

似乎只有对王莽的疯狂崇拜可以压过孔光这场盛大的葬礼了。翻开中国历史,深得民心的王侯将相大有人在,但是生前能掀起如此规模浩大个人崇拜的却寥寥无几,就是孔子在世时也没达到王莽这样的火爆程度。

据史书记载,当时有大量的官吏和平民因王莽不接受新野县的田地而上书,前后达487572人。王莽甚至得到了很多刘氏皇族的支持,这些刘氏皇族认可王莽和王太后对族内败类的打压,认为王莽配得上所有的荣誉。这些王公贵族在得到王太后的召见时,都叩首请求增加安汉公的封赏。而这只是九牛一毛。由儒生、官吏、平民组成的崇拜者们不分昼夜地聚在一起,看上去黑压压一片,好像一群粘在蜜糖上的蚂蚁。增加安公封赏的奏章堆积在王太后的案头,就像一座会生长的小山一样。

面对逐渐高涨的呼声,王莽愈加诚惶诚恐,他千方百计推辞,并精心拟就了一道奏疏:

臣以外属,越次备位,未能奉称。伏念圣德纯茂。承天当古,制礼以治民,作乐以移风,四海奔走,百蛮并臻,辞去之日,莫不陨涕,非有款诚,岂可虚致?自诸侯王已下至于吏民,咸知臣莽上与陛下有葭莩之故,又得典职,每归功列德者,辄以臣莽为余言。臣见诸侯面言事于前者,未尝不流汗而渐愧也。虽性愚鄙,至诚自知,德薄位尊,力少任大,夙夜悼栗,常恐污辱圣朝。今天下治平,风俗齐风,百蛮率服,毕陛下圣德所自躬亲,太师光、太保舜等辅政佐治,群卿大夫莫不忠良,故能以五年之间至致此焉。臣莽实无奇策异谋。奉承太后圣诏，宣之于下，不能得什一；受群贤之筹画，而上以闻，不得能什伍。当被无益之辜，所以敢且保首领须史者，诚上休陛下余光，而下依群公之故也。陛下不忍众言，辄下其章于议者。臣莽前欲立奏止，恐其遂不肯止。今大礼已行，助祭者毕辞，不胜至愿，愿诸章下议者皆寝勿上，使臣莽得尽力毕制礼作乐事。事成，以传示天下，与海内平之。即有所间非，则臣当被诖上误朝之罪。如无他谴，得全命赐骸骨归家，避贤者路，是臣之私愿也。惟陛下哀怜财幸！

这只是王莽无数推辞奏章中的一道。如果细心研读，会感受到其中言辞的恳切，也就明白为什么大臣们为何对他如此疯狂了。王莽建议将追加他封赏的奏章全部搁置，让他来专心一意地完成礼乐制度，一旦大功告成则给贤者让路。在王莽看来，完善的礼乐制度的确对国家来说至关重要，因为教化是治理国家的主要方式，而刑法只是治理国家的辅助手段。相传为周公所制的礼乐制度，使贵贱有差、尊卑有别、长幼有序，让国家机器能够健康地运转。到了春秋后期，却出现了"礼崩乐坏"的局面，之前，历朝历代都未能重建，一旦这个目标完成，必然使王莽的形象更加伟岸，让他这个政治明星更加闪亮。当然，这些是次要的。最重要的是，让国家向儒家理想蓝图跨进一大步。

然而，完善礼乐制度是项浩大的工程，绝不是一天两天的事情。大臣们可等不了那么久。公卿大夫、博士、议郎等902人再次集结在了未央宫。直到明确告知，初夏时会给安汉公加赐九锡，这一大群人才一边高呼着"万岁"，一边兴高采烈地离去。

"锡者何？赐也。"九锡是中国古代皇帝赐给诸侯、大臣有突出功劳者的九种礼器，代表着最高的礼遇和褒奖。当年汉武帝刘彻率先提出给大臣加九锡之说，最终并没有施行。看来王莽又要创造一个纪录了。

元始五年（公元5年）五月庚寅日，王太后亲临未央宫前殿，正式加赐王莽九锡。仪式上，王太后精神矍铄，风采不减当年。朝臣们看着她那花白头

第十一章 人臣的巅峰

发映衬下的尊贵容颜，无不为之倾倒。王莽则一如继往地谨守礼仪，一丝不苟，看到他这副严谨谦虚的仪表，再想想他取得的过人成就，大臣们全都又敬又爱，心想就是周公在世也不过如此，给予再多的封赏都不为过。王莽知道自己再推辞也是白费力气。再说，对于一个一心想要成就一番事业的政治家来说，自然也乐于加重权势和威望，以便能够更加大刀阔斧地做事。

王太后的诏书宣读完毕了，王莽叩头再拜，正式接受了九锡：绿色的蔽膝和龙冠、礼服，用金玉装饰的佩刀，鞋头突出的履，象征仁义节度的车马，装饰着九束绦子的龙旗，皮革做的武冠、白色的战袍，红黑两色的弓箭，立在府门左边的红色钺斧，立在府门右边的金色戚斧，铠甲和头盔一套，美酒二卣，玉勺两只，九命青玉圭两枚。

又把楚王驻京官邸作为安汉公的府第，将王氏家族的祭庙、寝庙装上红漆大门并建造了檐内台阶，设置宗官、祝、卜官、史官，虎贲勇士三百人，家令、家丞各一人，宗、祝、卜、史等都设啬夫。在王莽的官署和私宅里，设置虎贲勇士作为门卫，出入须登记在册。四辅、三公起进入王莽的官署和住宅，都要使用令符。王莽的地位已然超过其他大臣一大截，几乎与天子接近了。

作为人臣，王莽的荣耀真可谓登峰造极了，已然成了全国共同的"神"，整个国家都对他顶礼膜拜了。可是在这成年累月、无休无止的鼓吹、赞美和封赏中，王莽真的能永保初心吗？说到底，王莽也是人，也有人性的弱点。也许他后来的刚愎自用，盲目自信，就在此时埋下了伏笔。

实际上，朝廷内外对王莽翻江倒海般的崇拜已经开始让王太后有些担心了。她不知道这一切到什么时候是个尽头。大臣们还要将王莽推到什么地方去。她的力量正在减弱，而王莽的力量在提升。一切似乎正在脱离她的控制。她已经年过七旬。一场危机似乎正在慢慢降临。当然，最重要的，还是王莽自己的想法。这一天，王太后听说，之前派到各地考察的八个风俗使者回来了，就将王莽叫到身边，想借这个机会，打听一下王莽的真实想法。

"也不知道百姓安乐否？"王莽如约而至后，王太后漫不经心地问道。

"这是使者们带回来的报告，"王莽将一捆书卷恭敬地献了上来。

王太后接过书卷，慢慢翻看了起来。心思显然不在上面。

"全国风俗整齐划一，百姓安乐祥和。"王莽在一旁讲解道，免得王太后劳神。"风俗使者从各封国搜集来了不少歌谣，几乎都是赞美朝廷的。"

王太后简单地在书卷上扫了两眼，上面写着市场上价格均等合理，官府没有诉讼的案件，城市里没有盗贼，乡野里没有饥民，道不拾遗，男女异路。即使有胆敢违犯法律者，也只需象征性地惩戒一下就行了。

"看来后面也是一样的歌功颂德之词了。"王太后将书卷轻轻放到了几案之上，"应该奖励这八个风俗使者。"

"是，太后。"王莽恭顺地答道。

姑侄二人又谈了许多朝廷上的事情。王太后已经很久没对政治这么感兴趣了。王莽认真回答，毫不含糊，所有数据牢记于心，信手拈来，对各个部门的运转情况也相当熟稔。可见其平时之用心。谈到最后，王太后满意地点了点头。

"先回去歇息吧，你最近太辛苦了。"

"是，太后。"

王莽深施了一礼向宫外走去。还没走出几步，姑母苍老但沉稳有力的声音再次从身后传来。

"巨君啊，你已经是大汉朝权势最大的臣子了，你还满意吗？"

"感谢太后的恩典，我实在不配这样的荣誉。"王莽急忙转过身来。

王太后沉默了一下，轻轻挥了挥衣袖，送走了王莽，但是眼神在王莽消失的门口停留了很久。或许是察觉到了王太后的顾虑，想要表明忠心。元始五年（公元5年），王莽上了一道奏章，将刀锋指向了曾经共同的敌人——傅太后和丁姬。奏章上说，傅太后和丁姬在埋葬时不遵守藩臣姬妾的身份，坟墓跟元帝的坟墓一样高，已然违背了礼制。她们在世时嚣张恣肆，下葬时携带着帝太后、皇太太后的印玺绶带，如今这些尊号都已废除了，东西自然不能让她们带去。

第十一章 人臣的巅峰

见王莽要向自己最痛恨的两个女人下手,王太后自然很高兴,这代表侄儿还跟自己一条心。不过,王太后到底是性情宽厚之人,所以,慷慨大度地回复说,都是过去的事了,不用再追究。但王莽坚守原则,一定要追究到底。王太后又建议用原来的棺木改葬,免得太过折腾,惊动魂灵。王莽奏报说,定陶恭王母和丁姬的棺木都用最名贵的梓木制成,身上还穿着用珍珠串缀成的外套和名贵的金缕玉衣,都不是藩臣姬妾应该享有的。

"建议换成普通木棺,剥掉尸体上的玉衣,埋葬在嫔妃的坟墓中间,这才符合她们的真实身份。"王莽在奏章上冷酷无情地写道,好像说的是两个罪犯似的。

王太后毕竟不能跟礼制过不去,于是准奏了。丁氏家族、傅氏家族也的确不得人心。得知朝廷的决定后,公卿大夫和文武官员纷纷捐出钱帛,以示支持,不但出钱,还要出力。十多万人手里拿着铁锹、竹筐,跟将作大匠一起,浩浩荡荡地赶到了陵园,开始动手挖掘。二十天后,高高隆起的坟茔彻底铲平了,"人心振奋,怨气皆出"。当时盛行厚葬,想必这次迁坟,也挖出了许多的宝贝。王莽又命人用荆棘在空地上围绕了一圈儿,还下令拆除了共皇祭庙。当初提议建庙的泠褒、段犹,都流放到广西合浦吃苦去。

此时的王莽真是一呼百应,人人称颂。大臣们甚至不满足于将他视作圣人了,已经开始了"造神运动"。朝廷内外只允许一种声音存在,那就是崇拜王莽,赞美政绩,否则就是居心不良。然而,却真的有人顶风而上,触碰"虎须"了。有大臣在阅览八位风俗使者带回来的文字时,发现广平国丞相班穉没有呈献"佳瑞歌谣",还有人汇报说,琅邪太守公孙闳大逆不道,在公府里谈论近年来发生的灾害,嘲讽官员们罔顾事实,只知道溜须拍马。

御史大夫甄丰察觉苗头不对,这不是跟国民偶像两条心吗?真是胆大妄为至极!同时觉得这是个邀功请赏的大好机会,立即暗示官吏平民上书弹劾。然而,当他将弹劾的文件递交上去时,却发现王莽突然犹豫了起来。原来,事情并没有那么简单,前面提到过,班穉年轻时在宫中担任黄门郎中常侍,曾和王莽做过同事,两人当时相处得很好。班穉的哥哥去世时,王莽还

· 125 ·

特地身穿丧服，送去了丰厚的随葬品。王莽对班稚的为人十分了解。知道他是个性格耿直的好人。当年，平帝曾为立定陶王为太子一事，询问近臣的意见，近臣们知道成帝有意让哀帝做继承人，都揣摩着成帝的心意作答，唯有班稚勇敢地保持了沉默。哀帝继位后，对班稚心怀芥蒂，将其贬为了西河属国都尉，迁任广平相。

"班稚对我有什么不满吗？"王莽有些心神不宁起来。

王莽顾念旧情，不忍心给班稚治罪。可做事要"一碗水端平"，毕竟朝廷内外无数只眼睛看着呢。他之前对丁氏家族、傅氏家族等违犯道义者那么毫不留情，为何同样犯了错误，对班稚却采用不同态度呢？到底该如何处理此事，才足够妥帖呢？正当王莽为此犯难之际，没想到，竟突然"柳暗花明"，这件麻烦事竟因王太后的介入而迎刃而解了。

王太后为何要插手此事呢？

前面提到过，班稚乃是班婕妤的弟弟。班婕妤贤良淑德，才华横溢，在赵飞燕、赵合德姐妹入宫前，一度是成帝最宠爱的妃子。史书记载，成帝曾命人制造了一辆华丽的辇车，想带班婕妤一同出游，却遭到了婉拒。成帝询问缘由。班婕妤说："臣妾看古代留下的图画，圣贤之君都有名臣在侧。桀、纣、幽王这样的昏君才让宠幸的妃子坐在身旁，最后都落得个国亡身死的下场，臣妾如果和陛下同车进出，不就跟他们相似了吗？"

汉成帝听罢，不禁哈哈大笑，同辇出游的计划就此作罢。当时，王太后正为成帝耽于享乐、不理朝政而着急。很希望后宫中能有个贤明的女子规劝一下，得知班婕妤的言行，不禁夸赞道："古有樊姬，今有班婕妤。"

后来，赵氏姐妹祸乱后宫，班婕妤日渐失宠，还险些受到许皇后案的冲击。她看透了后宫中的险恶，主动提出去长信宫服侍王太后。就此，彻底失去了成帝的宠幸。班婕妤还曾在哀怨的心绪下创作了许多辞赋，其中最有名的是这首《团扇歌》：

新制齐纨素，皎洁如霜雪。

裁作合欢扇，团团似明月。
出入君怀袖，动摇微风发。
常恐秋节至，凉意夺炎热。
弃捐箧笥中，恩情中道绝。

"失之东隅收之桑榆"，班婕妤跟王太后培养出了深厚的感情。如今，班婕妤的亲弟弟出了事，王太后怎能坐视不理？所以，王太后下诏说，不宣扬美德，应该跟伪造灾害消息分开处罚，而且班稚是后宫贤德姬妾的家人，是我所哀怜的人。这相当于赐予了一面免死金牌。王莽立即下令逮捕并诛杀了公孙闳，对班稚则敷衍了过去。班稚之前或许受到过姐姐班婕妤的训诫，赶紧上书谢恩赔罪，自愿交出封国丞相印信，到长安当个延陵园郎。这一段小杂音，就这样轻描淡写地过去了。

与这件事相类似的，是王莽对马宫一事的处理。哀帝朝，马宫担任光禄勋，一度跟傅氏家族走得很近，还曾参与议定傅太后的谥号。元始五年（公元5年），王莽开始秋后算账，受到牵连者很多，唯独马宫因为跟王莽交情深厚而获得宽大处理。从这两件事可以看出，王莽的性格十分复杂，甚至有互相矛盾的一面，绝不只是个一根筋的书呆子。

第十二章　假皇帝

时间来到元始五年（公元5年），王莽似乎已经对大臣们的追捧习以为常了，无论封为安汉公、升任宰衡，加赐九锡，对他来说，只不过是奖励和督促而已，并无太大的区别。任由大臣们去折腾去吧，看他们还能折腾出什么花样来。他正在忙着另一件事——修道，这条道就是大名鼎鼎的子午道。

子午道，也称子午栈道，在秦汉之前已有。东汉摩崖石刻《石门颂》上记载："高祖受命，兴于汉中，道由子午。"刘邦在"鸿门宴"上侥幸逃过一劫，被迫由霸上去南郑就汉王位，走的就是这条子午道。当时，为了消除项羽的猜疑，刘邦让张良将途中的栈道销毁了个一干二净。而子午道成为官道正是在王莽时期，那么，王莽为什么突然想起修子午道了呢？

《汉书》："（元始五年）其秋，莽以皇后有子孙瑞，通子午道。子午道从杜陵直绝南山，径汉中。"张晏注解："时年十四，始有妇人之道也。子水，午火也；水以天一为牡，火以地二为牝，故火为水妃，今通子午道以协之。"原来，得知王嬿怀孕的喜讯后，笃信阴阳五行学说的王莽想用穿凿子午道的办法帮女儿一把，争取生个皇子出来。

这项工程并不容易。子午道全长超过千里，从杜陵县穿过终南山，直通汉中郡。穿行于山间的部分占百分之八十以上，极为偏僻荒凉，周围不是悬崖峭壁，就是丛山密林。猿鸣鸟啼不绝，不时有虎狼出没，工匠们想必吃了许多苦头。不要怪王莽用力过猛，皇室的子嗣问题向来不是小事，它关系到国家的前途，成帝和哀帝都没能得到子嗣，怎能不吸取教训？

然而，世事无常，子午道工程尚未竣工，却传来了平帝病危的噩耗。

第十二章 假皇帝

王莽急忙到未央宫探望，看着衰弱不堪的小皇帝，以及女儿憔悴不堪的面容，不由得愁绪满怀。之前，曾出现火星经过月球背面的异象，看来预兆的就是这场灾难了。上天的心意是多么难以揣测啊，平帝年纪尚小，王太后退居后宫，几乎所有决策都是由王莽制定，即使朝廷有什么过错，也应该由他承担才是，为什么要惩罚这个可怜的孩子呢？

"不，还没到最后，不应该放弃希望。"

王莽迷信地认为，只要消除上天的震怒，就可以化险为夷。史书上记载，当年周武王得了一场重病，周公曾经向祖先祈祷，愿意用性命换取武王的健康。此举果然感动了上天。后来，周成王生病，周公也曾如法炮制。于是，王莽效法周公，亲笔写下一篇愿意替代平帝遭受惩罚的策书，穿上朝服，佩戴上玉璧，捧着玉圭，来到祭祀淳化甘泉宫祭祀天地五帝的"泰畤"。大臣们一同前往，他们都是些饱学之士，看着王莽小心翼翼地把策书放在金縢之中，自然明白其中缘故，不由得全都鼻头发酸，眼眶泛红。

"千万不要说出去，否则就不灵验了。"王莽关好金縢，低声嘱咐道。

"遵命。"

王莽和大臣们都满心希望能出现奇迹。说不定上天受到触动，让二人齐保平安呢。然而，现实是残酷的，希望很快被击得粉碎。元始五年（公元5年）十二月，平帝还是在未央宫驾崩了，时年只有十四岁。实在让人感叹西汉王朝的命运多舛，多灾多难。伴随着平帝的英年早逝，一桩历史悬案也出现了。平帝真的是病死的吗，还是另有隐情呢？

之所以产生这样的疑问，是因为《资治通鉴》对这段历史做了以下的记述："时帝春秋益壮，以卫后故，怨不悦。冬，十二月，莽因腊日上椒酒，置毒酒中；帝有疾。莽作策，请命于泰，愿以身代，藏策金縢，置于前殿，敕诸公勿敢言。丙午，帝崩于未央宫。大赦天下。莽令天下吏六百石以上皆服丧三年。"

司马光言之凿凿地声称成帝因卫氏家族一直受到压制，不能经常见到母亲，抑郁难过，心中怨恨，继而得罪了王莽。其不是自然死亡，而是王莽毒杀而死。至于王莽"藏策金滕,置于前殿"等事,不过是蒙蔽世人的把戏罢了。

那么,王莽真的毒杀了成帝吗?《资治通鉴》中的这段记述真的可信吗?"偏听则暗,兼听则明",我们不妨再从其他文献中找下答案。

对于这段历史,《汉书》上有以下两段记述:

《汉书·平帝纪》:"冬十二月丙午,帝崩于未央宫。大赦天下。有司议曰:'礼,臣不殇君。皇帝年十有四岁,宜以礼敛(殓),加元服。'奏可。葬康陵。诏曰:'皇帝仁惠,无不顾哀,每疾一发,气辄上逆,害于言语,故不及有遗诏。其出媵妾,皆归家得嫁,如孝文时故事。'"

《汉书·王莽传》:"平帝疾,莽作策,请命于泰畤,戴璧秉圭,愿以身代。藏策金滕,置于前殿,敕诸公勿敢言。十二月平帝崩,大赦天下。莽征明礼者宗伯凤等与定天下吏六百石以上皆服丧三年。"

可以看出,《汉书》上并未提及平帝为王莽毒杀一事。"君君、臣臣、父父、子子"。"三纲五常"是封建王朝的立国之本。作为东汉王朝的官方史官,如果王莽真的犯下弑君重罪,班固不可能只字不提。那么,《汉书》和《资治通鉴》中的不同说法,到底孰真孰假呢?我们不妨在情理上做下分析:

首先,平帝驾崩时年仅十四岁,身体孱弱,智力平平,形同虚设,一切朝中大事都由王莽决定。王莽特地为其请来多位名儒做老师,希望他能培养德行,增长知识,将来成为一个好皇帝。这样一个"小木偶"几乎对王莽构不成任何威胁。

再者,王莽的确在处理冯氏外戚、卫氏外戚的问题上对平帝多有得罪,但平帝同时也是王莽的女婿。若是王莽除掉平帝,王嬿就将守寡,而王莽甚为宠爱此女。平帝驾崩之后,同样年轻的王嬿始终寡居宫中,并未再嫁,余生都过着孤苦凄清的生活,这自然也不是王莽愿意看到的。

第十二章 假皇帝

第三，平帝驾崩之后，刘孺子成了皇位继承人，王莽根本没从中得到任何益处。如果真有其事，一旦曝光，却犯有弑君重罪，会留下口实，成为众矢之的，还会得罪西汉王朝的"大当家"，仍在临朝称制的王太后。有百害而无一利。

最后，还有一点需要指出，《资治通鉴》完成于宋神宗元丰七年（公元1084年），也就是王莽所处年代的千年之后。而《汉书》完成时间距离王莽去世只有几十年，显然可信度更高。所以，《资治通鉴》中的王莽毒杀平帝说实在是不大可靠。那么，这一说法到底是怎么来的呢？难道是司马光肆意杜撰的吗？其实这个说法同样来自《汉书》，只要再往下翻一下就找到了。

《汉书·王莽传》："九月，东郡太守翟义都试，勒车骑，因发奔命，立严乡侯刘信为天子，移檄郡国，言莽'毒杀平帝，摄天子位，欲绝汉室，今共(恭)行天罚诛莽'。郡国疑惑，众十余万。"原来，它出自翟义起义时的战斗檄文。可翟义起事是在居摄二年（公元7年），距离平帝驾崩已经过去两年，为何这两年没有王莽毒杀汉成帝的传闻呢？

值得注意的，还有檄文的性质。檄文是用来晓谕、征召、声讨的文书，是发起宣传攻势的重要武器。作用是会聚自身的实力，瓦解敌人的力量。"兵者，诡道也"。既然檄文是对敌做战的一部分，难免有夸大失实之嫌。战争中的宣传文字大多不可信，这样的例子俯拾皆是：

《汉书·武五子传》上记载："（刘旦）即与刘泽谋为奸书，言少帝非武帝子，大臣所共立，天下宜共伐之。使人传行郡国，以摇动百姓。"你看，刘旦为了"摇动"百姓，甚至在"奸书"（檄文）上散布汉昭帝刘弗陵非武帝亲生，为了自己的利益，竟硬生生编个"绿帽子"给亲爹戴上。

《史记·陈涉世家》中引用了陈胜的这段话："天下苦秦久矣。吾闻二世少子也，不当立，当立者乃公子扶苏。扶苏以数谏故，上使外将兵。今或闻无罪，二世杀之。百姓多闻其贤，未知其死也。项燕为楚将，数有功，爱士卒，楚人怜之。或以为死，或以为亡。今诚以吾众诈自称公子扶苏、项燕，为天下唱，宜多应者。"陈胜、吴广为了获得支持，竟宣称率领的是公子扶苏和项燕的队伍。可公子扶苏已经被赵高和李斯害死了,项燕也已战败自杀,全都成了地下之鬼,而陈胜、吴广不过是征发去戍守渔阳的穷苦农民而已。

吴广以为然。乃行卜。卜者知其指意,曰:"足下事皆成,有功。然足下卜之鬼乎!"陈胜、吴广喜,念鬼,曰:"此教我先威众耳。"乃丹书帛曰"陈胜王",置人所罾鱼腹中。卒买鱼烹食,得鱼腹中书,固以怪之矣。又间令吴广之次所旁丛祠中,夜篝火,狐鸣呼曰:"大楚兴,陈胜王。"卒皆夜惊恐。旦日,卒中往往语,皆指目陈胜。

同样是陈胜、吴广,一心想要举大事的他们,听从了占卜者的主意,想要借助民众的迷信思想,为自己称王创造"合法依据",以至于连鱼和狐狸都利用上了。这样的宣传,无非是千方百计强大自身实力,不择手段打压敌人而已,早就不顾"诚信"二字了。跟很多内容不实的檄文其实是一个道理。

"兵出无名,事故不成,明其为贼,敌乃可服"。从上面随便举的几个例子可以看出,檄文作为战争的一部分,很多内容都不甚可靠。翟义檄文上的文字同样如此。所以王莽毒杀平帝说实在是不能太当真。

无论如何,平帝已经逝去了。此时的朝廷,真是凄风苦雨,愁云惨淡。王莽收殓起平帝小小的遗骸,为他戴上皇冠,亲自主持仪式,将棺椁埋葬在了康陵,棺椁周围摆满了琳琅满目的陪葬品。然后,宣布全国大赦,六百级以上的官吏守丧三年。

现在,西汉王朝面临"国统三绝"的衰败局面,成帝、哀帝、平帝一个比一个寿命短,而且都没能得到子嗣,孝平皇后王嬿也无法扭转危局,修了子午道也毫无用处。王莽成就的"中兴"同样难以挽回颓势,上天似乎真的打算放弃大汉朝了。大臣们忧心忡忡,不时聚在一起说着神秘的悄悄话。一旦王莽走过来,马上散开,就像遭到雷击的蚁巢一样。

第十二章 假皇帝

无论遭遇怎样的困境，都要顶风冒雪地前进。"国不可一日无君"，朝廷又开始寻觅起了皇位继承人。这项工作对王莽来说已经不陌生了。元帝的后代断绝了，不在考察的范围内。宣帝曾孙中为王的有五人，为列侯的有四十八人。王莽以"兄弟不得相为后"为由，决定从宣帝的玄孙中选择。经过占卜和看相之后，认定广戚侯刘显的儿子刘婴最吉利，最合适。刘婴时年只有两岁，乃是宣帝最年幼的玄孙。

朝臣们得知这个结果，都不由得暗自叹息："皇帝的年纪在不断递减下去，下任皇帝会不会是个襁褓中的婴儿呢？"

两岁的孩童只能占据一个皇帝的御座，或许小屁股只够在御座上搭个边儿而已。相当于一个傀儡，一个比平帝还要小的傀儡。只是为了向世人表明，这个天下仍旧是刘家的。然而，似乎连这一点都有了动摇的迹象。早在平帝病重期间，泉陵侯刘庆就曾上书说："周成王幼少，称孺子，周公居摄。今帝富于春秋，宜令安汉公行天子事，如周公。"

像周公一样代行天子事？王莽不是一直在代行天子事吗？还要将此事公开化，正式化吗？当时，此事在朝廷上引起过不小的震荡。涟漪尚未完全过去，在刘婴被选定为皇帝继承人的当月，前辉光郡的谢嚣又奏报了一件稀罕事：武功县县令孟通疏浚水井时挖到一块奇怪的白石头，这块白石头上头是圆的，下面是方的。鬼斧神工，好像不是人间的东西。最稀罕的是，上面还刻有一行朱红色的字——"告安汉公莽为皇帝"。

王太后这次真的感觉到了苗头不对了，实在是坐不住了。一切似乎正向一个危险的方向滑去，之前的顾虑似乎就要成为现实。王太后本来已经放下的心，再次悬了起来。一想到一向言听计从的侄儿可能脱离控制，甚至危及到自己掌舵的大汉江山，王太后不由得瑟瑟发抖。谁能想到，有一天她会跟王莽成为对手呢？

"养虎为患啊！"

王太后感到压力在慢慢逼近，她不能继续听之任之了，她必须抗争才行。可悲的是，她已经垂垂老矣，而王莽气候已成。一直以来，王太后对于

133

增加王莽的封赏都很支持,认为是他应该得到的。这次,她决定公开表示质疑。她要看看王莽和大臣们的反应,同时也要看看自己的奋力一搏还能否奏效。

"这是在欺骗天下,不可施行!"王太后拿定了主意,生气地对大臣们说。

大臣们坚决要听从上天的意思,都说上天已经给出了清晰的指令。王太后承受着前所未有的压力。最让王太后担心的是,王莽这次没有再辞谢,婉拒,罢工,而是选择了沉默。好像依照周公的先例并没有错,也要听从天意似的,姑侄之间那道若隐若现的"裂痕",一下子变得明朗了起来。朝廷上的气氛变得微妙了起来。王莽的态度是什么时候开始变的呢?王太后惊讶地想。

为了避免形势失控,王舜急忙出来打圆场。

"事已如此,想要阻止,恐怕也很难办到。"他私下里劝说道。

"难道他的权力还不够大吗?"王太后恼火地反驳道,"他到底想要什么?"

"巨君并不敢有什么野心,只是想用代行皇帝职权的名义增加权力,镇服天下罢了……"

此时,王莽的支持者数不胜数,再说还有天意做托词,王太后无奈之下,只能让步了。发布诏书说,皇帝年纪很小,需要有德行的君子来维护,所以决定依照丹书白石的符命,仿照周公的先例,让安汉公代行职权,并将武功县作为安汉公的封地,起名为汉光邑。得知王莽将要"居摄践祚"的消息,大臣们都喜笑颜开,仿佛用石块敲开了一个硕大的核桃,看到了里面美味的果肉似的,他们还要再猛敲几下,吃到更多的果肉。他们先是上书盛赞王太后"圣德昭然,深见天意"。又以《书经》和《礼记》为依据,强调当年周公从开始摄政起,就居于天子位,而不是六年后才登上王位,周成王加冕之后,周公才交出了政权,王莽这次也应如此。他们还提出了多个"请求":

第十二章 假皇帝

首先，安汉公应当像周公那样代行职权，戴上皇冠，穿上皇袍，背靠放在门窗间的带斧形图案的屏风，向南接受朝见，处理政事。

其次，进出的地方施行戒严，平民和臣下都要自称仆从，"皆如天子之制"。

在各种典礼中皆称作"假皇帝"，平民和臣下称之为"摄皇帝"，自称为"予"。处理政事以诏书形式，称为"制书"。

朝见太皇太后和孝平皇后，恢复臣子礼节。

在官属、家宅、封国、采邑，像诸侯王一样行事，可以施行独立的政治教化。

王太后仔细看了一遍大臣们的奏章，发现王莽除了拜见自己和孝平皇后时恢复臣子礼节外，几乎跟皇帝毫无二致了。一个黑黝黝的魔影仿佛正慢慢在王太后身后站立起来，那魔影是那么可怕，那么高大。尽管心中惶惶然，但王太后还是同意了大臣们的要求。事到如今，说什么都迟了，她还能与天下为敌，与"天意"为敌吗？

第二年，正式改年号为居摄元年（公元6年）。春天，正月，王莽以第一次以"假皇帝"的身份，到南郊祭祀了天帝，到东郊迎接了春神，又在明堂举行了大射礼，并且招待了三老、五更。朝臣们景仰地看着这伟大光辉的人物，他的做派，他的风度，俨然就是个真正的皇帝，将刘婴越发衬托得像个小玩偶了。大臣们崇拜的目光，越发增强了王莽的自信，他下令设置柱下史五人，俸禄与御史相当，专门负责记录自己的言语行动。仿佛他说的话都是金科玉律，值得流芳百世，千古传颂似的。

为了消除王太后的顾虑。三月己丑日，王莽正式立刘婴为皇太子，又称"孺子"，史称"孺子婴"。有了王莽这个"假皇帝"，孺子婴也就不着急登基了。他年纪太小，首要任务是学习。王莽任命王舜作太傅左辅，甄丰作太阿右拂，甄邯作太保后承，共同负责教育皇太子。另外，还特地找来了四位学养深厚的老师，分别担任少师、少傅、少阿、少保，俸禄都是两千石。

随着王莽地位的逐渐升高，不可避免地要触犯一些人的利益，不知不觉间，他已经成为了一些人的打击目标。刘氏皇族是不会甘心让权力一点点儿地被蚕食掉的。事情非常清楚，两大家族势力不能共存。如果王氏家族有泰山那样的安稳，则刘氏家族就有累卵那样的危险。实际上，已经有人私下里采取行动了。

居摄元年（公元6年）四月，汉景帝的第八代孙、安众侯刘崇叫来自己的亲信、封国丞相张绍，气愤难平地说："王莽专权，早晚危及汉室江山。天下有很多非议他的人，却没人敢于伸张正义，这是宗室的耻辱啊。"

"侯爷的意思是？"

"我要率领宗族起事，海内必定响应。你愿意支持我吗？"

"绝无二心。"

刘崇和张绍一拍即合，率兵一百余人，开始就近进攻宛城，这次行动堪称一场豪赌，能得到响应还则罢了，若是得不到响应，一百余人的兵力，跟朝廷大军对抗，无疑是以卵击石。并没有出现奇迹，起义军不出预料地遭遇了一场惨败，甚至连一座城池都没攻下，刘崇就被杀了。

刘崇的远房伯父刘嘉和张绍的堂弟张竦知道此事非同小可，为了不受连累，赶紧前往朝廷自首。张竦为了表忠心，特地上了一份奏章，对刘崇进行了声讨，称其不但自取灭亡，还连累了年迈的母亲和年幼的儿女，实在是荒谬绝伦。为了彻底跟反贼划清界限，建议将刘崇的宫室挖成污水池，也就是"凶虚"；在祭土神社四周砌上围墙，上下加以覆盖，让其不再灵验。

王莽看到奏章之后很是高兴，在他看来，对这些叛徒怎么惩戒都不为过，于是启奏王太后，赐封刘嘉为师礼侯，赐封刘嘉的七个儿子为关内侯，又赐封张竦为淑德侯。又封南阳吏民有功者百余人。不久，长安城的街头多了一首讽刺歌谣——"欲求封，过张伯松。力战斗，不如巧如奏。"

得到封赏和认可之后，刘嘉越发有了干劲儿，亲自践行张竦之前的提议，带着宗族兄弟，背着箩筐，扛着锸锹，浩浩荡荡地来到刘崇位于南阳郡的宫室，仿佛替天行道，声讨逆贼一般。大家撸胳膊挽袖子，风风火火地干了起来，很快将宫室拆除干净，留下一片光秃秃的空地。之后，一鼓作气将其挖成了污水池，弄得臭不可闻。刘嘉还嫌不够，又将刘崇的祭土神社拆了个乱七八糟，把祭祀用品赏赐给了各诸侯王，作为永远的鉴戒。

刘崇的叛乱尽管虎头蛇尾，却在王莽心头留了难以消退的阴影。王莽细细咀嚼此事，觉得喜忧参半。喜的是这场叛乱验证了人心，证明自己仍能得到朝廷内外的普遍支持，"得道者多助，失道者寡助。寡助之至，亲戚畔之；多助之至，天下顺之。"天下人纷纷站在自己一边，连亲戚都主动攻击刘崇一行，可见人心的向背。忧的是此事显示出一个不好的预兆，即刘氏皇族已经对他产生了猜疑，绝对不可掉以轻心。

事情往往有两面性。不久，大臣们纷纷上奏说，刘崇等人胆敢造反，是因为安汉公权势太轻的缘故。

于是，新一轮的封赏又开始了。五月甲辰，王太后下达了新的诏令，王莽在朝见她时也可自称"假皇帝"。十月份，丙辰朔，太阳被"天狗"硬生生啃掉了半个，分明不是什么好兆头，但大臣们已经被对王莽的崇拜冲混了头，哪还顾得上那些，又一起上书，请求增加安汉公的家吏、卫士、虎贲勇士等下属数百人。称安汉公的官署为摄省，官衙为摄殿，宅第为摄宫，好似又建了一座小皇宫。

王莽不愿独享荣光，也禀明王太后，下诏表彰了太保王舜、大司空甄丰、轻车将军甄邯、步兵将军孙建等一干重臣的功绩。于是，赐封侯爵，加赐封邑，整个集团开始分享利益的"大蛋糕"了。只有王太后和刘氏皇族没得到好处，王太后的权力还在继续被"架空"，仿佛要跟刘氏皇族一起堆放到仓库里了。

这一年，早前被王莽降伏的西羌出事了。

西羌出了两个野心勃勃的新领袖——庞恬、傅幡，这两个人彪悍好斗，擅长谋略，野心勃勃，不甘心受汉朝的气。一致认为上一代的领袖太窝囊，对拱手让出丰饶土地，自居高山险阻处耿耿于怀，一心想要夺回水草丰美的环青海湖地区，让自己和族人好好过上几天丰衣足食的舒坦日子。

居摄元年（公元6年），经过一番精心筹划之后，庞恬、傅幡集合起族人起兵造反，开始举兵攻打西海郡。此时的西海郡虽然热闹了一些，但毕竟远在边陲，地广人稀，兵力有限，加上平时战备松懈，军纪松散，竟被打了个措手不及。西海郡太守程永很快抵挡不住，弃城而去，落荒而逃。

程永失魂落魄地来到京师，向王莽汇报了情况。王莽听说自西海郡竟再次被西羌占领，不禁勃然大怒，心想，此人就是个酒囊饭袋，根本无法给朝廷分忧，只会给大汉朝增加耻辱，留着他有何用处？于是，立即下令处死了程永，给那些贪生怕死的官员个警告。

之后，王莽派遣护羌校尉窦况带兵攻打叛军，兵强马壮的官军在西海郡与羌人展开了鏖战，双方你来我往，互有胜负，第二年春天，终于成功赶走了羌人。大军凯旋归来，受到夹道欢迎，王莽心情大好，将窦况封为"震羌侯"。不过，此次收复并未能一劳永逸。后来，神州大地烽烟四起，羌人乘机夺回了环湖地区，西海郡随之废弃。当然，这都是后话了。

第十三章　一次大考验

"卧榻之侧，岂容他人鼾睡？"随着权势的此消彼长，自己和刘氏皇族的矛盾必将愈加尖锐，王莽对此心知肚明。毕竟这大好江山是人家流血流汗打下来的。因此，他一边秘密筹划着禅位登基，一边时刻留意着刘氏皇族的动向，凡事小心拿捏，不敢有一点儿粗心大意，其中不乏审慎的试探。没想到的是，接下来给他带来大麻烦的，并不是刘氏皇族，却是一位前朝大臣的后代，他就是前丞相翟方进的小儿子翟义。

翟义性格耿直刚毅，与父兄以名儒入仕不同。他从小不太喜好学问，少年时凭借父荫，任以为郎，年二十出任南阳都尉，一度"坐法免"，之后历任弘农太守、河内太守、青州牧，此时正担任东郡太守。翟方进当年"用法刻深，好任势立威"，翟义"有父风烈"，刑罚残酷，威震一方，百姓们闻风丧胆，不敢轻易触犯。东郡是个大郡，翟义的官位虽然不能跟王莽比，但也不容小觑，是所谓的"土皇帝""地头蛇"。

翟家和王家其实早就有"梁子"，翟方进当年在朝中树敌无数，跟淳于长相交甚厚，与王莽的叔父们水火不容。翟义本人也跟曲阳侯王根"芥蒂颇深"。再加上王莽当政后，重用儒生，对翟义颇为冷淡，更让一向自视甚高的翟义增添了几分怨恨。尽管王莽此时政绩突出，深得民心，但是在翟义看来，王莽徒有虚名，危险至极，大汉王朝早晚葬送在他手里。作为名臣之后，翟义自认为有保护汉室江山的义务，他一心想做大事，但是孤掌难鸣，谁能跟他一起干呢？他将目光落在了蔡人陈丰身上。陈丰是翟义的外甥，当时只有十八岁，体格魁伟，性情豪放。翟义所以相中了这个少年郎，估计是看中了他适宜于带兵打仗，冲锋陷阵。至于运筹帷幄，决胜千里之外，他认为自己就足以担当。

居摄二年（公元7年）八月份的一天，翟义将陈丰叫了过来，一起饮酒畅谈，虽然是两辈人，但是一向没什么隔阂。酒过三巡，翟义放下酒杯，转向了正题。

"丰儿，你怎么看当今的世道？"

"我看王莽老贼没安好心。"

"王莽摄天子位，号令天下。立幼子为皇太子，仿周公辅佐成王故事，以此试探天下人心，不久就要取而代之。"翟义叹息着说，"现在宗室衰弱，外无强藩，王莽一旦发难，恐怕无人可以阻挡啊。"

陈丰一向很佩服舅舅。如今舅舅跟自己谈这种国家大事，心中十分感动，不由得使劲儿点了点头。

见外甥少年老成，而且认同自己的观点，翟义越发大喜，接着说道："我乃前丞相之子，如今身为大郡太守，父子都受汉朝的厚恩。实不相瞒，我想要为国讨贼，以安社稷。诛不当摄者，选宗室子孙辅而立之。即使不成功，为国而死，身虽埋葬，名却长存，也可无愧于先帝了。陈丰啊，你愿意跟我一起起事吗？"

"我愿意，舅舅。"

"好，那就这么定了。"

翟义有了陈丰这个得力助手，心里稍稍踏实了些。他又与都尉刘宇、严信侯刘信、武平侯刘璜合谋，将身处长安、善于带兵打仗的东郡人王孙庆挟持了过来，作为军师。九月份，到了总试骑士的日子。沙场上集结了一大群的骑兵、弓箭手。在东郡太守翟义的鼓动下，爆发了一场轰轰烈烈的大暴动。士兵们挥舞着武器，冲进了观县县衙，斩杀了观县县令，帮助翟义控制了地方部队，取得了初步的胜利。翟义有了人才，有了部队，信心剧增，开始大张旗鼓地招兵买马，准备大干一场。

翟义知道想要击败王莽，首要任务是聚拢人心，毕竟官军数量庞大，只有聚拢了人心，吸引更多的人加入起义，才有机会跟官军对抗。如何聚拢人心呢？那就必须推举出一个更有号召力的首领才行。而最适合做首领的当然是刘氏皇族，毕竟王莽蚕食的是刘氏皇族的江山。于是，翟义将严乡侯刘信推到了前台，正式将其拥立为皇帝，自号为大司马、柱天大将军，又任命苏隆为丞相，皋丹为御史大夫。"麻雀虽小五脏俱全"，一个小朝廷就此诞生。

刘信是东平思王刘宇之孙，东平炀王刘云之子。刘宇当年骄淫无道，曾因与奸猾和不孝之罪而受到朝廷惩处。东平炀王刘云也不安分，哀帝时，犯下诅咒皇帝的过失，最后自杀身死，王后谒也弃尸街头。哀帝念在其是皇亲的面子上，留下家中的根苗——刘信。建平二年（公元前5年），刘信在父亲的封地上封为严乡侯。两年后，因为父亲大逆不道而除爵，整整做了六年的平头百姓，到了元始元年（公元1年）才恢复爵位。可以说刘氏皇族这一支早有叛逆的基因，作恶的种子。这个王位能传到刘信手里，已属万幸。

选立完了皇帝，建立了小朝廷之后，翟义将手里的军队和东平国的防卫部队合并在了一起，规模已然不小，翟义看着整齐的队伍，雄壮的士兵，心里很是振奋，觉得大有可为。为了进一步扩大声势，争取更多的支持，又派人用檄书通报各郡、各封国，声称："莽鸩杀孝平皇帝，摄天子位，欲绝汉室。今天子已立，共行天罚！"

这才有了王莽毒杀汉平帝之说，翟义是始作俑者。

这次起义声势浩大，与刘崇那次不可同日而语。各郡国接到檄书大为震动。王莽的确拥有巨大影响力，但是并没能解决积存已久的诸多问题，吃不上饭的大有人在。加上一部分百姓受到谣言的鼓惑，真的相信王莽犯了弑君重罪，有夺取汉室江山的野心，所以加入者数量颇多。大军快速前进，不断扩张，像一只越爬越快、越吃越肥的巨虫，抵达山阳郡时已达到十余万人。

眼看着队伍日渐庞大，翟义心中愈加畅快。在他看来，父亲死的太冤枉，自己的才华始终没得到施展。如今，一直压抑心头的怨气终于释放了出来。他一边剑指长安，一边得意扬扬地想："汉朝的皇帝逼死了丞相翟方进，如今翟方进的后代却要挽救汉朝的江山，现在就让世人看看，翟家又出了怎样的大英雄！"

东郡和山阳郡是当时最主要的两个农业区，交通便利，豪族云集，长安对其相当依赖。听说东郡太守起兵造反，率领十万大军一路打到了山阳郡，长安人都大吃了一惊。十万人可不是个小数字，当时，整个西汉王朝不过四千三百万人；高祖打败了秦军，战胜了项羽，不过率领十余万人，翟义率领的人马与之数目相当，怎可等闲视之？

王莽无限扩大的权势，让王太后窝了一肚子火。但是自己年老体衰，权力架空，只能任其折腾。如今听闻起义军规模如此庞大，且已逼近长安，仿佛借助别人的力量替自己报了仇，心里很久没这么畅快了，忍不住冷笑着对身边的侍从感叹道："人心是能够相互感应的，我虽是个妇人，也知道王莽会感到恐惧呀。"

王莽的确感到了恐惧。眼看就要大兵压境，他惶惶然不可终日，忧愁得连饭都吃不下了。他任命轻车将军、乘务侯孙建为奋武将军；任命光禄勋、成都侯王邑为虎牙将军；任命明义侯王骏为强弩将军；任命春王城门校尉王况为震威将军；任命宗伯、忠孝侯刘宏为奋冲将军；任命中少府、建威侯王昌为中坚将军；任命中郎将、震羌将军窦况为奋威将军。七位将军率领关东精锐部队和各郡国的部队向起义军发起猛攻。又任命太仆武让为积弩将军，驻防函谷关；将作大匠、蒙乡侯逯并为横懋将军，驻防武关；羲和、红休侯刘秀为扬武将军，驻驻防宛城。这样的排兵布阵可谓攻守兼备，固若金汤。

不久，趁火打劫的出现了。茂陵以西的二十三个县，一直被王莽用严刑峻法压制。如今，朝廷将精兵良都调走了，盗贼就像逃出牢笼的困兽一样蜂拥而出。槐里县（今陕西兴平）男子赵明、霍鸿等人自称为将军，攻击官府，焚烧衙门，斩杀右辅都尉和县令，还叫嚣说朝廷的精锐部队都调到东方去了，现在京城空虚，可以乘机进攻长安，说不定还能弄个皇帝当，就是当不了皇帝，封侯拜相也不错，不能封侯拜相，抢些金银珠宝也值得。群众受到了煽动，纷纷加入了造反的行列。而且人数日渐增多，甚至占到了三辅人口的一半。

据说这些人的祖先，很多都是被强制移民此地的诸侯，早就对朝廷心存不满了，里面可能还夹杂着些曾经作奸犯科的坏人。这群人几乎没有任何纪律性，完全是盗贼作风，烧杀抢掠，无恶不作。一些百姓担心蒙受损失，干脆同流合污；还有些人本来就走投无路，这下倒找到了吃饭的门路。这只杂牌军就像一股凶猛的浊流，逐渐泛滥开来，侵占的面积越来越大。甚至在未央宫前殿，都能看到暴乱引发的火光了。

王莽就像只受到惊吓的公鸡一样，将翅膀和羽毛都竖了起来。为了尽快平乱，又任命卫尉王级为虎贲将军；任命大鸿胪、望乡侯阎迁为折冲将军，向西攻击赵朋等匪徒；任命常乡侯王恽为车骑将军，驻防平乐馆；骑都尉王晏为建威将军，驻防城北；城门校尉赵恢为城门将军；各自统率军队，严阵以待，进入戒备状态。任命承阳侯甄邯为大将军，统领全国的军队。甄邯在高帝庙拜受了代表军权的斧钺，左手持节，右手拿着斧钺，将大军驻扎在长安城外，用以震慑敌军，安抚百姓。王莽对王太后孝顺如故，为了防止宫廷内部发生暴乱，惊吓到王太后，派遣王舜和甄丰率兵昼夜在宫殿中巡逻。

与此同时，王莽打起了宣传战。他每天都抱着孺子刘婴到郊外的祭坛和宗庙祷告，一同前往的还有朝廷大臣们。他仿照《周书·大诰》，写了篇策书，当众大声宣读。强调自己之所以居摄是"奉社稷之任，持大宗之重，养六尺之托，受天下之寄"，将自己比作周公，将翟义刘信起义比作当年管叔和蔡叔串通武庚犯上作乱，危及幼主。

"连古代的圣人都害怕这种事情，何况我王莽这样渺小的人呢！"他悲凉地呼喊道。

"不遇到这样的变故，就不能彰显您的品格！不遭受这次大难，就不能展示您的圣德！"大臣们一起高呼。

十月甲子日，王莽发动了新一轮的宣传攻势，并且加大了宣传力度，他挥舞着手中的策书，当众告诉大臣们，他居摄践祚，既是出于"白石丹书"呈现的天意，更是为了防备外戚、弄臣再次危害国家，"毒杀平帝说"乃是造谣污蔑，还声称在京的四百名宗室成员和九万名贤者都站在自己一边，他征讨翟义乃是为孺子婴除乱，并非为了自己，又派遣谏大夫桓谭等人将策书传布全国。

军事上的猛烈攻击和宣传上的有效展开，加上民众们多年积攒的信任基础，还因为起义军自身的决策错误，终于让官军取得了决定性的胜利。在陈留以西展开的大会战中，官军成功斩杀了武平侯刘璜。就此，起义军逐渐陷入了被动。

王莽乘胜追击，下令将刘信留在长安的儿子刘章、刘鲔，翟义的母亲练氏、兄长翟宣等二十四人全部逮捕，并施以极刑，暴尸于长安市衢。行刑这一天，天气晴朗美好，王莽认为乃是即将剿灭反贼的吉兆，乘机公布了刘信之父、故东平王刘云毒杀亲父，翟方进父子杀害数十汝南同乡的丑闻，又特派使者携带金印赤绶和朱轮车，赶往前线劳军。就在军中，将车骑都尉孙贤等五十五人封为了列侯，并且大赦天下。

于是乎，将士们深受鼓舞，一个个摩拳擦掌。王邑率领精锐部队将叛军包围在了圉城，并成功攻克了城池，翟义、刘信弃军逃走，官军没能捉到刘信，但是在固始县界内捉到了翟义，并施以最残酷的磔刑——也就是车裂。派到前线做督军的司威陈崇观看了行刑的全过程，特地给王莽献上一篇歌功颂德的奏章，吹捧说诏书刚开始撰写，反贼就彻底失败；制书刚下达，反贼已全部消灭。将领们还没使出全身力气，他还没来得及献上愚见，胜负就已确定。言下之意，这场大胜全依仗王莽承受天命，指挥高明。

王莽读过之后，自然十分欣喜。

战斗一直持续到了居摄三年（公元8年）的春季。王邑等人率军凯旋，王莽又派遣他们与王级、王奇等部会合，乘胜攻打赵明、霍鸿率领的杂牌军。官军刚刚打败了翟义十多万的军队，信心格外高涨。士兵们一路高歌猛进，势如破竹，到了二月份，西部诸县已全部平定。

血腥疯狂的惩罚和报复开始了。王莽下令夷了翟氏的三族，连幼儿都不放过。将乱七八糟的尸体扔进一个大坑，混杂荆棘五毒之物一起埋葬，仿佛尸体还会感觉到痛楚似的。又依照前例,将翟府拆毁并改造成了臭气熏天的污水池,将翟氏先祖在汝南的坟墓全部挖开并焚棺戮尸——前丞相翟方进养子不教,自然也不能幸免。

几个主要罪犯甚至连埋葬的待遇都没有。王莽下令在濮阳、无盐、圉城、槐里、周至的大道边筑起五个高高的土台,各方六丈,将罪犯的尸体分别堆积在上面,旁边竖起一块高一丈六尺的木牌,上面写着"反虏,逆贼,男鲸,女鲵"的字样,以示警戒。路过的百姓们一开始还过来看看,后来天气渐热,臭气熏天,则避之唯恐不及。至于小孩子们,则根本不敢靠近。

"水则载舟,水则覆舟"。王莽之所以能用数月时间消灭十多万的叛军,还是因为仍拥有普遍的支持。说到底,决定天下归属的乃是人心的向背。王莽曾经取得了民心,所以得到了天下,等到他失去民心时,天下也就不是他的了。

第十四章　皇位在招手

在扫平了翟义、刘信率领的起义军之后，王莽心中的喜悦之情难以言表，他特地在白虎殿举行庆功酒宴，慰劳和赏赐了诸位凯旋归来的将帅们。诏令陈崇查看军功，审定封赏的高低等级。依照周朝的制度，将爵位分成公、侯、伯、子、男五等，并加以封赏。封地则分为四等，几百名本应赐封关内侯的，将爵位名称改为"附城"。其中包括之前平叛蛮夷的功臣，攻打翟义的用"虏"字做称号；攻打槐里县的用"武"字做称号；攻打西海郡的用"羌"字做称号。

别人都有了封赏，怎么能落下功劳最大的王莽呢？在一片喜庆祥和之中，王太后又依照大臣们的上书，赐封了王莽的子孙。此时，王莽在朝廷内外的威望达到了顶点，朝臣们歌功颂德，争相吹捧，这些赞美之词听上去虽然悦耳，但是如果处理不当，却是有腐蚀性的。在这样成年累月的夸赞下，王莽盲目迂腐的一面开始有所展现。真的将自己当作了拯救天下的"福星"，黎民百姓的希望。加上战胜叛军带来的强大自信，得到天意人心的强烈暗示，以及大汉王朝气数已尽的种种流言，称帝的想法就这样诞生了。

接下来，发生了一系列的咄咄怪事，这些怪事表面上呈现的是天意，实际上体现的却是"人心"——朝臣们的"心"、百姓们的"心"，恐怕也有王莽自己的"心"：居摄三年（公元8年），齐郡毫无征兆地冒出了一口新井，接着又在巴郡发现了一头石牛，不久，扶风雍县出现了一块仙石。这些东西都叫作符命，跟之前的白石头是一类东西，预兆着一件惊天动地的大事即将发生。

这件大事其实早就可以看出苗头。翟义已经被车裂了,尸骨残缺不全,且不知去向。可是,翟义并不是傻瓜,他看出了西汉王朝面临的"巨大危机",他代表了一批先知先觉者和耳清目明者,早已看出王莽代汉自立乃是大势所趋。这批人又分出三种:一种人知道"天命难违",选择了支持迎合;一种人不愿招惹是非,悄然隐退;还有一种,就像翟义,完全否认以带字白石为开端的种种符命,决心为了维护汉室江山抗争到底,甚至不惜付出生命。

在时间上判断,翟义起义于居摄二年(公元7年),王莽登基于初始元年(公元9年),中间只间隔短短两年的时间。如果说,王莽是在群众们的拥护下登上的帝位,那么,翟义代表的则是阻挡这一趋势的力量。这两年表面上安静祥和,实际上却暗流涌动。回望历史,每一次朝代更迭都会经历激烈的震荡,甚至是战火的洗礼,这次改朝换代却罕见地风平浪静,以至于再没发生过大规模的流血事件。如果没有民意的支持,这几乎是不可能。依照儒家的说法,尧禅让给了舜,舜禅让给了禹,法家却提出了不同的意见,认为舜和禹勾结党羽,篡夺了帝位。因此尧和舜的关系也成了一大历史悬案。如此说来,王莽的代汉立新算得上有史以来第一次毫无争议的"禅让"了。

实际上,所谓的"禅国让贤论"早就出现了。早汉昭帝元凤三年(公元前78年),大臣眭弘就曾提出,汉家是尧帝的后代,有传国给他姓的运势,皇帝应该普告天下,征求贤能的人,把帝位禅让出去,自己退位封得百里之地,就像殷周二王的后代那样,以此顺从天命。之后的刘向和谷永等大臣也在劝谏皇帝的上书中,有过这类敏感的言辞。尽管眭弘因为"妖言惑众,大逆不道"之罪被处死,尽管有些大臣的话可以看成是善意的警告,但还是能看出当时已经存在这样的思想基础。而随着西汉王朝的日渐腐化没落,这种思潮必然变得愈加猛烈,以至终于在特定的历史背景下,在种种条件成熟后,兑现为了现实。

后来,王莽横空出世,正好弥补了这个空缺。王莽的代汉自立绝不是一朝一夕的事情,而是一个潜移默化的过程,是通过数十年的积累来实现的。

外在的表现是声誉和地位的逐渐升高，以及支持者的日渐增多。内在的原因则是西汉王朝不断的腐朽堕落，以至于无药可医。整个社会都在呼唤一个符合理想的"圣人"来拯救那个可怕的不断没落下去的乱世，开创一个完美富足的清平世界。

需要指出的是，那是个尚未科学尚未开化的年代，迷信思想不断垄断了百姓的大脑，还成了官方哲学，王莽也摆脱不了时代的局限性，某种程度上，他跟当时的绝大部分人一样的愚昧，无知，轻信。将星辰变化当作天命的预兆，将气候变迁当作是神秘的垂示，将自然现象当作危险的警告。他可能也是对那些从天而降的符命深信不疑的。

然而，就当王莽在民意的簇拥下，在符命图谶的鼓舞下，在澎湃野心的撺掇下，紧锣密鼓地筹划那件"大事"之时。居摄三年（公元8年）九月，一个坏消息突然传来——王莽的母亲功显君病逝了。

功显君的去世处于一个相当微妙的时期。接下来，一个重要问题出现了，王莽应当以什么样的身份参加葬礼呢？按照当时的规定，一旦父母亡故，就要解除官职，谢绝应酬，在家守丧三年。而此时的王莽身份相当特殊，他是摄政的"假皇帝"，而且即将成为"真皇帝"。

解决这个问题必须群策群力才行，王莽请求王太后让大臣们讨论他的丧服事宜。于是，以少阿、羲和刘歆为首的七十八个儒生展开了热烈研讨。一番热火朝天的讨论之后，这个问题迎刃而解。刘歆拟出了一篇关系重大的奏章，这篇奏章如今被命名为《功显君丧服议》。奏章中写道：

居摄之义，所以统立天功，兴崇帝道，成就法度，安辑海内也。昔殷成汤既没，而太子蚤夭，其子太甲幼少不明，伊尹放诸桐宫而居摄，以兴殷道。周武王既没，周道未成，成王幼少，周公屏成王而居摄，以成周道。是以殷有翼翼之化，周有刑错之功。今太皇太后比遭家之不造，委任安汉公宰尹群僚，衡平天下。遭孺子幼少，未能共上下，皇天降瑞，出丹石之符，是以太皇太后则天明命，诏安汉公居摄践祚，将以成圣之业，与唐虞三代比隆也。摄皇帝遂开秘府，会群儒，制礼作乐，卒定庶官，茂成天功。圣心周悉，卓尔独见，发得周礼，以明因监，则天稽古，而损益焉，犹仲尼之闻《韶》，日月之不可阶，非圣哲之至，孰能若兹！纲纪咸张，成在一匮，此其所以保佑圣汉，安靖元元之效也。今功显君薨，《礼》："庶子为后，为其母缌。"《传》曰："与尊者为体，不敢服其私亲也。"摄皇帝以圣德承皇天之命，受太后之诏居摄践阼，奉汉大宗之后，上有天地社稷之重，下有元元万机之忧，不得顾其私亲。故太皇太后建厥元孙，俾侯新都，为哀侯后。明摄皇帝与尊者为体，承宗庙之祭，奉共养太皇太后，不得顾其私亲也。《周礼》曰："王为诸侯缌"，"弁而加环"，同姓则麻，异姓则葛。摄皇帝当为功显君缌，弁而加麻环，如天子吊诸侯服，以应圣制。

依照刘歆的逻辑，虽然刘、王异姓，但是刘姓来自尧，王姓来自于舜，而尧舜同祖黄帝，所以是一家。哀帝曾一度易号为"陈圣刘太平皇帝"，将尧舜都认作先祖，就是最好得证据。既然刘、王是一家。居摄践阼的王莽乃是"奉汉大宗之后"，在身份上相当于哀帝的后嗣，也就跟汉室宗亲成为了一体。他的责任是主持宗庙的祭礼，供奉赡养王太后，也就是扮演皇帝的角色，自然"不得顾其私亲"，也就不能为生母穿丧服了。虽然没有明说，但是以此推导，王莽代汉自立也就成了家庭内部的继承关系，没有了"篡位"之说了。虽然略显牵强，但是刘歆的"新学说"已经冥冥中为王莽荣登大宝打通了最后的理论关卡。

如此重大的事情，不可能不给王莽带来压力。虽然有各种各样的符命作为证明，但是作为一个臣子，将帝王推下御座，自己取而代之，绝非一般小事。从小深受儒家思想熏陶的王莽感觉自己好像站在一个陡峭的羊肠小道上，皇帝的御座就在山巅，而下面是万丈的悬崖和火红的岩浆，稍有不慎，就会坠下悬崖，被岩浆吞没。从个人的角度讲，他向来有建立儒家理想国的梦想，想要成就这一梦想，就需要有相应的权力。自然没有比成为皇帝更好的安排了，然而，这个皇位真能坐稳吗？会不会被当作"篡国贼"遗臭万年呢？王莽不能不用心揣摩。直到研读过刘歆的"新成果"后，王莽惴惴不安的心终于平静了下来。

"没错，这是说得通的。那些代表天意的符命不会凭空出现。"他满脸通红地嘀咕道，"我跟刘氏皇族是一家人，自然有权力继承帝位。"

王莽拿定了主意，穿上天子吊唁诸侯时穿的缌麻服，冠帽上面加上用麻环绕而成的孝带，前去参加了母亲的葬礼。站在母亲的灵堂之上，他眼含热泪，嘴角哆嗦，差点儿失去了摄皇帝该有的仪态。回想着跟母亲一起走过的艰辛岁月，不由得悲从心起，控制不住心中的悲痛，率领子孙们一起跪倒在地，失声痛哭了起来。王公大臣们们无不跟着拭泪。之后，王莽以天子吊唁诸侯的规范，"一吊两会"。新都侯王宗则作为宗主，要穿三年的丧服。王莽又下令全国停止娱乐活动为母亲致哀。

通过这场葬礼，已经明显地昭示出王莽身份的变化，也难怪班固怀疑王莽"意不在哀"了。这场葬礼的时间点太特殊了，政治色彩实在是太浓厚了，意味太深长了。从王莽平时的为人，以及以往对母亲的孝顺来看，王莽对母亲的逝世肯定是伤心的，但是他又放不下那件"大事"，所以心中肯定五味杂陈，格外烦乱不堪。

火上浇油的是，葬礼过后不久，又出了一档事。陈崇告诉了王莽一件秘闻，王光曾私下让窦况帮忙杀掉一个仇家，窦况惧怕王家的权势，已经拘禁并处死了那个人。这不是利用特权草菅人命吗？恐怕其中还利用了王莽的影响力。王莽听罢，勃然大怒，立即命人将王光叫了过来。

王光知道自己遇到了大麻烦，他涕泗横流地承认了罪行，讲述了事情的前因后果，然后跪在地上大声求饶，求王莽看在他父亲的面子上，放过他这一次。王莽沉默了半晌，神情黯淡地挥了挥手，让王光先回去了。王光连滚带爬地回到家中，暗地里长舒了一口气，以为自己侥幸躲过了一劫。

"儿啊，你太幼稚了。"王莽的寡嫂得知了此事，颤声说道。

"母亲，叔叔放我回来，您不高兴吗？"

"我问你，你跟王宇、王获相比如何？谁跟你叔叔关系更近些？"

"当然是王宇、王获。"

"你想想看，他对亲生儿子都毫不留情呢，怎么可能放过你呢？你把事情想得太简单了呀。"

王光回想了下刚才的一幕，再想想王莽平时的性格，觉得母亲说得对。自己根本不该心存幻想。叔叔让他回来，无非是想让他死得体面点儿。叔叔之前对他们母子照顾有加，是因为道义，如今对他冷酷无情，也是因为道义。在叔叔心里，道义才是最重要的，才是唯一的考量啊。就像母亲说的，叔叔对两个儿子都毫不留情，怎么可能对他网开一面呢？想到这里，王光发出一阵刺耳的怪笑。不久，就跟母亲一同自杀了。窦况牵扯其中，自然也不能幸免。

王莽处理完了这件棘手的家事之后，又开始推进那件大事了。毕竟，天命是不可违背的。但是，这样的大事一定要按部就班，不可急躁。

十一月甲子日，王莽向王太后上了一道奏章，提到就在几个月前，齐郡临淄县昌兴亭亭长辛当梦见一个金碧辉煌的神人，神人自称天使，乃是奉天帝之命前来拜访。他告诉亭长辛当：摄皇帝应当成为真皇帝。为了证明所言非虚，特意指出，亭驿里将会出现一口新井。亭长早晨起来，真的在亭中看到一眼新井。新井深入地下将近一百尺，井水清澈甘冽。水井是无法搬动的，但是石牛和雍石可以。壬子日，巴郡的石牛运到；戊午日，扶风郡的雍石运到。全都放置在了未央宫的前殿。气氛顿时变得紧张凝重起来。那些神秘的符命代表着天意，甚至可能来自天上，所有人走过时，都不由得心含敬畏。同时又为其中蕴含的深意感到恐惧。

王太后一直没有表态。然而，人人都感觉到，那沉默中夹杂着怒气。王莽表现得很有耐心，仍旧按时给王太后请安，动作谦恭有礼，语言和缓温柔，就像王太后膝头的猫一样。王莽不想过度刺激王太后，有些话不便直接讲，就采用奏章的方式娓娓道来。他在奏章中描述说，这些神奇之物运到时，他和太保、安阳侯王舜等大臣前往观看，突然间，狂风大作，飞沙走石，天昏地暗，等到云散风止，石头前面出现铜制的符信和神秘的文字，文字乃是："天告帝符，献者封侯。承天命，用神令。"骑都尉崔发等人当时都在场，都亲眼目睹了这一神秘景象，而且能解释出文字的意思。

他还说，哀帝在建平二年（公元前5年）六月甲子日曾改年号为太初元将元年。"元将元年"其实就是大将居位摄政改元的预兆。甘忠可和夏贺良相关的谶书都收藏在兰台，现在还可以查到。连王莽、刘向、刘歆、扬雄这样的精英都对符命深信不疑，怎么可能要求王太后独自超越时代，保持清醒呢？那些代表天意的符命就放在未央宫中，触手可及。王太后尽管半信半疑，也只能牙掉了往肚子里咽了。王莽就这样在支持者的拥护下，以符命做武器，不断靠近着目标，逼迫王太后接受那个可怕的"天命"。

其间，只出过一个小变故。警卫期门郎张充等六人策划谋反，想要劫持王莽，拥立汉宣帝另一个曾孙楚王刘纡做皇帝，被发觉后，全部被处死。但是，这到底难以扭转大局。所有认为，都认为一定会向上天预兆的方向发展，因为神奇的符命已经指明了一切。没有人能够扭转天意，扭转天命。现在，整个朝廷都在等待着，等待那个重要时刻的到来。可是，谁又能想到，那最重要的一击竟是由一个平民来完成的呢？

一个夕阳西下的黄昏，烈日的余晖即将燃尽，红光照亮了半个天空，正在跟黑暗进行最后的角力。一个名叫哀章的年轻人信步来到了高帝庙。他的样子有些猥琐，有些狡黠，还有些胆大妄为。身上的黄衫很是破旧，但是精心浆洗过，显然对这次拜访相当重视。哀章小心翼翼地将一个铜匮交到了值班的仆射手里。仆射好奇地翻看着铜匮，又接过哀章递过来的两本图卷。只见一本上面写着"天帝行玺金匮图"，一本上面写着"赤帝行玺某传予黄帝金策书"。

"我无意中发现这个宝贝，觉得非同寻常，所以特意拿给大人。"哀章鬼鬼祟祟地说，"希望能尽快转交给朝廷。"

"这两行字是什么意思呢？"

"某应该指的就是高祖刘邦吧？"哀章贼眉鼠眼地笑了笑，"赤帝当然指的也是高祖，至于黄帝……"

第十四章 皇位在招手

已经不需要哀章明说了，文书里面的文字更浅显直接，连小孩子都能看得懂：王莽乃是真皇帝，王太后应该遵从天命，将汉朝的江山交给王莽。还写有八位辅助大臣的名字王舜、平晏、刘歆、甄邯、王寻、王邑、甄丰、孙建，加上两个陌生的名字——王兴和王盛，后面还有哀章自己的名字，一共十一个人。都写明了新的爵位和官职——他们都是上天选定的人才，跟王莽一样背负着天命。

其实，哀章不过是个在太学读书的穷学生罢了。来自四川梓潼，一向品行不好，喜欢自吹自擂。他书读得不怎么样，却有着一定的政治敏感性。前一阵儿，齐郡新井和巴郡石牛的事传得沸沸扬扬，各种谶书符命方兴未艾。这家伙觉得是个机会，就决定铤而走险，投机一下。于是精心制作了铜匮、图卷和策书，至于王兴和王盛，不过是杜撰的人名罢了。"兴"和"盛"，取个吉祥的意向。

"好，好，好……我明白了……"仆射感觉那些东西好像烫手似的，赶紧呈报了上去。

官员们层层呈报，终于送到了王莽的手里。王莽捧起铜匮仔细看了看，又翻阅了下图卷和策书，不禁仰天长叹，老泪纵横。在他看来，事情已经确凿无疑了，他就是那个上天寄予厚望的人，他就是天选之子。大臣们得知这个消息，更是欢呼雀跃，纷纷怂恿说："天意不可违，不能再拖下去了，否则上天会失望的。"

戊辰日，王莽终于下定了决心。他来到了高帝祠庙，正式拜受了金匮。仪式完毕后，他头戴皇冠，身穿皇袍，觐见了王太后。王莽之前跟姑母见过无数次，这却是最特殊的一次，因为它意味着皇权的更替。王太后接待王莽时是怎样的态度呢？《资治通鉴》这样描述道："莽将即真，先奉诸符瑞以白太后，太后大惊。"

王太后的"大惊"恐怕有几分表演的成分。尽管年事已高，但王太后还没到头脑昏聩的程度。王莽准备登基做皇帝，这是何等大事？连身在外地的翟义都看出了苗头，王太后身处在政治核心，不可能毫无察觉。再说，王莽

· 153 ·

不是还将那些符命运到了未央宫吗？还有那一道道说明天意的奏章，更是再清楚不过了。所以，王太后肯定早有心理准备，至多是没想到事情的进展会如此迅速罢了。

作为西汉王朝的最后一任"当家人"，王太后的处境相当微妙。一方面，符命说西汉王朝大势已去，一方面，她又不甘心就此放弃政权。因此，这次会面很可能是相当尴尬，甚至是草草收场的，但其间的细节已经很难知晓了。告别姑母后，王莽终于长舒了一口气，最难的一部分已经过去。接下来的事情则会容易得多，他的支持者们早就安排好了。

之后，王莽回到了未央宫前殿。他表面上不动声色，但是站在他身旁的大臣们能听到他沉重的呼吸。王莽下达了一份最重要的文告，文告上说："予以不德，托于皇初祖考黄帝之后，皇始祖考虞帝之苗裔，而太皇太后之末属。皇天上帝隆显大佑，成命统序，符契图文，金匮策书，神明诏告，属予以天下兆民。赤帝汉氏高皇帝之灵，承天命，传国金策之书，予甚祗畏，敢不钦受！以戊辰直定，御王冠，即真天子位，定有天下之号曰'新'。其改正朔，易服色，变牺牲，殊徽帜，异器制。以十二月朔癸酉为建国元年正月之朔，以鸡鸣为时。服色配德上黄，牺牲应正用白，使节之旄幡皆纯黄，其署曰'新使王威节'，以承皇天上帝威命也。"

于是，大臣们山呼万岁，宛若雷鸣。全国为之震撼，称颂者数不胜数，俨然是个国家节日。人人认为这是天意的安排，只可遵从，不可违背。而且坚信王莽从此能遵从天命，将国家推出泥潭，增进百姓的福祉，建立一个符合儒家思想的完美国度。即使有少数质疑者，在这翻山倒海般的声浪下，也识相地隐藏起了真实想法。当然，最激动的还是王莽本人。他，那个贫困潦倒、寄人篱下的穷小子竟然得到了上天的垂青，有机会统领天下。这肯定是列祖列宗积攒下的福报换来的。如今，他唯一能做的就是尽心尽力、尽职尽责地做个好皇帝，不辜负上天上天的期望。

然而，王莽在激动之余，突然想到还自己有个关卡需要过——他还需要一个物件来证明皇位的合法性，这个物件就是玉玺。

第十四章 皇位在招手

"玉玺者，传国宝也。"据传，乃是秦始皇下令，用和氏璧雕刻而成，方圆四寸，雕刻五龙，正面刻有李斯所书"受命于天，既寿永昌"八个篆字。当初，汉高祖率军进入咸阳，来到了霸上，秦王子婴在轵道亭投降，送上国玺。等到诛灭了项籍，即位做了天子，汉高祖就亲自佩带这块国玺，称为"汉传国玺"，想要千秋万代地传下去。由于孺子婴是皇太子身份，所以玉玺一直在王太后身边。怎么才能得到玉玺呢？王太后肯定不会轻易交出来的，考虑到上次见到姑母时的尴尬场面，王莽想到了堂弟安阳侯王舜，王太后一向很喜欢王舜，所以王莽委托王舜率领群臣前往传达其意。

"你有何事？"王太后已经猜出了王舜一行的来意，还是没好气地问道。

"微臣来看望太后。"

"还是去服侍你的新主子吧。"王太后每一道皱纹里仿佛都蕴藏着怒气。

王舜不想再绕圈子，于是一躬到底。"陛下希望太后能交出玉玺……"

"你们这些忘恩负义的东西，"王太后实在压不住怒火，破口大骂道，"你们父子宗族，蒙汉家力，富贵累世，不但不知回报，反倒利用汉家托孤寄子之机，乘便夺取国家？"

王舜垂首而立，哪敢顶嘴。

"如此不顾恩义，连猪狗都不吃你们剩下的东西啊，天下能容得下你们兄弟吗？"王太后渐渐哽咽了起来，"王莽既然秉承金匮符命做了皇帝，变更了正朔服制，就应该另做一枚玉玺传之万世，何必还要这亡国不祥之玺？"

王太后抽抽搭搭地哭骂个不停。王舜则满脸的委屈相，就像个犯了过错，正在接受批评的小孩儿。

"我是汉家的老寡妇，早晚就要死的人了，打算跟这枚玉玺一起埋葬，你们终究是得不到的……"王太后没等说完，已经泣不成声，身边的常侍随从纷纷跟着拭泪。

王舜也早已泪湿衣襟。过了好一阵儿，这才抬起头来说："我们这些人已经无话可说，只是王莽一定要得到传国御玺，太后难道还能不给他吗？"

王太后到底是个聪明人，见王舜言辞恳切，知道事到如今，大局已定，就是不交出传国玉玺，也徒劳无益。再说，王舜满脸泪痕，看上去也着实可怜。虽则如此，王太后心中的怒气到底难以排解。干脆拿起玉玺，拼命往地上一摔，口中大骂道："等我老死后，你们兄弟都将会被灭族！"

"太后息怒……"王舜赶紧跑过去，捡起了玉玺，只见一角已经摔掉。不过，到底还是完成了任务，可以回去交差了。

王莽就这样得到了一直心心念念的玉玺。从此，他这个皇帝算是名正言顺了。他派人找来能工巧匠，用金子将缺了的一角补全，之后，特地在西南苍池的渐台上，奇花异草间，设下盛大的酒宴，安抚怒气难平的王太后。可想而知，他就是献上龙肝凤髓，王太后也不会有什么好脸色了。

不久，王莽的远房同宗，一个名叫王谏的大臣上奏说，"上天废掉汉朝而建立新室，王太后应该遵从天命，将尊号跟汉朝一道废掉，改叫新朝的尊号才是。"王莽觉得有道理，但是不知道王太后意向，于是就乘坐车马来到了东宫，亲自将这道奏章禀告给了王太后，宛如当年臣子模样。

"此言是也。"王太后放下奏章，冷冰冰地回应道。

"这是个悖逆之臣，罪当诛杀！"王莽看出王太后脸色不妙，急忙大声痛斥。

又过了段时间，一个名叫张永的人前来呈献符命。是个璧形的铜片，写着王太后应当改称为"新室文母太皇太后"。张永显然比王谏聪明。王太后在人间的地位高贵至极，无人可以指手画脚。然而，上天的意思却没人胆敢违抗，包括王太后。王莽下令用毒酒杀死了王谏，封张永为贡符子。歌颂王太后有西王母之德，并百般讨好。但是姑侄二人到底留下了心结，还是僵持了很久。

第十五章　爱折腾的新皇帝

始建国元年（公元9年）正月朔日，五十四岁的王莽正式登基，定国号为"新"，从此做了皇帝，迎接他的将是崭新的生活。当天，王莽率领公侯卿士捧着新制的皇太后玉玺，敬献给王太后，请她遵从符命的指引，去掉了汉朝的名号。从此，西汉王朝正式告别了历史舞台。作为这片广阔国土上最有威力的人，王莽自然有了享用天下美女的权力。只是这份特权来的稍稍晚了些，王莽已经年近花甲，对女人的兴趣不比当年，已经寡淡了许多。再说，他只想建立心目中的儒家理想国，恐怕也没心思弄那些东西。因此，王莽没有充实后宫，只是顺理成章地将王静烟立为皇后。

有了皇后，还要立皇太子。王莽一共有四个儿子：王宇、王获、王安、王临，以及包括王嬿在内的三个女儿，长子王宇、次子王获都已自杀，三子王安头脑不清，智力欠佳，难堪大任，于是立四子王临为皇太子，将王安封为新嘉辟（君），以示安抚。又赐封了王宇的六个儿子：王崇为功崇公、王迁为功隆公、王寿为功明公、王吉为功成功、王世为功昭公、王利为功著公。之后，宣布大赦天下。

无论如何赐封，妻子和儿女仍旧都对王莽充满了怨气。在他们看来，王莽的帝位是踏着亲人的尸体得到的。如果不是身为他的女儿，王嬿也不会早早进入深宫，青春妙龄就守了寡。王嬿一直自视为汉朝的皇后，对于父亲的代汉自立，始终难以接受。她心中怨恨父亲，经常以生病为由，不去朝会。此时，王嬿还不到二十岁，王莽对这个女儿又敬又怕，总觉得自己害了女儿。

后来，王莽不忍心让女儿孤独终老，曾经偷偷为其寻觅伴侣，发现立国将军、成新公孙建的世子孙豫一表人才，就让其精心装扮一番，带着御医前来探视王嬿。没想到，孙豫和医生离开后，王嬿竟狠狠鞭笞了身边的太监和宫女一顿，以示守节到底的决心和对父亲的抗议，之后，王嬿竟然真的生了场重病，可见其性格之刚烈。从那以后，王莽再也不敢勉强她了。

不过，王莽现在毕竟是天子，对家人们的所思所想，他终究顾及得有限，他要对天下苍生负责，不能有太多的儿女情长。

另一件亟待解决的事就是安顿好孺子婴，可怜的孺子婴不明所以地被送进了皇宫，又不明所以地失去了皇太子之位。不过，他刚四岁而已，正是爱玩的年纪，有糖果吃足矣，恐怕本来对皇位也没多大兴趣。不过，最基本的程序还是要有的，王莽在庙堂上含泪宣读了策书："（刘婴）从前上天护佑你的太祖高帝，传世十二代，享国二百一十载，如今天命的历数轮到了我。《诗经》上不是说过吗？'殷朝的后代成为了诸侯，臣服于周朝，可见天命是难以预料的。'"将孺子婴封为定安公，让其永远做新朝的国宾，又把平原、安德、漯阴、鬲县、重丘等地共一万户居民，土地纵横各一百里，作为定安公国，让孺子婴做个小小的"国王"，继续过衣食无忧的舒服日子。

策书宣读完毕后，王莽慢慢蹲下身来，用一双泪眼凝视着孺子婴。身上大大小小的玉佩撞击在一起不断发出脆响，冕旒左右摇摆，亮光闪闪，浑身上下散发着高贵的荣光，真是尊贵至极。只是容颜已被岁月的霜雪扑打过，早已不再年轻。他从宽大的袍袖中伸出青筋凸起的大手，抓住孺子婴白嫩柔软的小手。孺子婴不明白发生了什么，只觉得两手被紧紧握住，心里感到害怕，忍不住想要哭出来，想起帝师们的教导，又觉得这样不妥，好不容易把眼泪挤了回去，没想到王莽竟然先哭了。

"从前周公代理王位，还能把权力归还给周成王，我偏迫于上天的威命，不能顺从心意呀！"王莽大声感叹道。

朝臣们无不感动涕零，王莽哀叹了良久，这才放开孺子婴，慢慢站起身来。中傅牵着孺子婴的小手走下殿去。孺子婴从此北面称臣。从皇太子变

第十五章 爱折腾的新皇帝

成了臣子，彻底失去了当上皇帝的机会。王莽又下令将孝平皇后改尊称为定安太后。明光宫改称为定安馆，让定安太后居住。把大鸿胪官属改为定安公在京师的府邸。依照《汉书》上的说法，王莽让孺子婴住在四壁合围的屋子里，设置了门卫，连乳母都不得跟其说话，与囚禁无异，以至于孺子婴长大之后，五谷不识，六畜不分，活像个傻子。其实这未必是实情，王莽后来将王宇的一个女儿嫁给了孺子婴，谁会让亲孙女嫁给个傻子呢？

安顿好了孺子婴之后，王莽又开始任命新的领导班子。几个主要的人事任命根本不用操心，金匮、图卷、策书上早有了详细说明。只差王兴和王盛还没有现身。王莽立即命人寻找。很快找到十多个同名同姓的"王兴"和"王盛"。最后，一个城门令史和一个卖饼的，最符合占卜的结果。于是，任命仪式正式开始了。王莽"奉天法古"，以伟大的周朝官制为蓝本，设置了以四辅、三公、四将、九卿、六监为核心的新朝官制。

任命太傅、左辅、骠骑将军、安阳侯王舜为太师，赐封安新公；任命大司徒、就德侯平晏为太傅，赐封就新公；任命少阿、羲和、京兆尹、红休侯刘歆为国师，赐封嘉新公；任命广汉梓潼人哀章为国将，赐封美新公，此乃四辅。

任命太保、后承阳侯甄邯为大司马，赐封承新公；任命丕进侯、王寻为大司徒，赐封章新公；任命步兵将军、成都侯王邑为大司空，赐封为隆新公。此乃三公。

任命太阿、右拂、大司空、卫将军甄丰为更始将军，赐封广新公；任命京兆人王兴为卫将军，赐封奉新公；任命轻车将军、成武侯孙建为立国将军，赐封为成新公；任命京兆人王盛为前将军，赐封崇新公。此乃四将。

金匮符命上的十一公就此齐全，"各策命以其职，如典诰之文"。最引人注目的当然是王兴、王盛和哀章，从底层百姓一跃成为国之栋梁，实在让人啧啧称奇。其他的"王兴"和"王盛"也都拜为郎官。这当然要感谢父母给他们起了个好名字。同一天，封拜卿大夫、侍中、尚书官的共有数百人。官员们仔细地研读着诏书，发现四辅尽管声望高贵，却已经成了没有实权的虚职。

王莽下令设置大司马司允，大司徒司直，大司空司若，职位都是孤卿，又根据所谓的唐虞之制，对官位的名称做了更正。大司农先是改名为羲和，后来改名为纳言，大理改名为做士，太常改名为秩宗，大鸿胪改名为典乐，少府改名为共工，水衡都尉改名为予虞，这是六卿，再加上三个孤卿合称为九卿，分别归三公管辖。每一个卿下面设置大夫三人，每一大夫下面设置元士三人，总共二十七大夫，八十一元士，主管京师各官府。

王莽又将光禄勋改名为司中，太仆改名为太御，卫尉改名为太卫，执金吾改名为奋武，中尉改名为军正，又设置主管皇帝的车辆、服饰和用具的大赘官（后掌管军需供应），统称为六监，也叫六司，职位都是上卿。将郡太守改名为太尹，都尉改名为太尉，县令、县长改名为宰，长乐宫改名为常乐室，长安改名为常安；其他的百官、宫室、郡县也都改了名，一个都没有落下。

王莽还颁布了新的爵位制度，除了公、侯、伯、子、男外，又赐"吏爵人二集，民爵人一级"，定爵位四等十三级。王莽虽然对亲人和族人格外严苛，但也不乏关照，赐封王氏家族中丧服为齐的亲属为侯爵，丧服为大功的亲属为伯爵，丧服为小功的亲属为子爵，丧服为缌麻的亲属为男爵；相应的女亲属都为任爵。男子用"睦"字作称号，女子用"隆"字作称号，都授予了印信。所有政令似乎都想说明一点——汉朝已经成了过去，眼下的一切都是"新"的。

为了表达对古圣先贤的追慕，让他们的魂灵得到及时的祭祀，子孙后代得到应有的关照，王莽还特地指认了黄帝、少昊、颛顼、帝喾、唐尧、虞舜、夏禹、皋陶、伊尹等古代帝王和贤人的后代，皆拜为公侯。不过，大多是牵强附会，胡乱攀附，表面上是兴灭继绝，其实是为了笼络人心。

作为新登基的皇帝，王莽千方百计用谶书符命强调自己的皇权乃是上天授予，并且不断强化自己乃是黄帝、虞舜子孙的印象。他亲自到高帝、元帝、成帝、平帝庙祭祀，表示认祖归宗，并且把自己的孙子、新都侯王宗的东宅作为大庙，每年按时祭祀，还宣称姚、妫、陈、田、王五姓为皇族，世世代代免除赋税劳役；整修黄帝、虞舜、胡王、敬王、愍王、伯王、孺王的陵墓，按时祭祀。

安排好了祖先和先贤的事情，王莽重新回到自己的事情上，他尽可能地将权力掌握在手中。以"天无二日，土无二王"为由，下令将诸侯王的名号一律改为公，四方外族冒用帝王尊号的一律改为侯，甚至有不少剥夺尊号者。刘氏皇族中凡是担任郡太守的，都调任谏大夫。就此剥夺了实权，免得在地方上起兵割据。于是，一条条政令接踵而至，官员们目不暇接，老百姓们眼花缭乱。

王莽身先士卒，夜以继日，不知疲倦地工作着。王莽不是一个完美的皇帝，但绝对是个勤奋的皇帝，甚至可能是历史上最勤奋的皇帝之一。他不但鞭策别人，还鞭策自己，就像一头不知疲倦的耕牛一样。但是他毕竟是个年近花甲的老人了，跟年轻时相比，精力已经明显衰颓了不少。日子一久，白发增多了，身体消瘦了，面颊也深陷了下去，眼神深处总是闪烁着些许疲惫的幽光，看上去苍老了许多。有一次，王舜前来觐见，猛然看到他，竟吓了一跳。

"陛下该休息一下。天下的事情太多，不是陛下一人办得过来的。"

"可皇帝却是最关键的一个。"王莽抬起头来，叹息道，"对了，百姓是如何看我的？怎么看待这个朝廷的？"

"英明神武，德配天地。"

"连你也不跟我说实话。"王莽用鼻子哼了一声，继续翻看堆积如山的奏章。

"臣怎敢欺骗陛下。"

"算了，朕已经下令在皇宫周围设置进善之旌，诽谤之木，敢谏之鼓。"见王舜露出吃惊的表情，王莽得意地笑了笑，"派遣四个谏大夫坐在王路四门，专门接待反映情况的人，一定要保证他们的安全。"

"是，陛下。"

进善之旌、诽谤之木、敢谏之鼓很快竖立了起来，像三个刚正不阿的大臣，又像能吓走鸟雀的稻草人。王莽亲自前去做了视察，叮嘱围观的百姓们一定要说实话，不得有一句阿谀之词，这样才有利于国家发展。这三样宝贝其实也不是王莽发明的，《史记·孝文本纪》："古之治天下，朝有进善之旌，诽谤之木，敢谏之鼓，所以通治道而来谏者。"

　　王莽的很多政策和改革，都可以在前代找到影子。因为"师古"是当时很主流的一种观点。比如荀悦就在《汉纪》中写道："项羽背关怀楚，放逐义帝而自立……自矜功伐，奋其私智，而不师古……"荀悦认为项羽败亡的重要原因是其"不师古"，仿佛项羽能多向古圣先贤学习，就能夺取江山似的。很长一段时间，"师古"都是中国政治家常见的思路。大臣们商榷政令法规，施政思路，探讨的不是现实和创新，而是是否应合古制。孔子一生的追求就是"恢复周礼"。武则天为了凸显对周朝制度的仰慕，甚至将国号改为"周"。然而，时代在进步，社会在发展，适用于过去的不一定适用于当下。盲目地以古为师，相当于开倒车，自然不可能有好的效果。

　　但王莽对符命、对古圣先贤、对周朝制度极其信任，对"师古"的路线坚信不疑。他认定自己乃是天选之子，认定古圣先贤已经指明了正确的方向，周朝制度已提供了完美的模板，只要遵照执行就不会错，所以，他才会有如此超强的自信心和执行力，敢于推进那么多前人设想过无数次而又不敢着手的大事。由于过于刚愎自用，盲目自信，"师古"这碗毒药，王莽还要给国家连喝许多碗，终于让其病入膏肓，以至于叛乱四起。

　　王莽执政的另一个特点是"多变"。王莽自从登基之后，在官职、地名、币制、商业等各方面都有变化，据统计，在王莽执政时期，八成的郡和近一半的县都改过名字。有的郡甚至改了五次名，又改回了原来的名字。官吏和平民都快记不住了。迫不得已，每次下诏书都要把原来的郡县名称记上。改名还是影响较小的变化，一些政令的变化会将整个国家弄得天翻地覆。老子说过："治大国如烹小鲜"，这样的频繁变化，自然不是明智之举。

第十六章　费力不讨好的改革

西汉王朝积累下的诸多顽疾并不会因为改朝换代而消失。身为皇帝的王莽无法回避也不能回避这些挑战。想要实现儒家治国平天的理想，就注定要直面荆棘坎坷，风雨兼程。王莽已经掌握了把控全局的权力，一切都已准备就绪，所有掣肘都已拆除掉了。是检验能力的时候了。他已经将"手术刀"打磨得锋利无比，接下来，他将完成许多前代大臣梦想完成的理想和目标，不断将改革推向深化，直指国家的核心"病灶"。只有解决这些难题，国家才有强大的希望，儒家理想国才有实现的可能。王莽的"第一刀"指向了最常见的——货币。

其实，王莽早在称帝之前就对货币下手了。居摄二年（公元7年）五月，王莽下令以周钱的子母相权之法增铸错刀、契刀和大钱三种货币。错刀，一枚值五千钱。上方为圆形，下方为刀形。错刀通体为铜质，上面有"一刀直五千"的篆文。"一刀"两字错金，所以也称作"金错刀"。契刀，"其环如大钱，身形如刀，长二寸，文曰'契刀五百'"。大钱，"径寸二分，重十二铢，文曰'大钱五十'"。这三种货币跟之前的五铢钱一起流通，对换比例是一枚错刀换五千五铢钱，一枚契刀换五百五铢钱，一个大钱换五十五铢钱。

当时，王莽还在居位摄政，据他后来跟朝臣们讲，之所以推出刀币，是因为繁体字的"刘"字是由右"卯，金，刀"组成。当时汉朝正逢"三七之厄"，盛传气数已尽，所以想用这个办法延长政权寿命。然而，虽然是用心良苦，终究于事无补。百姓对这三种新货币并不买账，反而大兴私铸之风。

王莽本来盼望着百姓们人人拿着漂亮的刀币在市场上交易，结果却意外发现了许多假币，为此大为恼火。为了遏止住这股歪风邪气，特意下达了一道禁令，诸侯以下不准私藏黄金；将黄金送交御府，可以换取同等价值的钱币。不过，据说这项政策只是徒有口号而已。

等到新朝正式建立，再推行之前的货币也就不适宜了。本来王莽对刀钱爱不释手，如今越看越不顺眼，也担心百姓们看到刀钱，想起"卯，金，刀"组成的刘字。大臣们也都迎合王莽的心意，纷纷上奏说，天道和人事都是互相感应的，应该及时废止刀币。所以王莽展开了第二次货币改革。这次改铸小钱，上面刻以"小钱直一"字样，和之前的"大钱五十"一并发行。为了禁止民间私自铸造，下令禁止私藏铜和炭。但百姓们觉得使用不方便，仍偷偷使用五铢钱，甚至谣传说大钱将会废除，以至于没人肯携带。

"喜欢汉朝的钱，不喜欢新朝的钱，这是何故？是不是还想回到汉朝呢？"王莽得知此事，私下里骂道。

为了让新币顺利流通，王莽下文告威胁说，所有胆敢私藏五铢钱，或者谣传大钱要废除的，都要流放到远方偏僻之地去。但是这么一硬来，情况反而愈加糟糕。以至于货币迅速贬值，经济陷入瘫痪，农民不再耕种，商人放弃生意，一些走投无路的人甚至在市场上和大路边伤心落泪。王莽赶紧派遣五十位谏大夫到各郡国铸造新币，增进替换速度，从而安定人心，到底于事无补。

始建国二年（公元10年）十二月，王莽又推动了第三次货币改革，理由是"民以食为命，以货为资，是以八政以食为首。宝货皆重则小用不给，皆轻则儳载烦费，轻重大小各有差品，则用便而民乐"。这次改革称作"宝货制"，包括五物、六名，二十八品。

五物是金、银、铜、龟、贝；六名是金货、银货、泉货、布货、龟货、贝货；二十八品是黄金、普通银、朱提银、小泉、幺泉、幼泉、中泉、壮泉、大泉、小布、幺布、幼布、序布、差布、中布、壮布、第布、次布、大布、子龟、侯龟、公龟、元龟、贝、小贝、幺贝、壮贝、大贝。品种、形

第十六章 费力不讨好的改革

制、名称各有出处，都源于上古。在全国范围内流通的主要是金铜两种。银货二品、龟宝四品、贝货五品属于区域性货币，酌情在沿海和产银地区流通，属于补充货币，不过，因为换算困难、重值不符、信誉不定等因素，"宝货制"还是遭到了抵制。

因为新货币一直不能顺利流通，王莽很是烦恼。在他看来，钱就是钱，无论是什么外形，多大的面额，起到的都是一样的作用，为何要厚此薄彼呢？王莽要求官吏和平民外出时必须携带新币，将其作为通行证。派了许多士兵在关卡和渡口盘问，如果不携带新币，甚至连客栈都不许接纳。公卿大臣携新币才能进入宫门，同时继续严打造假。一家铸造假钱就连坐五家邻居，全部押送到官府做奴婢，以至于从诸侯、卿大夫直到平民，犯罪受罚者不计其数。

天凤元年（公元14年），王莽为了整顿前三次货币改革造成的混乱，进行了第四次货币改革。下令废除之前发行的所有货币，转而铸造两种新货币——货布、货泉。货布长二寸五分，宽一寸，值货钱二十五枚。货钱直径长一寸，重五铢，每枚是一个单位。但是货布、货泉在对换上并不合理，百姓们的抵触愈演愈烈。朝廷不得不疲于奔命，到处捕捉触犯法律者。

王莽的货币改革彻底失败了，每改变一次币制，百姓随着破产一次。私自铸钱加上邻居连坐的以十万计，男子坐囚车，妇女和儿童步行，全都用铁锁链套住脖子。蓬头垢面，破衣烂衫，瘦骨嶙峋，浑身散发着可怕的臭味。一路上，十个里倒有六七个因愁苦而死。囚车经过之处，在沟壑里留下许多皮包骨头的尸体，全都喂了野狼和野狗。即使侥幸到达目的地，夫妻也要拆分开来，成为官府的奴婢，失去了自由。

王莽本来还想要大展拳脚，没想到竟在小小的货币上栽了跟头，果然是万事开头难。正在王莽寻找应对之策绞尽脑汁的时候，叛乱爆发了。发难者是徐乡侯刘快。刘快是景帝的第七代孙，这位侯爷一直为刘氏家族失去江山而耿耿于怀，觉得大汉朝的江山就这么眼睁睁地被外姓抢了去，实在是憋屈。

"王莽这个骗子就这么得逞了吗？高祖和武帝的在天之灵怎能安息？"他恨恨地想。

刘快本希望宗室里的其他人有所行动，却发现自刘崇之后，所有族人都偃旗息鼓，毫无动静。日子一天天过去，眼看着新朝的江山就要坐实，汉朝已然被历史的惊涛骇浪卷走。刘快真是快要气炸了，他实在忍无可忍了，既然别人指望不上，那就决定放手一搏，亲自动手。

始建国元年（公元9年）四月，刘快于封国徐乡（今山东黄县西北）集结党羽数千人，慷慨陈词，揭竿而起。此时，王莽的货币改革将天下搅了个天翻地覆，刘快以为天下人都跟他一样窝了一肚子的火，甚至于跟他一样怀念汉朝，自己会立即得到响应，没想到起义之后，队伍不但没有扩充之势，反而陷入孤立无援的境地。更可怕的是，他已经没有后路可退了。王莽已经发现了"猎物"，派大军前来围剿。

情急之下，刘快决定赶往即墨城（今山东省平度市古岘镇东南）。当时，即墨城在其兄长刘殷的治下。刘殷本是西汉朝的胶东王，王莽"定诸侯王之号皆为公"，此时已改封为扶崇公。刘快此行与其说是攻打，不如说是去拉拢和投靠。

"亲哥哥总不至于见死不救吧？"他仍心存侥幸。

刘殷早已看出弟弟是在玩火自焚。无论刘快在城下如何摇旗呐喊，就是坚守不开。刘快急了，想要攻城。刘殷担心受到连累，为了跟弟弟划清界限，竟主动投入了监狱，官吏和民众们则自发奋起抵抗。刘快见兄长心如铁石，知道再耗下去没有意义，只能落荒而逃了。此时，形势已经很清晰，起义眼看没什么前途，数千人的队伍很快做鸟兽散。或许是心理压力过重的缘故，刚退到长广县（今山东莱阳东），刘快就死掉了。

王莽一直密切关注事态的发展，生怕这支队伍也像翟义当年一样迅速扩张。发现刘快始终是孤家寡人，没能得到响应，这才长舒了一口气，将心放了回去，听说反贼已经被歼灭的消息，更是不禁哑然失笑。王莽从来不放过任何夸耀祖先的机会，他高兴地对大臣们说，自己的祖先济南愍王当年被燕寇围困，从临淄被迫退到莒邑自保。族人田单想出了许多妙计，擒杀了燕国主将，重新安定了齐国。现在，即墨城的士大夫们协力歼灭反贼，同样了不起。

"我既赞许那些尽忠的人，也怜悯那些无罪的人。"王莽兴奋地说。他口中无罪的人当然指的是刘殷了。

"陛下，难道就不用惩罚刘殷了吗？"

"除刘快的妻子儿女外，其他亲属都不要惩办。还要吊唁死者，慰问伤者。给死者赏赐丧葬费，每人五万钱。刘快已经受到了惩罚。这是罪有应得的。刘殷则懂得天命，增加封国一万户，土地纵横各一百里。"

"是，陛下。"

这场胜利给了王莽不少自信，它证明百姓们没因为改革失利而跟他离心离德，让他有力量将手术刀指向国家最严重的一个问题——土地兼并。为此，王莽特地推出的"王田令"，他在诏书中写道：

古者，设庐井八家，一夫一妇田百亩，什一而税，则国给民富而颂声作。此唐、虞之道，三代所遵行也。秦为无道，厚赋税以自供奉，罢民力以极欲，坏圣制，废井田，是以兼并起，贪鄙生，强者规田以千数，弱者曾无立锥之居。又置奴婢之市，与牛马同兰，制于民臣，颛断其命。奸虐之人因缘为利，至略卖人妻子，逆天心，悖人伦，缪于"天地之性人为贵"之义。《书》曰"予则奴戮女"，唯不用命者，然后被此辜矣。汉氏减轻田租，三十而税一，常有更赋，罢癃咸出，而豪民侵陵，分田劫假。厥名三十税一，实什税五也。父子夫妇终年耕芸，所得不足以自存。故富者犬马余菽粟，骄而为邪；贫者不厌糟糠，穷而为奸。俱陷于辜，刑用不错。予前在大麓，始令天下公田口井，时则有嘉禾之祥，遭以虏逆贼且止。今更名天下田曰"王田"，奴婢曰"私属"，皆不得卖买。其男口不盈八，而田过一井者，分余田予九族邻里乡党。故无田，今当受田者，如制度。敢有非井田圣制，无法惑众者，投诸四裔，以御魑魅，如皇始祖考虞帝故事。

王莽的"王田制"其实脱胎于更古老的"井田制"。"井田"一词，最早见于《谷梁传·宣公十五年》："古者三百步为里，名曰井田。"其他古文典籍中也有涉猎。《孟子·滕文公上》："方里而井，井九百亩。其中为公田，八家皆私百亩，同养公田。公事毕，然后敢治私事。"《周礼·地官·小司徒》："乃经土地而井牧其田野，九夫为井，四井为邑，四邑为丘，四丘为甸，四甸为县，四县为都，以任地事而令贡赋，凡税敛之事。"

"井田"因耕地划分成"井"字形而得名。一田分为九个方块，周围的八块由八户人家耕种，谓之私田，私田收成归耕种者所有；中间的一块乃是公田，由八户百姓共同耕种，收入归封邑贵族所有。据说，夏代就实行过井田制，在商周两朝得到了延续。春秋初期出现了铁制的农具，牛耕普遍推广，效率和产量明显提高，一家一户就可创造足够的效益，"民不肯尽力于公田"，"井田制"开始变得岌岌可危。公元前361年，商鞅在秦国实施改革，"废井田""开阡陌""民得买卖"，正式承认了土地私有，"井田制"随之彻底废止。

不过，以上只是一段猜想的历史，并没有足够的证据。很可能是一些人"乌托邦式"的美好幻想。也有历史学家指出，由于地形地貌差别较大之类的诸多困难，这种制度可能从未严格实施过。胡适就在《井田辩》中指出，"井田制"是传说加想象，战国以前，从来没人提到过古代的井田制。"孟子实在不知道周代的制度是什么，不过从一句诗里推想到井田制。"

虽然听上去不太靠谱儿，对"井田制"的追慕却早已有之。土地兼并早在汉朝初年就已出现。功臣萧何曾强买民宅价至数千万；匡衡在元帝时官至丞相，晚年获封乐安侯，拥有土地三十一万亩，还不知餍足，利用郡图之误非法占用土地四万多亩；贵为帝师的张禹财产多到几辈子都花不完，还要"内殖货财，家以田为业"，私买田地至四百顷；红阳侯王立"使客因南郡太守李尚占垦草田数百顷，上书以入县官，贵取其直一亿万以上"……

王莽是个过过苦日子的皇帝，对底层人民非常同情，知道失去了土地对农民来说意味着什么。那些贵族阶级、豪族大姓的贪得无厌、虚伪自私更是让他厌恶至极。这些人"富而不贵",满嘴的仁义道德,心地却丑恶到极点,他们不但盘剥压榨底层人民,还利用底层人民失去土地,失去生路的机会,让其沦落为奴隶,任由自己摆弄,甚至是伤害。在王莽看来,土地兼并就是坏人作恶的手段,邪恶滋生的温床,必须抓紧去除,否则早晚会要了大新朝的命。

实际上,针对"兼并起,贪鄙生"的现象。早在汉武帝时,就有大臣急呼"古之圣王莫不设井田,然后治乃可平",董仲舒则借由批判秦朝和商鞅,歌颂了井田制,"古井田法虽难卒行,宜少近古,限民名田以赡不足,塞并兼之路;去奴婢,除专杀之威;薄赋敛,省繇役,以宽民力,然后可善治也";在昭帝朝举办的盐铁会议上,有文学贤良指出:"理民之道,在于节用尚本,分土井田而已"……一道出现的,是限制田产的建议。左将军师丹曾建言:"今累世承平,豪富吏民訾数巨万,而贫弱愈困,宜略为限。"丞相孔光、大司空何武奏请:"自诸侯王、列侯、公主名田各有限;关内侯、吏、民名田皆毋过三十顷;奴婢毋过三十人。期尽三年。犯者没入官"……不过,尽管明眼人很多,但大多只停留在口头申斥及提出建议上,遇到强大的阻力,也就戛然而止了。真正颁布法令强制解决土地兼并的,王莽乃是第一人。

王莽的王田制脱胎于井田制,但是也有明显的区别:井田制是将土地赐封给诸侯,诸侯转封给士大夫,士大夫再分给普通百姓。而王田制是将地多的分给地少的,是进行土地国有化并再分配,达到均田的目的。难怪有人戏称王莽是从现代穿越回古代,搞了社会主义。王莽在王田制上花了许多心血,而且极有诚意,他认为这是解决土地兼并的唯一办法。他之前一再辞让朝廷封赏的土地,就是希望能以身作则,让贵族阶层和豪族大姓能够以百姓为重,牺牲个人利益,实现井田圣制,开创一个人人有田种,人人有饭吃,人人有尊严的太平盛世。在王莽看来,"王田制"即使不能让新朝成为周朝的翻版,至少也能人人称颂,获得满堂彩。这种期望并不离谱,当年他辅政时,不就是如此吗?

没想到,"王田制"推出之后,王莽竟两面不讨好。虽然"王田制"听上去了不起,却存在许多不容忽视的困难。首先,土地私有制已经施行了数百年,以当时的政治环境,根本无法保证这一政策能够充分落实,王莽太高估了贵族阶级、地主阶级的境界,没人愿意轻易牺牲自己的利益,这些人有权有势,不但拒绝合作,而且千方百计使绊子,让"王田制"寸步难行。另外,当时的数据统计能力较差,存在不少隐匿人口,也给合理分配带来巨大麻烦,很多农民们拿到的其实是一张空头支票,同样心怀不满……这些大大小小的问题让"王田制"一开始就显得脱离实际,就像一座虚无缥缈的空中楼阁,以至于"农商失业,食货俱废,民人至涕泣于市道","自诸侯卿大夫至于庶民,抵罪者不可胜数"。

批评"王田制"的声音真是一浪高过一浪。到了始建国四年(公元12年),少数耿直的大臣终于压抑不住了,中郎区博毫不客气地指出,井田制虽然是英明帝王的制度,但是被废弃已经很久了。周朝的制度早已经衰落了、过时了,因此人民不肯依从。秦朝懂得顺从人民的心愿,知道如何获得更大的利益,所以废除井田制,开垦闲废土地,从而统一了中原,直到今天,全国人民还没有排斥秦朝的这项政策。现在想要违反人民的心愿,回过头去恢复千百年前的卓越功业,就是唐尧、虞舜再现,没有上百年的酝酿,恐怕也难实现。现在国家政权刚刚建立,全国人民刚刚归附,的确不可以再施行下去了……

"王田制"的失败是不可否认的,各种推广不力的消息纷至沓来。在朝廷内外的巨大压力下,王莽焦虑得彻夜难眠,痛苦不堪。为了避免矛盾进一步激化,只能停止推行。一个回到周朝的美梦就这样幻灭了。这次的打击恐怕比货币改革的失利还要大。然而,"手术刀"已将"疮口"划开,尽管鲜血四溅,痛彻心扉,亦没有回头的可能,只能勇敢地扛下去。

尽管"王田制"取消了,但是"王田令"中的一项还在继续,那就是将奴婢改为"私属",不准随意买卖,将自由还给奴婢们。据统计,王莽一共解放了三百六十多万的私奴婢。这样的成绩是建立在严刑峻法的基础上的。

第十六章 费力不讨好的改革

依照规定，上公及以下拥有奴婢者，一律需要缴纳税金，每一奴婢要缴纳三千六百钱，违犯者予以严惩。这项改革再次触犯到了上层阶级的利益，让诸多王公贵族和豪门大姓站到了王莽的对立面。

它甚至没得到底层人民的欢迎，因为奴婢面对生存的困境，甚至不在乎自由了。就像跟随摩西逃出埃及的奴隶们对他说的："唉，还不如留在埃及的土地上，我们围坐在肉锅旁边，饱餐一顿面包，就是死在奴隶主老爷手里，也心甘情愿啊！是你把我们带到这片沙漠里，要把我们都活活饿死。"

摩西最后将奴隶们带到了富饶之地——迦南，奴隶们的怒气随之消解，摩西也被犹太人看成了伟大的先知和领袖。如果摩西当初没有成功呢？会不会落到王莽后来的命运呢？政治家也是人，很多时候也要受到命运的摆弄。最好的心态也许是孔子所说的"尽人事，听天命"。

始建国二年（公元10年），王莽又推出了新的改革措施，宣布设立五均司市和五均官。五均司市于每季的第二个月，对货物定出上、中、下三等价钱。称为"市平"。作为指导和干预市场交易的标准价。民间卖不出去的货物，经过核准之后，依照成本收购，保证底层百姓的收入。一旦物价上涨，就以平价卖给百姓，起到平衡物价的作用。如果物价比平价低，则听凭百姓自由交易。

王莽还推出了推出借贷业务，因祭祀或丧事缺钱，可向五均司市师所属之钱府借贷，不付利息，但祭祀借款的期限不能超过十天，丧事借款不能超过三个月；从事生产经营活动缺少本钱，也可借款，年息不超过利润总额的十分之一。这样的贷款服务能有效打击高利贷，解救百姓于危难困苦，与此同时，得到的利息也能充实国库，可谓一举多得。

除了"收贱卖贵，赊贷予民"之外，还由官府专卖酒，专卖食盐、专卖铁器，垄断货币发行权，凡是采集大山大湖各种资源的，都要征收赋税，统称为"五均六管"。理念来自《周易》的"理财正辞，禁民为非"。目的是"齐众庶，抑并兼"。除此之外，拥有田地却不耕种的，称为不殖，罚交三个人的赋税；城市中，房宅不种树的称为不毛，罚交三个人的布匹；游手好闲，无所事事的，处罚布匹一匹或者到官府做工；不准私藏弩弓和鞍甲，违犯者全部流放到荒凉的西海郡去。

王莽提出的"六管"，并不是要霸占山林水产等自然资源，而是将这些自然资源从贵族和富豪手中夺过来，收归国有，重新分配，避私人的免剥削，其用意也是为底层人民着想。然而，"五均""六管"的想法，难免还是要受到挫折。因为王莽过于信赖和重用富豪和商人，在没有任何有效监管的情况下，将这些人当作了兴利之臣。以至于官商勾结，行贿受贿，设立假账的现象屡禁不止，"乘传求利，交错天下"，严重伤害了普通百姓和小工商业者。另外，贸然在全国推广，动作太大，没有顾及到贫困地区的特殊情况，让底层人民不但不能享受大自然的馈赠，反而要承受较高的赋税。

因为实施不利，问题频发。一些大臣建议王莽早日收回"五均""六管"。但是王莽性格倔强，不肯轻易妥协。天凤四年（公元17年），纳言士冯常提出劝谏，王莽竟一怒之下，免掉了冯常的官职。大司马司允、荆州牧费兴在阐述施政方案时，再次批评了"六管"制度，也难逃被免职的命运。王莽认为不是政策出了问题，而是执行出了问题。为了震慑各地方，专门设置执法左刺奸和右刺奸去监督处理，严重违犯者甚至可能处以死刑。

王莽的"五均""六管"几乎贯彻到了最后。直到地皇三年（公元22年）的冬天，流民纷纷揭竿而起，神州大地战乱频仍，饥饿的哀嚎甚至传到了未央宫，面对日渐混乱的时局，王莽才终于低下了倔强的头颅，"议遣风俗大夫司国宪等分行天下，除井田、奴婢、山泽、六筦之禁，即位以来诏令不便于民者，皆收还之。"

第十七章　剑拔弩张的边境线

一直以来，匈奴始终是中原王朝的头号劲敌。值得欣慰的是，此时的匈奴就像一头驯服的野牛，已经数十年没制造大的麻烦了。公元前73年到公元前70年，罕见的大雪极大地打击了这个凶猛彪悍的对手，匈奴人损失惨重，以至于陷入了内乱，分裂为南北两个匈奴。呼韩邪单于迫于压力，归顺了汉朝，并于甘露三年（公元前51年）朝觐宣帝于甘泉宫。建昭三年（公元前36年），陈汤率军斩杀郅支骨都侯单于，发出了"犯我强汉者，虽远必诛"的豪言，同时为呼韩邪单于送上了一份大礼。竟宁元年（公元前33年），呼韩邪单于迎娶王昭君为阏氏，做了西汉的女婿，从此正式开始了汉、匈两家的"蜜月期"。如果说新朝从西汉继承了遗产的话，那么和匈奴的友好关系就是其中一项。

不过，正所谓"合久必分，分久必合"，汉、匈两家近年来已经出现了隐约可见的"裂痕"。绥和元年（公元前8年），成帝曾希望从匈奴得到一块楔形土地，这块土地直达张掖郡，出产珍稀树木、箭竿和鹫鹰羽毛，但是遭到了单于的拒绝。又过了两年，即建平二年（公元前5年），匈奴派兵进攻西汉的附属国乌孙，西汉出兵干涉。汉、匈两家的矛盾已经相当明显。

平帝元始二年（公元2年），戊己校尉徐普发现车师后国有一条新通道直通玉门关，只要走这条新通道，往来西域要比之前近上许多。想要勘明路线和分界，呈报给朝廷。车师后国国王姑句担心新通道一旦开通，以后汉朝派往西域诸国的使节，就全要靠车师后国负责供给，心中深感不便，因此不予配合。徐普恼羞成怒，将派人将姑句抓住并关押了起来。跟姑句一起抓来的，还有王后股紫陬，两人被囚禁了许久。

这一天，股紫陬擦干了眼泪，愁眉苦脸地对姑句说："从前车师前国国王就是被汉朝都护司马杀死的，如今我们被囚禁这么久，必死无疑，不如投降匈奴算了。"

"是啊，于其在这里等死，不如另谋生路。"

于是，一行人抓住机会，骑上几匹好马冲出高昌城，逃到了匈奴国。此外，婼羌国国王王唐兜与赤水羌已经连打了几场硬仗，唐兜战败后，曾向西域都护但钦告急，没能得到支援，率军向东退走，想要拒守玉门关，又遭到了玉门关守将的拒绝。走投无路的唐兜，干脆率领妻儿和百姓千余人投降了匈奴。

匈奴一直自视为西域各国的领袖，爽快地接纳了姑句和唐兜，安置在了左谷蠡王所居地区，但是，为了照顾汉朝的面子，专门派遣使者到长安上书，讲明了情况。王莽并不轻易放过此事，派遣中郎将韩隆等出使匈奴，严厉地责备单于，批评他不该收容有罪之人。单于急忙叩头谢罪，拘捕了姑句和唐兜，交付给了汉朝的使者，但仍请求宽恕两个国王。

汉使回到长安，向王莽报告了单于的意思。王莽仍旧毫不通融，下诏将西域各国的国王请到了长安，陈列军队，当众斩杀了姑句王和唐兜王。在西汉王朝的国土上，当众斩杀其他国的国王，试想当时的场面，一定很让人扬眉吐气吧？由此，也就可以理解，为何国人当时对王莽如此疯狂了。之后，王莽又制定了四条规定：汉朝投降匈奴者，乌孙国投降匈奴者，乌恒国投降匈奴者，西域诸国中佩汉朝印绶投降匈奴者，匈奴皆不可接受。

王莽对匈奴的强硬态度可谓是一以贯之。在他登基之后，这一点变得愈加明显。但是王莽在数十年的岁月中，真的毫无变化吗？不，像所有人一样，王莽也要经历磨砺，也要慢慢成长，也会发生变化，只不过外人不容易看出来罢了。

年少时，他全心全意地相信儒家思想，并以之作为自己的行为指导。他将古圣先贤当作人生的导师，亦步亦趋地跟着学习，并以此自豪。然而，

第十七章　剑拔弩张的边境线

随着年纪的渐长，阅历的增多，政治经验的增加，他早已不那么单纯了。他从自己的好名声中尝到了实实在在的甜头。因为他有口皆碑的德行，人们支持他，推举他，追捧他，让他的仕途一路顺风顺水，所向披靡。但是，他同时也发现，如果太过纯洁无邪，难免在这个污浊的世界——尤其是复杂的政坛——碰得头破血流。所以，他变得真真假假，虚虚实实。有时候，他为了应付复杂的局面，不得不演戏，以至于连自己都不知道是真是假了。

"只要我的目标是纯良的，只要我的目的是善意的，那么我就是一个好人，我就是对的。"每当迷茫时，他都会询问自己的内心，并且自言自语道。

现在，他对德行的展示不再只是一种自发的行为，而是成了一种高明的政治手段，他决心让自己道德楷模的形象继续醒目下去。最好成为他的一个"标签"。因为一个德行高超的统治者必将得到更多的支持和拥护，拥有更大的力量。然而，他在登基之后，突然发现拥护者不再像过去那么疯狂了。他推出的改革也遇到越来越大阻力。他甚至隐约听到些风声——有人在质疑他皇位的合法性，这太可怕了，要是百姓们怀疑他是个不合法的皇帝，他的儒家理想蓝图还有机会实现吗？情急之下，他变得有些用力过猛，千方百计地宣扬自己的德行，甚至利用起了符命和谶纬。他不惜一切代价地想让人们相信他是"天选之子"。因为这是他执政的根基。

始建国元年（公元9年）秋季，王莽经过精心准备，派遣王奇等十二位五威将，巡游全国各地和周边邻国，颁布《符命》四十二篇，其中包括德祥类五篇、符命类二十五篇、福应类十二篇。德祥类讲述了几件发生在文帝朝、宣帝朝的旧事，在成纪县、新都县出现了金光灿烂的黄龙，高祖王遂的墓门梓柱上长出了生机勃勃的枝叶；符命类讲述了在武功县神奇出现的井石以及贡献高帝庙的铜匮图策；福应类讲述了母鸡变成公鸡一类的奇异之事。

这些文章接近于经文，并且依据古义来进行解说。大致意思是追述了王莽代汉自立的经过，强调说，帝王承受天命，一定会依靠德行获得祥瑞，推算起来，新朝的德祥出现在汉朝传递九代，历经两百一十年之后。承受天命的程序很是清晰，而且有迹可循。汉朝气数已尽，武功县的丹书百石出现，王莽一开始谦逊推辞，用摄皇帝的名义代居皇位，但是仍旧不能让上天满意。同一年的秋天，上天又降下了三台星和文马的符命，王莽仍旧谦逊推辞，上天又降下铁契的符命，之后符命接连不断，第四次则是石龟，第五次是虞服，第六次是文圭，第七次是玄印，第八次是茂陵石书，第九次是玄龙石，第十次是神井，第十一次是大神石，第十二次是铜符帛图。一共达十二次之多，用以提醒王莽接受天命。

王莽深深畏惧上天的威严，所以去掉"摄皇帝"的称号，称为"假皇帝"，改年号"初始"，想以此来抵挡天命，满足上天的心意。可是上天又降下金策书，继续劝勉他当"真皇帝"。后来，侍郎王盱在王路殿前看见一个身穿白布单衣，方形衣领上有火红彩画，戴着小帽子的人，提醒说上天将万民委托给了王莽，王盱感到惊异，走了十多步，那个人倏地不见了，显然是上天的使者。到了丙寅日傍晚，高帝庙出现了铜匮图策，这无疑是更加不容置疑的垂示。王莽急忙召集公卿大臣们商议，还没有作出决定，大神石又像人一样催促王莽到高帝庙接受天命。王莽在忧惧之下，三夜没有睡觉，三天没有吃饭。公侯、士大夫知道天命不可违，汉朝气数已尽，所以都说："应当按照上天的威命行事。"王莽这才去掉"摄皇帝"和"假皇帝"的称号，即真登位，建立新朝。之后，神明欢喜，祥瑞接二连三，不一而足。《诗经》上的"宜民宜人，受禄于天；保右命之，自天申之"指的就是这种情形。

《符命》上的东西，想必王莽之前读过，其中有多少是王莽真心相信的呢？如今已经无从知晓。有人曾批评王莽将谶纬当作政治工具，利用谶纬，玩弄谶纬。从一些政治事件中的确能看出这种迹象。比如他在一切事情上的双重标准，因人而异。有些符命是可以当真的，有些符命是不可以当真的，有些是真的符命，有些是假的符命，能否当真，真假与否，如何解释，完全取决于他当时的个人诉求。但是我们同时要清楚一点，王莽是一个政治家。他要想实现自己的理想抱负，达到自己的政治目的，就必须倾尽全力地去战

第十七章 剑拔弩张的边境线

斗。而在复杂险恶的政治世界中,没有些非常手段是很难有所成就的。我无意为王莽开脱。但是,至少从王莽一生的奋斗来看,他的志向绝不只是富贵、尊荣和享受。这些他早就得到了。他的理想比这要远大得多。。

五威将的队伍正式出发了。目标是宣扬新皇帝的威德和皇位的合法性,同时安抚代汉立新造成的人心动荡。所有人都打扮得都相当神气,乘坐着绘有天文图象的豪华大车,套着象征八卦的六匹母马,背上插着锦鸡的羽毛,服装佩饰都亮光闪闪。每个五威将下面都设置左、右、前、后、中五个帅。衣帽、车饰、服色、套车的马,按照方位的不同,各不相同。五威将持节,自称太一之使;五威帅持幢,称"五帝之使"。所到之处好似天神下凡。官吏们见了,全都肃然起敬;黎民百姓更是五体投地,恨不得焚香膜拜。

王莽曾经自豪地吹嘘说:"普天之下,直到四周极远的地方,没有五威将帅不到达的。"

这只威风的队伍的确到达了许多地方:向东到达了玄菟郡、乐浪郡、高句丽国和扶余国;向南越过了边界,经过了益州郡;向西到达了西域诸国;向北到达了匈奴王庭。全都收回汉朝的印信,授予新朝的印信。用华丽高贵的形象,威武雄壮的做派,给大新朝做了最好的宣传。就是那些没到过中原的人,看到使者如此威风,也不禁心怀向往。但是五威将帅带来的并不都是好消息,按照王莽之前的命令,虽然对官吏和百姓多有封赏,却将附属国的王全都改为了侯。这些君主地位遭到了贬低,心里当然不会痛快。他们表面上笑脸相遇,私下里却气得咬牙切齿,大骂新皇帝真不是个东西。这件事也为西域诸国后来的接连反叛埋下了导火索。

在老对手匈奴国,五威将帅更是遇到一番意想不到的波折。

听说使臣到来,乌珠留若鞮单于不但亲自前来迎接,而且热情得很,因为他知道中原人一向慷慨大度,出手阔绰,肯定不会空手来。果不其然,出使匈奴的五威将王骏随身带了厚礼,压得车子都快走不动了。五威将帅一边传达王莽的问候,一边将礼物卸下车子,摆放在乌珠留若鞮单于面前,并一一做了介绍。

乌珠留若鞮单于欣赏着面前这些绚烂夺目的礼物，高兴得合不拢嘴，他突然理解那些好斗的前辈单于了，有这样一个藏了无数宝贝的有钱邻居，谁不想趁机"捞上一把"啊？上天也太不公平，中原的土地温润肥沃，而匈奴人的土地贫瘠寒冷，每当到了冬天都会下起鹅毛大雪，冻得连长毛的牲畜都打战，这种时候，要是不向有钱的邻居"借点儿东西"，日子着实是不好过呀。

"看看这些礼物，多漂亮！这些中原人呀，他们不知越是炫耀，匈奴人越是想南下看一看。"乌珠留若鞮单于抚摸着金光灿烂的绫罗绸缎，差点儿笑出声来，根本没听到五威将王骏宣读的诏书里说了什么。等到醒过神来，王骏已经干脆利落地收起了诏书，朗声说道："请单于交还旧印绶，佩戴新印绶。"

"好说，好说。"

乌珠留若鞮单于美滋滋地掏出了旧印绶。王骏让翻译官上前接取。这时，匈奴贵族左姑夕侯苏突然走了过去，在乌珠留若鞮单于耳边低语了几句。乌珠留若鞮单于听完之后，竟将旧印绶塞回到怀里，转而请尊贵的使节一起饮酒。事情太过突然，使者们面面相觑，不明白发生了什么。只好客随主便，见机行事，于是又坐了下来。

酒宴摆了上来，无非都是些匈奴美食，大块的牛羊肉盛放在盘子里，上面插着雪亮的刀子。各种奶制品花样繁多，不一而足。酒的度数很高，喝起来像吞火一样。匈奴贵族们喝酒时的彪悍样子，让初来匈奴的使者大开眼界。幸亏王骏见多识广，本身就颇为海量，觥筹交错间，竟丝毫不落下风。

酒过三巡，众人都喝得满面红光，喜笑颜开，气氛相当融洽，好像多年没见面的好友一样，将戒备和心机都精巧地隐藏了起来。王骏见机会成熟，再次提醒乌珠留若鞮单于将旧印绶交上，好更换新印绶。

"陛下，将正事完成，再饮酒如何？"

"这……"

乌珠留若鞮单于露出欲言又止的神情。原来，左姑夕侯苏刚才多长了

第十七章 剑拔弩张的边境线

个心眼儿,提醒说中原人诡计多端,还不知道新印绶上是何文字,为了稳妥起见,最好先不要交出旧印绶。不过,匈奴人一向热情好客,正宴饮到开心处,绝对不能扫兴。乌珠留若鞮单于只稍稍犹豫了下,就觉得自己太女人气了,赶紧痛快地答应了一声:"诺。"

左姑夕侯苏担心地皱起了眉头,又在乌珠留若鞮单于耳边提醒了几句。

"印文怎么会变呢?"乌珠留若鞮单于醉醺醺地大声驳斥道,将旧印绶递给了翻译官。左姑夕侯苏赶紧退了回去,就像条挨了一鞭子的狗。

好像故意跟左姑夕侯苏故意赌气似的,乌珠留若鞮单于将新印放在一边,并没有急于查看,而是继续喝起酒来。其间不免要有歌舞助兴。那些匈奴女子皮肤黝黑,高大健硕,身材矫健,大手大脚,倒也别有风味。酒宴到了深夜才散。使臣们告别了单于和诸位匈奴贵族,脚踩着雪亮的月光,头顶着满天的星斗,摇摇晃晃地回到了驻地。

"要是单于发现印文改变,怎么办?"五威右帅陈饶刚跨进营帐,就低声说。

"的确麻烦。"回想左姑夕侯苏警惕的眼神,将帅们都很担心。

"不如击破旧印,以绝祸根。"陈饶大声说。

事关重大,五威将帅们一时犹豫不决,都不敢拿主意。陈饶为人果断勇敢,是条硬汉。见众人畏惧退缩,不敢出手,径自走上前去,拿起把斧锥,把旧印砸成了齑粉。众人都吓了一跳,心想陈饶这小子真有种。

"有责任我来担好了。"陈饶挺直腰杆,像头好斗的公牛。

第二天,乌珠留若鞮单于酒醒之后,果然发现了问题。吼声差点儿掀翻了帐篷。乌珠留若鞮单于的愤怒情有可原。当年,汉高祖刘邦与冒顿单于约为兄弟,授予的乃是"玺",前面没有国号"汉"字,如今不但把"玺"改成"章",又加上了个国号"新"。双方从平等关系变成了从属关系,这还得了?

"岂有此理!"乌珠留若鞮单于对右骨都侯当大叫道,"把旧印给我要回来!"

179

"是，微臣马上就去。"

右骨都侯当不敢耽搁，立即赶到了五威将的营帐，看到的却是一堆碎屑，赶紧回来禀报。乌珠留若鞮单于得知之后，气得捶胸顿足，虎须倒竖，后悔没听左姑夕侯苏的提醒，让中原人钻了空子。乌珠留若鞮单于不想吃哑巴亏，为了挽回损失，便派弟弟右贤王舆带着贡品，随五威将帅前往新朝，上书请求弃用新印，重用旧印。

七十二位五威将帅圆满完成了任务，载誉归来，受到了热烈欢迎。为了表彰他们的功绩，王莽赐封五威将为子爵，五威帅为男爵。陈饶因为反应机敏，被任命为大将军，赐封为威德子。当得知乌珠留若鞮单于的请求后，王莽打起了"太极拳"，右贤王舆眼看着成功无望，也只能无功而返了。此事虽没引起大的冲突，但乌珠留若鞮单于心里肯定不会舒服。

除了这件事之外，双方这段时间还有一条导火索。

不久，匈奴人垂涎乌桓的进贡，遭到拒绝后，恼羞成怒地逮捕了乌桓的一个部落酋长，将其捆绑并倒挂了起来，当众予以侮辱。部落酋长的兄弟勃然大怒，杀死了匈奴使者。之后，乌珠留若鞮单于征发左贤王的属兵进入乌桓，不但杀戮了许多百姓，还掳走妇女儿童近千人，安置到东部地区，让乌桓人拿牛马、兽皮和布匹来赎。乌桓人被迫妥协。乌珠留若鞮单于得到了好处，竟得寸进尺，"乃遣右大且渠蒲呼卢訾等十馀人将兵众万骑，以护送乌桓之名，勒兵朔方塞下"。

朔方太守大惊失色，急忙奏报了朝廷。

一直以来，匈奴频繁骚扰边境，王莽早已强忍怒火，如今听说乌珠留若鞮单于竟然敢在边境屯兵，越发暴跳如雷，立即任命广新公甄丰作右伯，取道西域出兵。这只军队威风凛凛，杀气腾腾，本来跟匈奴眉来眼去的西域诸国见了之后，都变得异常恭敬，一路上尽力款待讨好，唯恐触碰了"巨龙"的逆鳞，惨遭吞噬。

不过，也有例外。此时的车师后国国王已经换成了须置离。作为一个小国国王，须置离日子过得一向颇为节俭，如今，得知新朝大军即将抵达，

第十七章　剑拔弩张的边境线

不禁眉头紧锁，唉声叹气起来。他和右将股鞮、左将尸泥支抱怨道："甄丰即将率兵来到，按照惯例，应该提供牛羊、粮食和向导。我们只是个不起眼的小国，以前五威将路过时，尚且不能让其满意，何况来的是这样的高官呢？"

"是啊，陛下，我们现在比过去更穷了，恐怕承担不起。"

"那怎么办？"

"得罪了新朝后患无穷，不如逃到匈奴去吧。"尸泥支垂头丧气地说。

"你难道忘了姑句国王的事了吗？"须置离国王苦笑着说，"姑句国王当年就是被匈奴出卖，被新朝人当众砍掉了脑袋，我们还要重蹈覆辙吗？"

"陛下，姑句国王出事时，中原和匈奴跟兄弟一样，现在则争斗不断，匈奴一定不会再出卖我们的。反而会像上宾一样拉拢。再说，我们还有别的选择吗？"

须置离国王低头思索了半晌，权衡了一番利弊，终于下定了决心："你说得对，就这样办吧。"

就这样，须置离国王真的带着尸泥支和几个手下，连夜向匈奴国逃去了。但是这位国王运气很不好，一行人没跑出多远，就被新朝的军人发现了行踪。戊己校尉刁护把须置离和尸泥支像土匪一样抓到了营帐内。须置离在雪亮利刃的威吓下，吓得瑟瑟发抖，将自己的计划供认不讳。刁护没有丝毫同情，准备将其送到都护治所。车师后国的百姓知道须置离此去凶多吉少，自发地聚集在一起，哭着送别国王，场面很是凄凉。

果不其然，须置离一到都护治所，便被第十八任西域都护但钦杀掉了。车师后国百姓得知国王已死，越发哭天抢地，痛哭流涕。须置离之兄狐兰支更是发誓与新朝不共戴天。狐兰支说到做到，从此跟新朝对着干，一找到合适的机会，便率领两千多百姓，驱赶着牲畜，投奔匈奴去了。乌珠留若鞮单于对新朝余怒未消，一切能帮忙削弱新朝的力量都不会拒绝，不但接纳了狐兰支，还答应帮其报仇雪恨。

"'机不可失，时不再来'，不如杀他个回马枪。"乌珠留若鞮单于坏

· 181 ·

笑着说。

"听从陛下安排。只要是能出气，什么都使得。"

乌珠留若鞮单于派兵跟随狐兰支一起斩杀了后城长，重伤了都护司马。当时，刁护身患重疾，不能亲自出征，委派军吏陈良和终带领兵迎敌。陈良和终带是两个孬种。眼看着战斗一触即发，他们却打起了小算盘，私下商议说："西域各国最近多有背叛，匈奴就要大兵压境，我们眼看就要大难临头了。要是不想想办法，肯定性命难保，不如杀掉校尉，率领众人投降匈奴。"

两个人臭味相投，一拍即合。于是将屠刀指向了同胞，杀死刁护跟他的儿子、兄弟，胁迫二千余人，投奔了匈奴，还恬不知耻地自称为"废汉大将军"。乌珠留若鞮单于得知新朝人来降，不由得心中大喜，亲自在王庭迎接，为了瓦解新朝的军心，拜陈良、终带为乌贲都尉。

"一定要好好招待，投降的军人越多越好。"乌珠留若鞮单于心中暗想。

面对匈奴接连不断的挑衅，王莽彻底失去了耐心，下定决心要跟匈奴人斗到底。他在诏书中说，囊知牙斯言而无信，背叛之前约定的四条协议，肆意侵犯西域诸国，将战火蔓延到了我国边境，给百姓造成了极大危害，所犯的罪行应当杀身灭族，下令将匈奴单于改名为降奴单于。

光是打嘴仗是不够的，王莽已经准备开始实打实的反击了。王莽不着急跟匈奴人真刀真枪地干，免得"伤敌一千，自损八百"。在他看来，匈奴人茹毛饮血，有勇无谋，跟野人和动物相差无几。与其力战，不如智取。王莽跟智囊团认真研究了一番，又翻看了几本兵书，最后得出结论——一个统一的强大的匈奴，自然没有一个分裂的匈奴对中原有利。所以，王莽派中郎将蔺苞、副校尉戴级率领一万骑兵，携带大量金银财宝前往云中边塞，将呼韩邪单于的十五个儿子全部封为单于，将匈奴国分成十五个国家。

这还不算，王莽又让他们用计谋将左犁污王栾提咸，栾提咸的儿子栾提助、栾提登诱骗到了云中塞下。赐封栾提咸为孝单于，赐封栾提助为顺单

第十七章 剑拔弩张的边境线

于。用朝廷驿车送到了长安，每天锦衣玉食，全都养得膘肥体壮，脑满肠肥，"乐不思蜀"。事后，王莽对自己的谋略颇为得意，对蔺苞等人的工作也很是满意，封蔺苞为宣威公、虎牙将军，封戴级为扬威公、虎贲将军。

对于这么明目张胆的行动，乌珠留若鞮单于不可能始终蒙在鼓里。其实匈奴分裂是常有的事情，之前有过多位单于并存的局面，但那是匈奴人自己的事情，外人插手则难以接受。乌珠留若鞮单于火冒三丈，心想，这个新朝皇帝真是坏透了，自己的国家竟被他硬生生弄得四分五裂。在激愤之下，干脆跟新朝撕破了脸皮，也顾不上外交礼数了，竟开始公开质疑王莽皇位的合法性。

他在王庭之上破口大骂道："先单于曾经受到汉宣帝的恩惠，我们不能辜负先单于。现在的中原皇帝不是宣帝的子孙，凭什么登上皇位？"

被激怒的乌珠留若鞮单于彻底结束了双方数十年的友好关系。派遣左骨都侯、右伊秩訾王栾提呼卢訾、左贤王栾提乐率军进攻云中郡的益寿塞，进行疯狂报复。侵入中原边塞从此成了家常便饭。规模大时万余人，中等规模数千人，规模小时数百人。匈奴人挥舞长刀，大肆屠杀百姓，连雁门太守、朔方太守及两郡都尉都未能幸免，被掳掠去的牲畜财产不可胜数。

眼看着沿边一带变得民不聊生，王莽自然不能坐视不理。王莽年轻时，也曾经历过万国来朝的盛况，那时的周边各国全都对大汉朝俯首帖耳，唯命是从，何等的谦逊有礼？如今，他继承了汉朝的衣钵，怀着创建儒家理想国度的梦想，反倒让周边各国踩在脚下，这是绝对不能接受的。"夫夷狄之情，困则卑顺，强则骄逆，天性然也。"在王莽看来，这些夷狄就是软的欺，硬的怕，给他们点儿厉害瞧瞧，他们自然老实听话，要是不断示弱，只能让这些野蛮的家伙愈加猖狂。

所以，王莽决定以牙还牙，他派遣立国将军孙建率领十二位将领，分别从五原郡、云中郡、代郡、西河郡、渔阳郡、张掖郡出击，分道并进，讨伐匈奴。这支军队规模庞大，光是偏将裨将以下的军官就有一百八十人。除了正规军之外，"募天下囚徒、丁男、甲卒三十万人，转众郡委输五大夫衣裘、兵器、粮食，长吏送自负海江淮至北边，使者驰传督趣，以军兴法从事，天下骚动。"王莽的目标是穷追猛打，直追到丁零部落，让匈奴人伤筋动骨，不敢再挑衅滋事。他整日整夜地跟几个重臣探讨战略战术。看来这次是动了真格，铁了心要跟乌珠留若鞮单于掰掰手腕了。

自从宣帝朝以来，北部边疆地区已经数代看不到烽火的警报，百姓安居乐业，牛马遍野。如今，因为匈奴的骚扰，不过几年的时间，百姓日渐减少，放眼望去，一片荒凉萧条的景象，还经常能看到无人掩埋的白骨，实在是惹人唏嘘。如今，一部分军队已经率先驻扎在了边境，等待其他部队前来汇合。人迹罕见的边境变得热闹了起来。本来频繁受到匈奴人骚扰，活得心惊胆战的边境百姓一下子有了主心骨，腰杆也硬了许多，说起话来嗓门也大了起来，却不知道新的麻烦来了。偌大的军队，每天都要消耗大量的军粮。补给却没能及时到来。官兵们忍受不住饥饿，开始到处骚扰边民，四处搜刮粮食。

百姓们本来以为这些官兵能赶走匈奴这只猛虎，没想到竟迎来了一群饿狼。官兵破坏力并不比匈奴人差，而且还是自己人，越发让人寒心。现在，整个国家都平添了许多压力。内地的各郡因为要征兵催税，为边防军提供补给，百姓们全都不堪重负。边民们屡屡受到骚扰，更是难以为继，以至于纷纷抛弃家园流浪逃亡。有的甚至在被逼无奈之下，沦落成了盗贼，又去骚扰外地的百姓。并州、平州的情况尤其严重。眼看着外敌未克，又添内乱。王莽只得派兵前去镇压，并且派遣中郎将和绣衣执法予以监管。但是这些中郎将和绣衣执法里也没几个好人，反而利用"天高皇帝远"，扰乱州郡，贪污受贿，干了许多坏事。

王莽得知消息，气得暴跳如雷。心想还没等打仗，自己先乱了套，岂不成了羊入虎口？自己人搞自己人，还怎么跟敌人打仗？先是痛斥了一顿，然后威胁说，以后再有敢犯类似罪行的，立即逮捕监禁，呈报名字。事后，王莽到底放心不下，想了解边境的具体情况，于是，派遣尚书大夫赵并前往视察。

第十七章 剑拔弩张的边境线

"调查得详细一点儿,我想知道出了什么事?"他特意叮嘱道。

赵并长途跋涉,来到军中,跟官兵们同吃同住,亲身体会到了官兵们的艰辛处境。官兵们实在太不容易了,暴露于风雨之中,缺衣少食,瘦骨嶙峋,仿佛一群无依无靠、没有巢穴的野兽。每当匈奴贵族来到中原,中原都厚礼相待,还动不动就送人家些东西,想尽可能地表现国强民富,如今这支疲乏无力、破烂不堪的军队,驻扎在边境线的旷野里,毫无遮挡,袒露无遗,如同自揭家丑一般,简直让人脸红。

"怪不得去劫掠边民,士兵们根本没有饭吃,这怎么能打仗呢?"

赵并既怒其不争,又不禁心生怜悯。

赵并在返程途中,一直在思考着应对的策略。回到朝廷后,先是如实地将所见所闻禀告给了王莽,然后出主意说,五原郡以北土壤肥沃,是可以种植谷物的,之前设置过管理农田的官吏就是证明,应该合理利用才是。官兵们现在不打仗,与其留着力气去抢劫边民,不如让他们耕田种地自给自足。只要能填饱肚子,自然也就不会去做坏事了。王莽觉得这个办法不错,于是任命赵并为田禾将军,命令驻防士兵在五原、北假一带开垦耕种田地,自力更生,同时加大了对违法乱纪官员的打击力度。

然而,秧苗不可能一夜之间长起来,再说,种粮食可没抢粮食容易,官兵们已经形成了恶习,哪那么容易改掉?所以,军队的乱象还在继续,抢劫财物粮食的事屡见不鲜。边民的数量还在不断减少,那些离开的边民去了哪里?有多少人已经死于战乱,有多少人成为俘虏,有多少人在背井离乡地乞讨,又有多少人落草为寇呢?没有人知道。

第十八章　肃杀的朝廷

始建国元年（公元9年）冬季，天空中响起了一阵阵雷声，振得百姓们耳膜生疼。不久，路边的桐树竟然开花了，一朵朵桐花耀眼夺目，仿佛在树枝上落了一堆堆的碎银子。仔细看去，那花朵是如此的新鲜娇嫩，妩媚多姿，靠拢过去，嗅一嗅，竟然还散发着扑鼻的芬芳。这等稀奇之事真是闻所未闻，它们到底预兆着什么呢？

尽管人们心里纳闷，但是已经没人往好处想了。王莽的多项改革都遇到了大麻烦。大臣和百姓们早就不像之前那么疯狂崇拜他了。或许是留意到了上天的"警示"，或许是感受到了朝廷内外的敌意。王莽加强了监视和管控的力度，同时继续在全国各地推广王田令，并且派遣谏大夫到各郡、各封国铸造和推行新币。一些刘氏皇族体察到了王莽的警惕心理，有几个表现得十分务实，主动向王莽效忠：原广阳王刘嘉呈献符命，鲁王刘闵呈献神书，中山王刘成歌颂功德。王莽都加以封赏。

但是，王莽现在的任务不是夺取江山，而是坐稳江山。他警惕的范围已经不只是刘氏皇族，敌对势力正在增多，很多人想把他从龙椅上推下去。正所谓"防患于未然"，警备措施必须升级才行。

为此，王莽花费了许多心思：任命统睦侯陈崇担任五威司命，在朝廷内统制百官，负责纠察弹劾上公以下的官吏；任命悦符侯崔发担任五威中城将军，负责长安的警卫工作，掌管十二座城门；任命明威侯王级担任五威前关将军，负责守卫通往荆楚的峣关；任命慰睦侯王嘉为五威后关将军，把守险要的羊头山和壶口关，守卫燕赵旧地；任命掌威侯王奇为五威左关将军，把守函谷关、崤山、渑池，守卫郑卫旧地；任命怀羌子王福则为五威右关将军，把守城固关和汧山，安抚西戎、北狄等外族。

于是，一个牢不可破的防护网形成了。外可以阻挡匈奴的突袭，内可以防止朝廷内的叛乱。在这个防护网的保护下，王莽终于可以稍稍安些心了。然而，世界太复杂，人心太难测，再固若金汤的防护网也会有人钻空子。王莽越是不想要什么，越是来什么。很快就发生了一件违逆他心意的事。

在长安街上，出现了一个女疯子，破衣烂衫，脏兮兮的，经常四处乱逛，很多人都见过，知道她的名叫碧。不知从哪天起，碧开始模模糊糊地嘟囔着什么，也不知道在说些什么。有的人觉得好奇，上前细听，竟吓得夺路而逃。原来，他听到碧在反复嘟囔说："高皇帝大发怒火了，赶快把国家归还我，不然的话，到九月间一定杀死你们！"

高皇帝指的是刘邦，要杀死的自然是夺取刘汉江山的王莽了，这不是犯了大逆不道之罪吗？路人们深怕受到牵连，纷纷躲闪，唯恐不及。也不知道碧有没有家人，要是有的话，一定会想办法阻拦。然而，已经来不及了。这件事已经传到了王莽耳中，结果毫不意外，王莽马上下令把碧拘捕起来杀掉了。

这件事让王莽很长一段时间都心神不宁，女疯子头脑混乱，能懂什么呢？王莽怀疑背后有人指使，女疯子不过是被其利用而已。背后指使者才是最危险的，也不知道他有什么企图。于是，王莽下令追查到底，然而，由于线索有限，终究没能查出什么结果，主管此事的掌寇大夫也丢了官职。

不久，糟心事越发一件接着一件地多了起来。先是河北真定国刘都等人起兵反叛，被发觉后全部处死，接着，真定国、常山郡下起了大冰雹，将地面砸得尘埃四起，留下了许多坑。庄稼损毁严重，很多当地人甚至被砸死了。王莽听闻之后，想到冬天的响雷和寒风中绽放的桐花，觉得都是不祥的预兆，越发忧心忡忡了。

接下来的几年，王莽仍旧为了推进改革而绞尽脑汁，跟国内外的敌对势力斗智斗勇。然而，治理国家绝非易事，说不定什么时候，就冒个麻烦出来。到了始建国二年（公元10年）十一月癸酉日，长安的街道上又出事了，一个衣衫褴褛的青年男子拦住了立国将军孙建的车子，声称自己是汉成帝的儿子刘子舆，是汉成帝的姬妾所生。

"天下是刘氏家族的，刘氏家族应当复兴，赶快把皇宫交出来。"青年男子嘶吼道。

碧是个头脑混乱的疯子，这个青年男子却是个健康人，因此越发不可饶恕。官员们吸取之前的教训，立即予以了调查，免得错过了最佳时机。结果发现青年男子根本不是什么皇子刘子舆，而是常安人，姓武名仲。这小子估计是吃不上饭，饿疯了，发了昏，才想出这种不要命的勾当来。孙建立即将此事奏报给了王莽。武仲犯了"逆天违命，大逆无道"之罪，自然难逃一死。

在禀报此事的同时，孙建还在奏章中指出，近年来，刘氏皇族接连生事，重的反叛朝廷，轻的违法乱纪，这都是皇帝太过宽容大度的缘故。如果不严厉起来，可能会有更大的祸患发生。建议将汉朝在京师的祠庙全部废除掉；所有身为诸侯的刘姓皇族，根据封户的多少来赐封公、侯、伯、子、男的等级；刘氏皇族中还在当官的，都应予以罢免，在家里等待授予新的官职，从而杜绝狂妄狡猾思想的萌芽，防止生出新的事端来。王莽采纳了孙建的建议，但在诏书中特别指出一些特殊照顾对象：嘉新公、国师刘歆根据符命担任四辅；明德侯刘龚、率礼侯刘嘉等三十二人懂得天命，他们或是进献天符，或是提出好的意见，或是拘捕、告发反贼，功劳都很大。刘姓皇族成员中跟他们同宗共祖的不予罢免，赐姓王。

"国师刘歆无需改姓，他的女儿嫁给了我的儿子。"王莽又补充道。"还有，更改定安太后的称号叫黄皇室主，表明她跟汉朝断绝了关系。"

"陛下英明。"

王莽这次的集中打击不但没起到理想的效果，反而给朝臣们留下刻薄寡恩，无情无义的印象。毕竟刘氏皇族并非全都反对王莽，有几位还在他代汉立新上出过大力。当年最先提议"安汉公行天子事，如周公"的不是泉陵侯刘庆吗？这样不分青红皂白，一打一大片，将刘氏皇族都赶到了对立面，明显削弱了自身的力量，实在不是明智之举。

正所谓"一叶知秋"，以前民众唯恐对王莽的封赏不够，硬要将汉家王朝塞到他手里，如今"三十年河东，三十年河西"，连大街上的疯子都要王莽将天下还给刘氏皇族，可见王莽此时的处境跟以前相比，已然是天壤之别。如今对刘氏皇族的整体打击，只会让这种趋势愈加明显。

实际上，民间已经开始悄无声息地丑化他了，有人说他身高七尺五寸，喜欢戴高高的帽子，穿厚底的鞋子，以显得更高大些。衣物经常用硬毛装饰。跟人打交道时，喜欢挺胸俯视，居高临下，远远地看左右两边，以凸显自己的伟岸肃穆，却给人高傲疏离之感。曾有个凭方技在黄门等候任用的人看到过王莽。事后，有人向他打听王莽的样子。那人或许求职不是很顺利，挖苦说王莽眼睛像猫头鹰，嘴巴像老虎，声音像豺狼，还说他能吃人，将来也会被人所吃。发问的是个小人，竟然告发了此事，这样的话传到王莽的耳中，等待任用的人肯定难逃一死，告发的人则得到了赏赐。据说，王莽从此变得愈加神秘了，喜欢用云母屏风隐藏住自己，只有亲信可以看到，外人则很难看得到了。

"美"和"丑"往往带有一定的主观性。如此挖苦王莽的人，如果是在王莽还是全民偶像的时候看到他，说不定就会用不同的评语了。可见改革的失败，正让王莽的支持率暴跌。而民意的力量是巨大的，正所谓"众口铄金，积毁销骨"。这种危险的趋势带来了巨大的震荡。不久前，对刘氏皇族的打击则如同火上浇油，甚至让王莽的"后院"都失起火来了。

当初，甄丰、刘歆、王舜是王莽最主要的几个心腹，极力表彰王莽的功德，倡议让他登上高位，掌握大权。王莽获得安汉公、宰衡的称号以及增加种种封赏，都是他们共同策划的结果。伴随着王莽地位的逐渐升高，他们也名利双收，得到了相应的回报。但是他们的目标仅止于此。没想到是，他们点燃的"火焰"竟泛滥开来了，对王莽的崇拜席卷了朝廷内外，再想收手已经来不及了。王莽羽翼渐丰，翅膀已经硬了。这就像亲手塑造了一个偶像，结果这个偶像越长越大，变得顶天立地，失去了控制一样。

从泉陵侯刘庆、前辉光谢嚣开始，各种符命纷至沓来，王莽的声望越来越高，甚至于在朝野内外的拥护下，居摄践祚，当上了"假皇帝"。这并非甄丰、刘歆、王舜之前的愿望。然而，事已至此，在无奈之下，也只能顺势而为。刘歆明白王莽想要掌握政权后，干脆一不做二不休，帮助王莽打通了代汉立新的理论关卡，让他做了真皇帝。一路走来，三个人对自己发挥的作用心知肚明。虽然得到了相应的封赏，但是都暗中担心刘氏皇族和天下豪杰找他们算账，开始疏远那些利用符命拼命往上爬的人，不过，这种顾虑很快就被对权力的无尽欲望取代了。

甄丰一向刚强好胜、不甘人后，总觉得自己没获得跟贡献相符的封赏。王莽察觉到了甄丰的心思，以金匮符命为借口，将甄丰从太阿、右拂、大司空调任为更始将军，可仍旧无法让野心勃勃的甄丰满意。因为甄丰此时也不过与卖饼儿王盛平级，甚至连弟弟甄邯的地位都比不上。其实甄丰的感觉是正确的，王莽当初很可能有故意打压甄丰的意思。以甄丰的功劳，完全有资格进入四辅。而打压他原因，恰恰因为他的野心和功劳都太大，刚刚登上皇位的王莽当然不希望有人威胁自己的地位，所以就利用新上位的哀章、王兴、王盛来进行权力的分割。

此时，制作符命已经蔚然成风，看得官员们眼花缭乱，真假难辨。以至于百姓们在路上相遇，都经常开着玩笑地问一句："唯独你没得到上天的任命状吗？"司命陈崇认为这打开了奸臣追求利禄的道路，而且混乱了天命，王莽也认为这股风气相当危险，于是听从司命陈崇的意见，委派尚书大夫赵并予以打击，只认可五威将帅颁布的符命，自行制造符命者一律逮捕入狱。但是仍旧难以彻底扭转这股歪风邪气。

眼看着一些不知出处的小人物纷纷制作符命索取高官，封侯拜相，甄丰的心里愈加不舒服。在他眼看，那些人都是凭手段上位的骗子，而他甄丰则是依靠真本事爬上来，这当然有云泥之别。可是他能怎么样呢？告诉世人，符命都是假的？可连王莽的皇位都是依靠符命等到的呀！

第十八章 肃杀的朝廷

甄丰的儿子甄寻时任侍中京兆大尹，封爵茂德侯。和父亲性格相似，争强好胜，不知餍足。或许是为了实现个人野心，或许是为父亲没得到公平的待遇鸣不平，竟然"以其人之道还治其身"，也仿效那些奸诈小人，制作起了符命。他在精心制作的符命上说，应当把京城附近地区以陕县为界划分开来，仿照周公、召公的成例，设立两个行政长官，任命甄丰作右伯，太傅平晏作左伯。王莽尽管已经看出了甄寻的伎俩，但是考虑到他们父子之前的确做出了不小的贡献，也就顺水推舟地将甄丰任命为了右伯。

"人心不足蛇吞象"，他还是低估了甄寻的贪婪。尝到了甜头的甄寻私下里又动起了手脚。到了甄丰任职西行的日子，一道更有冲击力的符命出现了："故汉室平帝之后黄皇室主乃甄寻之妻。"

这道符命彻底把王莽激怒了。甄寻的胆子实在太大了。他是个什么东西？黄皇室主怎么可能屈就这等贪得无厌的小人？再加上符命近来愈演愈烈，质疑者日渐增多，王莽担心受到连累，也想借机震慑一下。因此，这次的火气发得格外大。

"黄皇室主乃是国母，甄寻说的是什么话！"王莽怒气冲冲地在朝廷上质问道。

甄丰跟王莽共事多年，对王莽的性情了如指掌，见王莽这次真的动了怒气，知道大劫难逃，干脆畏罪自杀了。甄寻没有父亲的勇气，跟着制作符命的方士躲进了莽莽苍苍的华山，过起了逃亡生活。王莽下定决心要加以惩治，坚决不肯放过。华山虽大，禁不住官兵们的密集翻找。再说缺衣少粮，也不是一般人受得了的。何况甄寻还是个养尊处优惯了个青年贵族呢。过了一年多，终于把披头散发、野人一样的甄寻翻了出来。官兵们如获至宝，立即将甄寻马不停蹄地押送到了京师。

严密紧张的审讯开始了，这次审讯非同小可。甄氏父子曾是朝廷重臣，有着自己的政治集团。所以朝臣风声鹤唳，都怕受到牵连。果不其然，甄寻的供词牵涉国师公刘歆的两个儿子：侍中东通灵将刘棻和右曹长水校尉刘泳，刘歆的学生侍中骑都尉丁隆、大司空王邑的弟弟左关将军王奇等人。

公卿、亲族、列侯及以下受到牵连者多达数百，已然成了朝野关注的一桩大案。

"陛下，甄寻手上的纹路有'天子'字样。"审讯结束后，有大臣汇报道。

"哦？他还想夺取朕的江山吗？"

王莽冷笑了一声，命令刽子手在行刑后，割下甄寻的胳膊，拿给他看一下。不久，血淋淋的断臂真的运到了未央宫。

"这是'一大子'。"王莽仔细查看了一番，念念有词地说，"或者是'一六子'呀。'六'，就是'戮'，这表明他们父子应当被杀掉。"

之后，王莽仿照虞舜惩罚四凶的先例，下令把刘棻、甄寻、丁隆三人的尸体装上车子游街示众，让百姓们看看违法乱纪是什么下场，然后，分别运送到了幽州、三危山和羽山，让他们永远做孤魂野鬼。可想而知，之前失去了女儿，如今又接连失去两个儿子的刘歆肯定肝肠寸断。不过，话说回来，王莽对自己的亲生骨肉都能下得去手，亲家的孩子又算得了什么呢？

实在是个多事之秋，这件事的余韵尚未消退，又传来一个坏消息，太师王舜又倒下了。

虽然事发突然，但是并不意外，王舜的健康恶化已经不是一天两天了。王莽也早就知道。王舜血统尊贵又能力出众，本来可以大展宏图的。却在王莽登基后，害了心悸病。整晚地做着噩梦，经常大半夜呼喊着惊醒。这很可能来自内心的焦虑。他是王莽的左膀右臂，自然也要分担王莽的压力和烦恼。由于帮助王莽代汉立新带来的强烈不安，王舜终于病情加剧，撒手人寰了。

王莽闻讯后，悲痛万分，在王氏家族中，除了王太后之外，王莽与王舜走得最近。他们不但是堂兄弟，而且是知己和好友。他们性格相近，互相欣赏。在事业上，王莽也一向对其颇为倚重，没想到王舜竟这么快就走了。王莽痛失肱骨之臣，心中惆怅不已。他在诏书中将王舜比作品德卓越的齐太公，极尽赞美和哀悼。让王舜的儿子王延继承王舜的爵位——安新公，又让

第十八章 肃杀的朝廷

王延的弟弟褒新公王匡担任了太师将军。

"希望你们能继承父亲的遗志,世代作新朝的辅佐。"王莽忧伤地说。

两年后,大司马甄邯也死了。就此,"四辅"分崩离析,只剩下了刘歆一人。可是两人的裂痕恐怕早就有了。刘歆后来的表现也证明了这一点。悲剧真是没完没了。朝廷内外的敌意在渐渐升腾起来,就像笼罩在未央宫上空的阴霾一样。王莽唯一能做的就是继续努力,用实实在在的成就改变世人对他的看法。辅政时期的美好回忆,给了他前进的勇气,也让他倍感失落。他感觉所有人都在暗中嘲笑他,嘲笑他的改革失败,甚至于落井下石,从中搞鬼。

一天,汝南人郅恽曾借星象变化的机会,上书说:"上天所以发生异象,是在想使陛下觉悟,使陛下回到臣僚的位置上。取之于天,应该交还给天,才算是懂得天命。"王莽大怒,立即派人逮捕了郅恽,下入了诏狱。之后,王莽越发觉得大臣们不可靠了,开始尽可能地限制和削弱大臣们的权力,甚至于暗中鼓励大臣们互相检举,凡是善于挑剔其他大臣毛病的,都会得到提升和重用。孔仁、赵博、费兴等人因为敢于挟击大臣,都得到了信任,担任了要职。日子久了,弄得朝廷上变得人心惶惶。

为了加强警卫工作,王莽每当出行前,总要先搜查城里,称之为"横搜"。搜查一次是不够的,一个月要搜查了五天才放心。回想当初,哪里需要花这么多心思?沿途顶礼膜拜的人倒是很多,人们奉上的是鲜花、美酒和赞美。可是,好日子已经一去不复返了。自从王莽登上了皇位,就仿佛从锦绣丛中,跳进了火坑。王莽甚至走在路上,都担心会射来一支冷箭,或者劈下一把利刃,甚至连公卿大臣进入宫殿,都要限制随从数量了。

一天,太傅平晏有急事拜见王莽,忙中出错,随从的数量超过了规定。掖门仆射见状,急忙上前盘问。因为王莽平时要求甚严,语气可能稍稍强硬了点,因此惹恼了太傅府里的戍曹士。戍曹士当面不好发作,却私下里拘捕了掖门仆射。

"你是个什么东西?"他狠狠教训道,"知道当时站在你面前的是谁吗？"

"是平晏大人。"

"知道是平大人，还敢放肆无理？"戊曹士将掖门仆射骂了个狗血喷头，还狠揍了一顿。

本来事情并不算大，却辗转传到了王莽耳中。王莽很不高兴，命令是他下的，欺辱执行命令的掖门仆射，岂不是跟他作对？到底这天下是谁的？王莽让执法调动战车数百辆，大张声势地包围了太傅府，逮捕了那个惹出事端的戊曹士，当场予以处死。平晏吓得瑟瑟索索，急忙跪下求饶。王莽看在过去功劳的份儿上，加之本人并不知情，所以没多做追究。

又有一次，大司空王邑的一个办事员晚上外出办事，碰巧经过奉常亭，亭长责问他为何深夜至此？办事员因为是大司空的手下，地位尊贵，绝非一般办事员可比，估计平时骄横惯了，想要以气势压倒亭长，就大声说出了自己的身份。亭长喝醉了，见办事员傲慢无礼，一时气不顺，竟伸手索要证明。

"证明在哪儿？"

"什么意思？"

"你不是大司空的手下吗？有证明吗？"

"混账！"

办事员感觉受到了侮辱，气急败坏地用马鞭子狠狠抽了亭长一顿。亭长也是个不好惹的，仗着酒劲，反过来砍伤了办事员。一番口角武斗之后，亭长的酒早醒了一半，见趴在地上、浑身是血的办事员穿着体面，谈吐不凡，定然是大司空府上的人无疑了。"三十六计走为上计"，干脆溜之大吉。

办事员当然不会就这样放过亭长，郡县迫于大司空的权势，也派了许多人帮忙追捕，就像追捕一只伤人的野兽一样。亭长犹如惊弓之鸟，成日东躲西藏，饱受逃亡之苦。其家人认为亭长乃是公事公办，并没犯什么过错，上书申诉冤情。王莽得知此事后，也认为处理不公，责任出在那个办事员身上。大司空王邑很识时务，先是主动反省了自己的过错，又严厉斥责了那个办事员，并且亲自前来请罪，此事才算作罢。

连大司空都不通融，可见王莽对大臣要求有多严格。在王莽看来，大臣们对改革失利负有不可推卸的责任，日渐泛滥的贪腐更加不可饶恕。君臣之间甚至有了对立情绪。一些大臣们一看到王莽就紧张得说不出话来。王莽对大部分公卿都很瞧不起，其中以哀章为甚。哀章坐上国将的高位后，因为根基浅薄，学识不足，很快就原形毕露了。考虑到其官职是符命的安排，王莽不好将其罢免，专门设置了个名叫和叔的官职，负责匡正监督哀章和其在西州的亲属。然而，"癞狗扶不上墙"，哀章到底难有建树。

大臣们不是背叛、贪腐，就是无能，这就像国家机器上的零件松动或是上锈了一样，给王莽增添了许多烦恼。而他对大臣们越是不信任，就要求越严厉，样子也越可怕。于是，朝廷内外的氛围越发肃杀了。大臣们噤若寒蝉，每次上朝都战战兢兢，生怕出事。

第十九章 "为王者永无宁日"

像所有皇帝一样,王莽希望江山永固,万载相传。始建国三年(公元11年),为了增加皇太子的学识修养,王莽特地在朝中调选品德高尚、人品卓著的大臣,设置师、友各四人,祭酒九人。这么多老师围着打转,可想而知,皇太子的学习压力不小。另外,王莽还下令从官吏或平民中推举人才参与改制,颇有民主协商的意味。

王莽邀请的学者、名士大多都很配合,前来出仕的有琅琊人纪逡、太原人郇越和郇相,沛人唐林和唐尊等人。全都坐到了公卿的高位,享受尊荣。与此同时,一些大臣看不惯王莽的作风,已经相继离开。其中包括大司空彭宣,继任的大司空王崇,光禄大夫龚胜,太中大夫邴汉、齐郡人栗融、北海郡人禽庆、山阳人曹竟等等。

彭城人龚胜尤其没给王莽面子。龚胜是当时的名士,才学过人,通晓"五经",与龚舍并称"楚国二龚"。哀帝时,一路做到了光禄大夫,后辞官隐退。王莽求才若渴,早就听说过龚胜的贤名,特地派遣使者带着诏书、印信,驾着四匹马拉的安车去接,想要拜其为师友祭酒。

使者手里捧着诏书、印信,心中充满了自信,以为肯定会受到隆重欢迎,没想到,却碰了一鼻子灰。龚胜卧病在床,连门都不肯出。使者站在门口,苦劝了很久,才把诏书、印信交到了他手里。只见这老头脸上一点儿喜色和感激都没有,拿在手里的不像是皇帝的诏书。

使者知道这些文人都清高、爱面子,所以态度格外恭敬,深施一礼说:"圣明的新朝一直未曾忘记先生。如今朝廷的礼制还没完成,等待先生前去

第十九章 "为王者永无宁日"

主持。皇帝也希望听取先生的治国之道以安定天下，请务必不要推辞。"

"我向来愚昧，又已老迈，如今身染重病，能有什么用呢？"龚胜在病榻上有气无力地说。

"先生是难得一见的人才，请不要太过谦虚。"

"我命在旦夕，如果随阁下上路，一定死在途中，实在是没有益处呀！"无论使者如何劝说，龚胜总是推辞。

使者黔驴技穷，又担心王莽怪罪，只好回去奏报说，正值盛夏，暑热难当，龚胜身患重疾，缺少气力，不宜上路，不如等到秋高气爽时再说。之后，使者为了交差，每隔五天，就与郡太守一同去问候龚胜起居，却始终无法感动龚胜。使者无奈之下，希望能通过龚胜的儿子和学生来说服龚胜，还以高官厚禄相诱。龚胜得知之后，私下叹息说，自己当年承受汉朝的厚恩，无法报答，现在年迈了，旦暮就要入土，难道还要以一身侍奉两姓君王吗？那在地下如何面对故主呢？

于是，龚胜吩咐家人准备后事，并嘱咐要薄葬，然后开始饮食不进，十四日后，撒手人寰，终年七十九岁。

与龚胜相比，薛方则要圆滑许多。薛方既不想做违心之事，又不想得罪朝廷，于是对不断来访的使者推辞说："唐尧、虞舜一样的贤人在庙堂之上，民间就会有巢父、许由一样的隐士。而今，圣明的主上尊崇唐尧、虞舜的美德，所以我愿意像许由隐居箕山一样不再入世。"

王莽本来对薛方不入朝为官感到颇为不悦，后来，听说薛方将自己比作唐尧、虞舜，心中十分受用，也就把火气收回去，不再勉强了。

连孔圣人都"穷于商周，围于陈蔡，受屈于季氏，见辱于阳虎"。可见人生在世想要事事如意很难。这一年，王莽的事情还是不少，先是谣传池阳县出现了许多蹊跷的小人影儿，全都高一尺多，有的乘坐车马，有的步行，手里拿着各种各样的器物，大小跟人影正好配合。这些小人三天才后才彻底消失。不久，黄河各郡又出现了蝗灾，接着，黄河在魏郡境内决口，泛滥到了清河郡以东，王莽担心会冲毁元城的王氏祖坟，急忙召集群臣想办法。直到听说决口河水向东流去，这才长舒了一口气。

与此同时，那些故作清高的大臣，还在给王莽"添堵"。沛郡人陈咸是王莽老师陈参的父亲，学养深厚，熟悉律令，曾在哀帝、平帝朝担任尚书，一向为王莽所看重。当初，王莽大量更改汉朝制度，陈咸就已很是不满，但还能勉强上朝。等到何武、鲍宣被诛杀后，陈咸终于忍无可忍，离开了朝廷。王莽登基之后，曾征召陈咸担任掌寇大夫，陈咸坚决不肯出仕。让三个儿子陈参、陈钦、陈丰全都辞职回家，不跟外界往来，过起了隐居的日子。还把有关法令的书籍都藏到墙壁之中，如此奇怪的举动，自然让人困惑。只有在祭拜祖先和众神时，外界才能看出陈咸的真实想法，因为他仍用汉朝规定的日子。

"为什么不依照新朝的规定呢？"有人明知故问。

"我的祖先难道知道王莽安排祭祀的日子吗？"陈咸的回答倒也不无道理。

在中国，这般与朝廷作对，反而容易得到一个贤良之名。正所谓"不事王侯，高尚其事"。在中国人看来，他们都是不被名缰利锁束缚，两袖清风、品格极高的人。比那些为了功名利禄，出卖信仰灵魂的人要强得多。所以，"不为五斗米折腰""采菊东篱下，悠然见南山"的陶渊明一向很受欢迎。君王们也往往被这些隐士高人们"打脸"。

尽管当面泼冷水和暗地里说风凉话的人不少，但王莽还在信心十足地推进着改革，真有股"不撞南墙不回头"的劲儿。始建国四年（公元12年），王莽带领朝臣们来到了明堂，正式授予诸侯们象征封国的茅土。另外，将国家按照《禹贡》分为九州，封爵按照周朝制度分为五等，诸侯和附城的数量都定为一千八百个。现在虚位以待，只要合乎标准，都可以获得尊号和荣耀。在这次仪式上，受封的公侯及以下者共有七百九十六人；附城有一千五百一十一人。

跟上次大封刘氏皇族差不多。由于地图和户籍没有调查规划好，这次也不过是权宜之计，做做表面文章，并没有真的授予封地，只是让诸侯在京城的官署领取俸禄，每月象征性地给几千钱而已。这些"诸侯"并没能得到太大的实惠，大多都生活得相当困难，甚至有受雇替别人做工和沦为阶下囚的。谁能想到那些个衣衫褴褛，接近于乞人的穷家伙竟然是"诸侯"呢？

五年后，即天凤四年（公元17年）六月，王莽如法炮制，再次来到明堂，将象征封国的茅土授予诸侯王。"告于岱宗、泰社、后土、先祖、先妣以班授之"，却仍旧不能给予太多实质性的好处，那些诸侯只能得到一些虚名，不过满足下虚荣心而已。王莽其实是想以这种方式招揽人心，弥补分裂，安定国家。另外，也给那些对他寄予厚望的儒生们一定的安抚，告诉他们，自己一直走在"奉古改制"的路上，早晚能兑现"制礼作乐"的诺言。

王莽如此倾尽全力地仿效古制，岂止是讨好儒生们，恐怕也有迎合国人的意思。大家不都说"师古"才是正途吗？不都在推崇周朝的制度，羡慕周朝的礼乐教化吗？就给你们一个大周朝好了。他这个皇帝正在凭借手中的权力圆梦，圆天下苍生的梦，也是圆他自己的梦。然而，这注定是个残缺不全和无法实现的梦。封完了茅土之后，王莽越加意气风发，将"四夷"都不放在眼里，他决定以伟大的皇始祖考虞舜为榜样，在初春时节到东方巡视。让天下人都认识一下他这个大新皇帝，免得以后认错了人。

皇帝出巡是要讲究排场的，然后又不适宜过度消耗国库。有大臣提议征集官府和民间的人力、马匹、麻稠和丝绵作为经费，整合起全国的力量，共同完成这个目标，很快得到了王莽的批准。于是，大征集轰轰烈烈地展开了，十二个郡国同时推进，各种物资纷至沓来，等到攒够了一定的数量，按批次运送到京师。眼看着物资一批批运了过来，王莽心里很舒坦。在他看来，这不单单是物资而已，这代表着人民对他的支持。

"物资是节衣缩食得来的，证明百姓们跟我还是一条心。"王莽高兴地想，"看来我之前多虑了，百姓们还是支持他们的皇帝的啊。"

王莽每天都打听着物资运送的消息，就像不断往自己的体内输入新鲜的血液一样。那种舒服自在的感觉简直难以形容。只要仍旧拥有民意的支持，就可以江山永驻，万事可为，也就有了战胜困难的力量，推进改革的底气。

王莽不禁蠢蠢欲动，忍不住又想"折腾"了，该从什么地方入手呢？什么地方还可以完善呢？还没等王莽拿定主意，一个坏消息突然传来——王太后病倒了。

此时的王太后已年过八旬。她经历了四世皇帝，始终身居国母高位，享受国家奉养六十余年。在外人看来，福禄寿喜真是全了，然而其中的坎坷心酸，恐怕只有自己知道。无论如何，人生路总有走到尽头的时候。现在，衰老和疾病正像条巨蟒一样紧紧抓住王太后，要把她拖到一个深不见底的深渊里去。死亡的灰色斗篷正在披向她的肩头，王太后知道自己这次是逃不掉了。

"既然逃不掉，也就无需挣扎了。与其苟延残喘，不如省些力气。"王太后在半睡半醒间对自己说。

现在，王太后生命中最重要的人之一，她曾经的"亲密战友"，她的侄儿王莽来探望她了，听到太监的禀告后，王太后慢慢苏醒了过来，虚弱地睁开了眼睛。多么欣慰啊，她还能看清这个世界，还能看到自己的侄儿。王莽总是很忙，忙着治理国家，忙着一些乱七八糟、吃力不讨好的事情，他们已经很久没见了。王莽也老了，满脸都是皱纹，眼角挂着泪水。他曾经是她的宠儿，无数个日日夜夜，他们并肩战斗，与政敌周旋。他们成功过，也跌入过深谷，经过无数次挫折和磨难，终于赢得了天下……

重新掌权之后，他们睚眦必报，痛快至极，大大地出了一口恶气，之后，没有反对，也没有流血，他在一片赞誉和支持声中，登上了帝位。仿佛一切都是上天的安排。可是，作为他的姑母，她仍旧觉得自己是有罪的。这副"大家当"就这样让她弄丢了？现在，就要到清算的时候了，她就要见大汉朝的列祖列宗们了，高祖、武帝、宣帝、元帝，让她又爱又恨的儿子成帝，还有像小鬼一样可怕的哀帝，他们会怎么待她呢？他们会说些什么呢？

看啊，王莽哭得多伤心呀，她有时有这样的错觉——他就是她的儿子。王莽称帝之后，仍旧千方百计地讨她欢心，尽力弥补对她的忤逆和伤害。她其实什么都知道。他的孝心，他的野心，他的心机……他们之间其实很少发

第十九章 "为王者永无宁日"

生冲突，他们都是聪明人，总是点到为止，然而，鲜有的几次却格外激烈，比如他自作主张地将元帝庙改为"文母篹食堂"，还挂上"长寿宫"的牌匾作为掩护，她看到之后，当场就翻了脸，让他很没面子，之后，她没少在背后数落他："可以不尊敬鬼神吗？那是要遭报应的呀！"

后来，她不断暗中跟他作对。王莽下令让本来穿黑貂衣的贵族们改穿黄貂衣，她就故意让身边人穿黑貂衣，生活起居也都按汉历走。每到汉朝的元旦和腊日，就和身边人对坐饮酒，以示不忘汉朝。她就靠这些小事来宣泄不满……

所有这一切又浮现在眼前，真是历历在目啊。

现在，她的力气快用光了，视线也时而模糊，时而清晰，她感到自己的手被王莽紧紧握住了，王莽仿佛要将生命力传送给她似的，她听到王莽在低声抽泣……

"你让我成了大汉朝的罪人。"王太后气若游丝地说。

"太后，一切都是天意。"王莽擦了擦眼泪，叹息着说，"都是上天的安排。"

王太后下垂的嘴角微微抖动了一下，没再多说什么。上天已经对王莽做出了惩罚。她知道的。王莽这些年并不好过。他做了皇帝后，远没有做大臣时快乐。这从他那常年阴沉的脸色就能看得出来。她离开后，王莽还将接受各种各样的考验，还将继续在炼狱中煎熬。再过上若干年，也跟她一样坠入深渊里去，所有人都会死的，不是吗？在那之前，王莽会经历什么呢？他做了那么多大胆的改革，民众还会支持他吗？

也许有一天，王莽会在另一个世界告诉她……

为了给王太后祈祷平安，王莽将到东方巡视的计划搁置了起来。所有装满物资的马车全都停了，仿佛它们会推动王太后的病情似的，仿佛只要这样做，时间就会停止不动似的。然而，在冷酷无情的死神面前，一切都是徒劳无益的。始建国五年（公元13年）二月初三，王太后宫车晏驾，享年八十四岁。

王莽悲痛欲绝，为王太后举办了盛大的葬礼，浩大得可以用惊天动地来形容，好像要将国库清空似的，然后，将王太后穿上金缕玉衣的遗体下葬在了渭陵，跟元帝合葬在一处。中间特意划开一条沟，以示王太后"文母"的特殊身份。下令在长安设立祠庙，世世代代祭祀。元帝配享，神主安放在王太后神龛的下面。王莽诏令扬雄为王太后作了篇洋洋洒洒的诔文，以兹纪念。诔文追述了王太后的功绩，以及不朽的德行。王莽读罢之后，想到王太后的恩情，黯然神伤了许久。他为王太后守丧三年，犹如嫡子，极尽哀悼之意。大臣们都真真切切地感受到王莽的伤痛。

但是，王莽必须克制自己，他是一国之君，还有数不清的事需要处理。很多人遇到困境，喜欢给自己放个大假，但王莽不是这样，他遇到的困难越多，他就越是忙碌。他又做了许多小规模的改革：命令全国的小学，用戊子日代替甲子日，当作每六十天的开始；将戊子日作为吉利的日子，建议在这一天举行冠礼；指出从戊寅开始的十天是不吉利的日子，不适宜举行婚礼；将宁始将军改称为更始将军；把"新"字改成了"心"字，又把"心"字改成"信"字。类似的变更层出不穷。不过，老百姓早已习惯了他的行事风格，大多照旧行事，不予服从。因为说不定哪天还要改回来呢。

等到王莽心情稍稍稳定了些，他又开始着手做"大事"了。他之前曾在诏书中提到过要把洛阳作为新朝东都，跟西都长安并驾齐驱，形成东西两都之势。后来，因为王太后突然病倒而耽搁了。现在看来迁都一事仍旧相当必要。应该提上日程才是。

立洛阳为首都的提议其实早已有之。

汉初，刘邦"左右大臣皆山东人，多劝上都洛阳"。先是在娄敬的建议下定都关中。在张良遏关中以治关东的决策下，最终定都长安。然而，后来问题出现了，经过两百多年的发展，"三辅迫近於山、河，地狭人众，四方并凑，粟米薪菜，不能相赡"，如果迁都洛阳，这些问题都能迎刃而解。不过，长安早已成为全国政治、经济、文化中心，不但达官贵族们不愿离开，普通民众们一样故土难离。因此，迁都的消息刚一传出，私下反对者就已很多,如今提上日程,朝野内外愈加震动。为了表明心迹,很多民众不再修葺房屋,甚至故意拆掉了部分房屋,以示抗议。

这些民众大多是短视的,自私的,狭隘的,因此抗议之声此起彼伏,一些糊涂官吏甚至跟着一起鼓噪。王莽迫于无奈,只好又用起了符命的武器,用老天爷这张王牌来向反对者们施压。他以玄龙石上的文辞和木星所在的位置为依据,警告说:"到始建国八年,木星居于星纪宫,就要奠定洛阳都城。现在要维护好长安,不要让它毁败了。敢有违犯的,就把名字报上来,一定会严惩他的罪行。"

在重重阻力面前,王莽态度始终很强硬。他不准备向百姓们退让,因为他认定迁都利国利民,乃是正确之举,他要用实际行动提醒民众们,他们的抗议不会起到任何作用。他认准的事情就要坚持到底,什么都不能阻挡他的迁都计划。时间来到天凤元年(公元14年)正月,王莽先是宣布大赦天下,然后旧事重提,准备展开巡视活动,事先特意提醒太官随身携带好干粮干肉,到时地方上都无需提供什么供给。因为一路上都会厉行节俭。他要携带犁铎、锄头、镰刀、连枷,在四方参与耕作,鼓励百姓勤劳致富,礼敬上天。

"结束巡视之后,立即迁都洛阳。"王莽大手一挥,毫不客气地说。

官员们劝谏说,王莽在王太后过世后,难忍悲痛,饮食减少,身体还没复原,最好将巡视推到国丧期满之后。官员们言辞恳切,语气真诚,显然是在为王莽着想。于是,王莽将巡视日期改到了天凤七年,但仍旧派遣太傅平晏和大司空王邑前往洛阳选择地基,准备兴建皇家祠庙、土谷神社和祭祀天地的坛址。这些最基本的设施一旦建好,马上推进迁都计划。

回头看,迁都洛阳的确是个英明的决定,也是解决长安当时问题的最好办法。可惜这些计划还未付诸行动,新莽政权就灭亡了。首都到底还是迁到了洛阳,只不过是由东汉光武帝刘秀完成的,被当作其历史功绩之一,很多人却忘了这一计划曾经由王莽主导过。当然,正所谓"成王败寇",历史将由胜利者书写,失败者难免要陷入被动。

连迁都这样的事都这样艰难,可想而知王莽在推进各项改革时会遇到多大的阻力了。历朝历代的改革，都没有他走得那么远，那么艰难。如果没有刚强倔强、不屈不挠的性格，肯定难以坚持。不过，王莽在登基前取得过巨大的成功，这让他积累了大量的自信。另外，王莽还有一个力量的来源，那就是对天意的信任。他始终坚信自己是天选之子，上天怎么会亏待自己选择的对象呢？只要遵从内心，拼命努力就是了。每当遇到挫折，王莽都当成上天对自己的考验。

上天对王莽的考验似乎从未终止过，有时候，显得格外严厉。据史书上记载，天凤元年（公元14年）的夏天，突然气温遽降，下了一层厚厚的霜，冻死了诸多的草木，沿海地带尤其严重。到了六月间，又大雾弥漫，伸手不见五指，放眼望去，一片苍茫。到了七月间，刮起了大风，风力是如此强劲，以至于将一棵棵大树连根拔起，扔得到处都是。房屋上的瓦片纷纷吹落，摔得"哗哗"作响。接着，又下起了硕大的冰雹，连牛羊都被打死了。

室外雨雪风霜，灾情不断，但王莽在室内也没闲着。这一年，王莽又做了一番新的调整。他以《周官》和《王制》为指导，设置了卒正、连率、大尹，设置州牧、部监二十五人。把长安郊区划分为六个乡，每乡设置乡帅一人。把三辅地区划分为六尉郡。把河内郡、河东郡、弘农郡、河南郡、颍川郡、南阳郡作为六队郡。把河南郡大尹改名为保忠信卿。增加河南郡属县三十个。设置六郊州长各一人，每人管辖五县。其他官名全都做了改动。

王莽还将大郡进行了划分，最多的划分为五个郡，合计共一百二十五个郡，二千二百零三个县。又把国土划分为惟城、惟宁、惟翰、惟屏、惟垣、惟藩六服，总共一万个封国。这以后，每年都有变动，一个郡甚至改了五次名，最后，还是恢复原来的名字。因为变化个没完没了，官吏和平民都快要记不住了。以至于每次下诏书，都不得不在新名下面附记上原来的名字。这些变更很多都是多余的，只会增加百姓的不满。

王莽心中的"标准"是什么呢？是古圣先贤们得到一致认可的训导，是周王朝广为传诵的成功经验。既然有完善的模板，遵照执行自然是最聪明的做法。王莽改来改去秉承的这一原则。所以，他改置的官职，并没有太多的创新，几乎全部周代官制和上古传说为依据，也就是抄袭自前人。然而古人的安排不一定就是正确的，即使是正确的，也不一定就适合当下。因为王莽盲目复古，在官职上造成了官职冗滥，机构臃肿，财政负担等诸多问题，以至于尾大不掉，一改再改，遗患无穷。

在王莽看来，官职的设定还是次要的。最重要的是拥有一套理想的制度，更确切地说是恢复或是接近周王朝的制度。王莽认为，一旦拥有了理想的制度，所有问题就会自动消失，天下自然太平，这就像只要土地下的根足够茁壮，就一定能长出繁茂的参天大树一样。周王朝之所以能长达近八百年，就是因为制度的完善。后来之所以分崩离析，天下大乱，则是因为礼崩乐坏，制度遭到了破坏。因此，完善制度乃是重中之重。

王莽在这方面花费了大力气，他不但自己花心思研究，还号召公卿大臣群策群力，跟着一起探讨。然而，"远水不解近渴"。老百姓要吃饭，要生活，要活下去，根本等不及建立起古代圣王的礼制。何况王莽和大臣们眼中的周朝，完全是从典籍中得来，有太多的虚妄和不切实际。但是，人要看清自己是很难的，王莽的领导班子成员都是跟他一样的儒生，一旦开起会来，真是满屋子的书呆子气，说起话来都是引经据典，之乎者也，张口闭口离不开圣王之制。几乎所有人都在向后看，到古代找"药方"。这样做，怎么可能与时俱进呢？

但王莽认定自己走在正确的道路上，每天都信心十足，睡得踏实，语气坚定。指挥和布置起工作来，挥洒自如，有如神助。但是，现实不会跟着撒谎，大多时候实际上是在原地打转，根本没取得任何进展。朝臣们在他的激励下，也都跟打了鸡血一般，夜以继日地"工作"着，从早晨上朝开始，一直到晚上退朝，讨论个不停，好像耽误了一天，一个时辰，就耽误了儒家理想国的到来似的，却做不出什么真正有建设性的决断。就这样，朝廷在假大虚空的事情上浪费了大量时间。这就像服用某种具有麻醉作用的药物，除了自我安慰之外起不到任何作用。时间都花在了这上面，自然也就没精力解决具体的问题了。很多诉讼冤案和百姓迫切需要解决的难题遭到了搁置。县官职位出现空缺的,时常好几年由人代理。朝廷外派的官员在全国各地四处驰骋,络绎不绝。普通老百姓们看得眼花缭乱,却不知道是做什么的。这些官员或是中郎将和绣衣执法,奉命监督查处贪赃枉法,或是被称作"十一公士",负责督促农耕和蚕桑。虽然听上去不错,却都是些没用的家伙。经常会官商勾结,贪污受贿,搜刮财物,百姓们憎恨这些丑类,恨不得他们都死光。一些官员因为过于明目张胆,还会遭到举报。

朝廷妄想着恢复周朝的"圣王之制",下层官吏却在郡县里贪赃枉法,实在是嘲讽!老百姓太苦了,以至于经常有人敲击宫门。或许王莽听到了百姓们的呼声,终于发现了危险的信号。"蛀虫们"正在慢慢蚕食新朝这座崭新的大厦。最可怕的是,有一些竟然还是王莽派出的执法者。

于是,王莽在努力予以惩办的同时,对官员们越加不信任了。他仍像年轻时一样的勤勉,在研究礼乐制度之余,几乎把所有时间都用在了公务上。白天跟大臣们一起探讨,晚上处理传送上来的奏章,时常在灯下忙到天明。小山一样堆积在一起的奏章投下黑黑的暗影,投在他日渐苍老的面容上,就像无法拒绝、无法回避的岁月。摇曳的烛火似乎在为这年迈的老人鼓劲加油。可是,尽管付出了全力,尽管困倦到睁不开眼睛,浑身的骨头好像酥软了下去,血液好像停止了流动,工作往往仍旧没能干完。第二天,又有大堆的奏章堆积过来,就像西西弗斯反复推到山上,又每每滚落下来的大石头。

王莽开始重用起了身边亲信的宦官。在他看来,这些身体不健全的人,反而没有太大的野心和私心,而且对他忠心耿耿。于是,各机要部门、国库和钱粮官,都由宦官管理了。官吏和平民呈上的密奏,甚至连尚书都不知道里面的内容,宦官却有权力拆开查看。这么做在某种程度上伤害了臣下的感情。难道他们连那些阉党都不如吗?皇上到底拿他们当什么?而且人性的阴暗面并没有因为身体的残缺而消失。这些宦官是日常最接近王莽的人,对王莽的性格秉性拿捏得很准,更容易取得王莽的信任,这也为他们争取权力和违法乱纪带来了可乘之机。

想要靠自己一个人,加上一群宦官治理好天下,这个想法本身就很疯

第十九章 "为王者永无宁日"

狂。理想的制度始终没能实现,问题却在不断堆积:尚书们营私舞弊,瞒上欺下;因为政令反复变更,手续复杂,下层的官吏不能及时得到回复,甚至好几年都不能离开京师;很多人冤屈入狱,得不到公正的审判,只能在黑暗的监狱里吃苦受罪,盼望着遇到天下大赦;京城卫戍的士兵因为无人负责,长达三年的时间没有更换,士兵们满脸菜色地站在那里,像一具具失去灵魂的稻草人;谷物异常昂贵,很多人在忍饥挨饿,沿街乞讨者随处可见;边境的二十多万人等着要吃要穿,每天耗费巨大,吃不上饭的官兵们"旧病复发",又开始骚扰边民了……

因为现实的问题太过严重,王莽不得不暂时从"奉古改制"的梦想中抽身出来,他决定先拿贪污腐化开刀。跟智囊团认真研讨过后,他认为贪腐跟官吏们俸禄过低有一定关系。近些年,因为灾害频仍,国家财政不足,从公卿之下,一个月的俸禄只有八十缕麻线布二匹或绸绢一匹。很多官吏为了养家糊口,不得不挺而走险。天凤三年(公元16年)五月,王莽借趁着年景好转,推出了新的俸禄制度。从四辅、公、卿、大夫、士,以及下层幕僚,共分为十五等。但是其中的差距非常巨大,四辅的俸禄高达一万斛,而最低级的幕僚,一年的俸禄只有可怜的六十六斛。

王莽还根据《周礼》和《礼记》的记载,建立了所谓的"浮动工资制"。丰收时,贵族的俸禄足额发放,遇到灾年时,则有所减少;在京城领取俸禄的官吏,以各地进献粮食的多寡做为尺度。官员的收入全部与各地的丰歉挂钩。这种想法虽好,可以鞭策贵族们关注百姓们的生产,与之休戚与共。然而,实际操作起来难度很大。因此,贪腐的问题依旧很严重。另外,一些官吏贪腐不是因为俸禄低,而是为了满足日渐高涨的私欲,已经开始喝普通百姓的血,嚼普通百姓的骨头了。小官大贪的情形多了起来,有的郡尹、县宰家里积累了上千斤的黄金,简直令人咋舌。与此同时,数不胜数的百姓正在寒窑中挨饿受苦,甚至于活活饿死。

尽管推出了种种举措,贪污腐化之风依旧盛行。无奈之下,王莽下令彻查所有从始建国二年匈奴侵扰中原以来,军官和边境官吏中谋取非法利益者，不但要依法治罪，还要没收家产的五分之四，用以补充军费开支。怎么才能抓出更多的蛀虫呢？各公府的办事人员乘坐快车跑遍各地，严查贪腐行为。鼓动官吏们互相检举，于是奴婢们告发主人，下属告发上级，同僚之间互相告发……一时间人人自危，然而，到底是治标不治本，贪官污吏们蝇营狗苟，互相勾结，奸邪行为愈演愈烈，到底无法根治。百姓们没能得到幸福，心中充满了怨恨。

第二十章 不断恶化的周边关系

由于"分而化之"的政策，十五个单于同时并存，着实是热闹。然而，这一策略不像预想的那般完美，匈奴并没有因之分崩离析，反而增加了对新朝的敌意。当年蔺苞和戴级将栾提咸父子引诱到了中原，赏赐了礼物，但栾提咸并没有彻底归顺，一直希望能重返匈奴，私底下动了不少脑筋。这一天，栾提咸终于找到了机会，率领几个亲信，纵马飞驰出了边塞。到底血管里流淌着匈奴人自由自在的血液，栾提咸驰骋在渺茫的大草原上，真如同飞出笼中的小鸟一样，心中充满了喜悦。

栾提咸快马加鞭，一路狂奔，终于回到了日思夜想的匈奴王庭。乌珠留若鞮单于听说栾提咸回来了，心中诧异万分，急忙让他进来。栾提咸向乌珠留若鞮单于讲述了自己被胁迫的经过，祈求得到单于的宽恕。说得涕泗横流，感人至深。乌珠留若鞮单于仍旧认为栾提咸给自己带来了羞辱，将栾提咸贬为了於栗置支侯。这是相当低贱的官称了，对于出身高贵的栾提咸来说，是不小的打击。

乌珠留若鞮单于决定新仇旧恨一起算，又多次派人入侵边塞，兴风作浪，杀死将帅士兵，劫掠百姓人口，赶走牲畜，就像一头沉寂了数十年的猛兽，在血腥的引诱下，又显出了残忍冷酷的原形。之后，这几乎成了匈奴人的日常活动，即使乌珠留若鞮单于不指派，也有匈奴人不时到边塞烧杀抢掠。

王莽个性刚强，绝不做软弱无能、任人宰割的皇帝。他知道匈奴国内也有主战派和主和派。近年来双方麻烦不断，这些事到底是谁来主导的呢？

碰巧驻扎在云中郡葛邪塞的厌难将军陈钦和震狄将军王巡抓住了几个匈奴俘虏。匈奴俘虏们扛不住严刑峻法，交代说，入侵行动都是栾提咸的儿子栾提角率领的。

"该死的匈奴人！栾提咸得到了优待，却恩将仇报跟我捣乱！"听说这个消息，王莽不禁勃然大怒，"对了，他好像不只栾提角这一个儿子吧？"

此前，被王莽封为顺单于的栾提助已经去世，王莽让栾提登接替栾提助，继任为顺单于。始建国四年（公元12年），王莽听从陈钦的建议，将各国使节汇集到了长安，当众斩杀了栾提登。随着栾提登人头落地，王莽与匈奴对抗到底的决心彰显无遗。不过，当时的信息远不如现在这样发达，加上两国关系持续紧张，栾提咸并未得知栾提登的死讯，这也为之后的事态发展增添了几分戏剧性。

新朝，这个崭新的王朝，显然要以西汉王朝继承人的闪亮形象屹立于世。要不堕过往的声威，要赢得周边邻国的尊重和景仰。然而，要想达到这个目标，需要有强大的国力作为支撑。西汉王朝早已是千疮百孔，新朝同样是弊病重重。邻国们都耳聪目明，自然不会被这样一个徒有其名的"病秧子"吓倒。所以，这里一个明显的矛盾出现了。王莽想要维护国家的安全和尊严，延续过往的大国地位，而衰颓的国力又让摆在那里，引得周边政权三心二意，甚至是虎视眈眈，以至于王莽不得不疲于应付，不断陷入跟各国的冲突之中。回望新朝短暂的历史，不但与匈奴龃龉不断，跟西域诸国的关系也在不断恶化，真有打不完的仗。

始建国五年（公元13年），焉耆国杀死了都护但钦，跟车师国一道转投了匈奴，这是个很有标志性的事件。但钦从平帝朝开始担任西域都护，在西域是个赫赫有名的大人物。其间西域诸国遭受匈奴攻击，都会直接向其求救。他代表的是西汉王朝的余威。如今，堂堂的都护但钦竟被杀死于轮台。这对新朝来说无疑是奇耻大辱。焉耆国之所以如此大胆，一方面是看透了新朝衰颓的国力，另一方面是因为有匈奴在背后撑腰。消息传到了国内，百姓们群情激愤，都认为该出手收拾一下匈奴和焉耆了，否则国家尊严安在？

第二十章 不断恶化的周边关系

王莽受到民意的影响，也有心跟匈奴大战一场。此时各路大军尚未在北方边塞集结完成，因而不敢轻易动兵，但是边境线上已然剑拔弩张。百姓们都知道快要跟匈奴打仗了，不少人将自己正值壮年的亲人送到了北方前线，想要为国尽忠。整个国家似乎都在为随时可能爆发的战争而运转着，所有国人都紧绷着神经。不但驻守在边境上的士兵们饱受疾苦，百姓们同样承受着巨大的压力。部分大臣们对灾年里传兵运谷发出了非议之声，觉得太过劳民伤财。

严尤，字伯石，严君平的远房玄孙，曾与王莽共读于长安敦学坊，著有《三将》一书，是新朝最有才能的将领，一直颇受王莽赏识和器重。经过一番深思熟虑之后，严尤特地上了一道奏章，对抗击匈奴的历史进行乐详细分析，认为周、秦、汉三代所使用的策略各有弊端，但是都非上等。如今国家正在遭受灾荒，连年饥馑，问题相当严重。朝廷却动用三十万大军，集结在荒凉的边境线上。大面积搜刮百姓的财富，才得以齐备三百天的口粮。长期在边境驻兵实在有诸多不便，绝非长久之计。

严尤将边境大军遇到的困难总结为五条：一是战线拉得太长，一年尚未集结；二是边境空虚，无法自给，且运输困难；三是消耗过重，人、牛共备二十斛只够用百日；四是边境寒冷，饮水困难，且有"疾疫之忧"；五是辎重自随，则轻锐者少，带有隐患。最后建议由自己率领先头部队，乘匈奴国缺乏防备，采用闪电战狠狠教训一下即可，不可进行持久战。

严尤的奏章条分缕析，鞭辟入里，然而王莽相当固执，坚持要执行之前的计划，命令继续将战士和粮秣输往边塞。王莽态度强硬，匈奴国同样不肯示弱。在这场随时可能发生的战争中，匈奴可谓占尽了天时地利人和。匈奴是个居无定所的游牧民族，习惯了长途奔驰，离驻地又近，而且像骆驼一样坚忍，所以补给不成问题。中原士兵远离家园，缺衣少食，水土不服，显然被动得多。匈奴人甚至什么都不用做，恶劣的天气就把对手赶跑了。

"看他们还能坚持多久。"乌珠留若鞮单于得意地说，"我们肯定是赢家。"

双方就这样互相消耗着。王莽对自己的劣势一清二楚,但是他必须咬紧牙关坚持。他知道,一旦退缩或是示弱,不但匈奴会变本加厉,西域诸国也会接连发难。他要表明一种态度——新朝是个容不得欺侮的强大国家,对于任何挑衅行为,都会进行强硬的回击。这种坚持是相当难受的,没人知道什么时候结束,也没人知道要付出多大的代价。战争的阴影始终笼罩着天际,随时可能降落在茫茫的大草原上,变成死神的模样。

始建国五年(公元13年)十一月,天空中出现一颗闪亮夺目的彗星。这颗彗星拖着长长的尾巴,慢慢地在空中游走,经过二十多天才完全消失。唯恐世人看不到它似的,像一个正在依依不舍地离开这个世界的灵魂。这个上天的使者,这个辉光渐渐减弱的星辰,到底想启示些什么呢?人们众说纷纭。不久,谜底揭开了,从匈奴国传来乌珠留若鞮单于去世的消息。

听说老对手从世界上消失了,王莽长长地舒了一口气。

但是,麻烦并未就此结束,老对手没了,还会有新对手。可以将匈奴从地图上抹去,却无法将这个野蛮的邻国搬走,只能想办法去应对和周旋才行。王莽始终关注着邻国的消息。不久,密报再次传来,乌珠留若鞮单于死后,掌握大权的是王昭君的女婿右骨都侯须卜当。须卜当受夫人的影响,跟中原感情深厚,时常劝说单于跟中原和亲,是最有代表性的一个友善派。对新朝来说,这无疑是个利好消息。

"想必右骨都侯须卜当不会跟我们作对吧?"王莽暗地里想,"他会选谁做新单于呢?"

新单于的人选定下来了。须卜当一向与呼韩邪单于之子、栗置支侯栾提咸关系良好。考虑到栾提咸跟中原颇有渊源,还曾被封为孝单于,甚至栾提咸的儿子栾提咸还在中原做人质,所以拥立其为乌累若鞮单于。须卜当希望以此契机,拨乱反正,缓和双方关系。最好乌累若鞮单于像他的岳父一样也娶个中原美人回去。

"新单于是栾提咸吗?"王莽得知这个消息,不由一愣,"怎么会是他?"

第二十章 不断恶化的周边关系

真是风水轮流转，王莽做梦也没想到，有一天栾提咸会当上单于。王莽要是早知此事，当年肯定不会斩杀栾提登，埋下这样的隐患。然而，这个世界就是这么神秘莫测，难以预料。王莽当年又何曾料到自己有一天会当上皇帝呢？不久，须卜当、伊墨居次云催促栾提咸与中原和亲。栾提咸点头应允了。此时，双方隔绝已久，不但没有大使馆，连个临时代办处都没有，匈奴国只能派人到西河郡虎猛县制虏塞，向驻守边塞的官吏转达意愿。

王莽听说匈奴国主动示好，不由得心中大喜。毕竟这样僵持下去，对双方都不利。那数十万大军一天的口粮都是个天文数字。于是，便封王昭君的侄子王歙为和亲侯。让其与弟弟骑都尉、展德侯王飒一起出使匈奴，祝贺乌累若鞮单于（即栾提咸）正式登基，随身携带着大量的珍贵礼品。年轻貌美、品格出众的女子也已经选好，乘坐轻巧精致的小马车一同前往。

满怀希望之余，王莽突然想起了陈良、终带。这些年，这两个叛徒在匈奴国想必过得很舒服，不能就此放过他们，怎么才能让乌累若鞮单于交还这两个叛徒呢？王莽将群臣叫到一起，正在商讨办法，边境线上传来新的消息——乌累若鞮单于又提出送栾提登回匈奴的请求。人死不能复生，纸是包不住火的。王莽知道秘密泄露是早晚的事，干脆顺水推舟，要求乌累若鞮单于先引渡陈良和终带等人，作为交换条件。

跟自己的宝贝儿子相比，几个叛国贼算什么？乌累若鞮单于为了向新朝示好，果然派人抓住陈良、终带等二十七人，给他们带上沉重的刑具，装进结实的囚车，转交给了新朝使节。派厨唯姑夕王栾提富等四十余人护送王歙、王飒，同时迎接爱子栾提登回来。

听说叛徒们运回来了，王莽大喜过望，也不管有没有栾提登交给匈奴使节了。立即将民众们召集了起来，依照《易经》上的焚如之刑，把陈良、终带等人活活烧死了。现场景象十分惨烈，可怕的哭喊声刺激着耳膜，烧焦尸体的味道弥漫开来，让人胆战心惊，但是民众们看得很过瘾，甚至由此想起了王莽当众斩杀姑句王和唐兜王的盛况。

"这就是叛国贼该有的下场。让他们活这么久，真是便宜他们了。"民众们咬牙切齿地骂道，甚至有人高呼起了"皇帝万岁"。

新朝和匈奴的关系迎来了一个难得的转机。虽然这个转机像肥皂泡一样易碎，但王莽仍旧满怀期望，认为乌累若鞮单于可能会以大局为重，放弃个人恩怨，毕竟"往事不可追"。当时自己斩杀栾提登时，双方尚且箭在弦上，如今则是此一时彼一时。所以，王莽下令盛情款待匈奴使者，希望用善意慢慢加以感化，赢得匈奴方面的理解。正赶上边境出现了大饥荒，甚至到了人吃人的地步。之前的自给自足计划已然是失败了，有很多大臣呼吁早日撤军了，所以，王莽越发寄希望于乌累若鞮单于的远见卓识和宽宏大量。

"一定要招待好匈奴使者，但是暂时不要让他们知道栾提登已死的消息。"王莽特意叮嘱道。听说不久前派往边境巡视的谏大夫如普回来了，赶紧让他前来觐见。

如普满面风尘，皮肤晒得黝黑，整个人瘦了一大圈儿。王莽只扫了一眼，就知道边境生活有多艰苦了。"边境上怎么样啊？那些士兵还老实吗？"他故作轻松地问道。

"陛下，士兵们长期驻扎在寒苦之地，缺衣少食，异常艰苦。"

"你们这些人啊，就喜欢给那些兵痞找借口。"

"微臣说的乃是实情，陛下，应该趁单于与我和好的机会，抓紧退兵才是。这样无论是对士兵们，还是对百姓们都是个好消息。"如普用严肃的口吻说道。

王莽沉默不语，心想自己也希望能顺利退兵，只是不知道乌累若鞮单于得知栾提登的死讯后会有怎样的反应，自己对匈奴使者的"糖衣炮弹"能否奏效。

王莽正在琢磨应对之策，这时，孔武有力的校尉韩威从行列中走了出来，朗声说道："陛下，我们无需畏惧匈奴这样的蛮夷。依我看，凭新朝的威力去吞并匈奴，就好像吃掉口里的跳蚤虱子一样容易，如果匈奴胆敢再冒犯我新朝，我愿带领勇敢的士兵五千人，不携带一斗粮食前去征讨，饿了就吃敌人的肉，渴了就喝敌人的血，在匈奴境内横行无阻！"

第二十章 不断恶化的周边关系

韩威还没等说完，如普已经气得瑟瑟发抖了。在他看来，韩威这是纸上谈兵，他一字一顿地说道："不要拿士兵的性命开玩笑，更不要蒙骗陛下。"

"我没蒙骗陛下。是你们这些腐儒太懦弱无能。"韩威怒目圆睁，毫不相让。

"陛下，千万不要相信他的话。"如普忧心忡忡地说，"他根本不了解实情。"

王莽觉得能说出这种豪言壮语的人定有过人之处，所以任命韩威做了将军。同时，也从善如流地采纳了如普的意见，调回了部分军队。免去陈钦等十八人的将军职务，又撤销前、后、左、右四关将军，以及镇守都城和六尉的各部驻军。这样既减轻了国家的负担，免除了官兵们的痛苦，也有向乌累若鞮单于示好之意。

然而，王莽到底还是高估了乌累若鞮单于的胸怀，乌累若鞮单于登基之后，怨恨乌留珠单于当年贬低自己的称号，马上把乌留珠单于的儿子护于栾提苏屠胡贬做左屠耆王，连这样的小事都不肯放过，何况杀子之仇呢？乌累若鞮单于得知自己受到了蒙骗之后，差点儿把肺气炸，开始频繁出兵侵犯边境，烧杀抢掠，无恶不作。王莽无奈之下，只得再次调集军队前往边境。

于是，"药捻"又开始"吱吱"作响了，各种负面的连锁反应接踵而至。粮草供应不足，官兵们骚扰边民，边民流亡到内郡，有的沦落为盗贼，有的成为豪强的奴隶。王莽被迫下令，威胁说有胆敢胁迫私藏流亡边民的，一律处以死刑，到底是屡禁不止，犹如打开了一个关不上的"潘多拉盒子"。

这一年，盛传有条黄龙摔死在黄山宫中，王莽正为匈奴的事焦头烂额，因此很是反感，听说数以万计的百姓前去观看，就生气地下令拘捕了些人，老百姓们的热情这才有所减弱。王莽怀疑有人恶意造谣，想要引起国家的动荡，又派人追查谣言从哪儿传起的，终究没能找到源头。之后，王莽又把心思转回到了对付匈奴上，认为新朝和匈奴重新修好的希望不大，早晚要大战一场。

"与其亲自动手，不如借助他国的力量。"王莽决定采取智取的战略。

他考虑到乌桓和匈奴早有宿怨，于是驱使乌桓进攻匈奴。乌桓人不是傻瓜，自然不想去做炮灰，所以千方百计推托。见附属国也不听指挥，王莽火冒三丈，干脆挟持了一些乌桓人的妻子儿女作为人质，向乌桓人施加压力。结果表明，这又是一招错棋。此事严重伤害了乌桓人的感情，乌桓人彻底被激怒，竟转投了匈奴，王莽又为自己的急躁和冒进付出了代价。

时间来到始建国四年（公元12年），新朝和匈奴仍旧摩拳擦掌，跃跃欲试。尽管国内的诸多问题仍旧没能解决，但王莽仍旧想跟匈奴较量一下。让匈奴不敢再骚扰边境，同时以儆效尤，让西域诸国知道谁才是真正的老大。王莽在说服乌桓失败后，又将目光瞄准了另一个附属国——高句丽，想让高句丽也加入对匈奴的征讨。

高句丽与辽东接壤，最初只是西汉玄菟郡的一个县，随着汉朝国力衰颓，对朝鲜半岛的控制力减弱，乘机建立了自己的政权，但名义上仍旧是附属关系。西汉灭亡时，高句丽的首领在称谓上是"侯"，没受到王莽贬王为侯政策的影响，继续接受玄菟郡的统治。如今，新朝跟匈奴之间的大战一触即发，犹如箭在弦上，高句丽迫不得已，只得派兵前往。

高句丽士兵"心不甘，情不愿"地加入了大军之后，难免有些抵触情绪。或许跟新朝官兵相处得也不大融洽，没多久，就发生了暴乱。高句丽士兵干脆逃离了军队，开始向家乡的方向逃窜。反正已经撕破脸，"一不做二不休"，沿途烧杀抢掠，干了许多坏事。辽西大尹田谭前往干预，反被高句丽人所杀，就此，这场逃亡也恶化为了叛乱事件。州郡长官把罪责归在了高句丽侯驺的身上，认为驺在其中发挥了不好的作用。

"侯驺真是大胆！"王莽得知消息，破口大骂道。

"陛下，对高句丽还是要以安抚为主。"严尤劝说道。

"安抚只会让他们愈加猖狂！"

"高句丽人犯法，不是从驺开始的，要是滥加重大罪名，恐怕引起更大的动荡，甚至夫馀等国也会跟着造反。到时，匈奴没有打败，夫馀和秽貉又跟着添麻烦，对新朝必将更加不利！"

王莽自从做了皇帝，越发目中无人起来，不但臣子们不大入他法眼，就是周围的少数民族政权——包括强大的匈奴——在他看来也不堪一击，不值得重视。

"夫余和秽貉应该没那个胆子吧？"他嘟囔道。

"陛下，还是小心为是。"

王莽坚持要推行之前的计划。不幸被严尤言中，秽貉真的随之反叛了新朝。王莽为了及时止损，急忙派遣严尤前去平叛。严尤的确是个将才，很快设计诱杀了高句丽侯驺，并将首级传递到了长安。王莽看着高句丽侯驺血淋淋的头颅，非常高兴，仍旧认为形势一片大好，新朝充满希望，为了鼓舞士气，特地下文告说，"看来匈奴国蛮横不了多久了，歼灭匈奴就在眼前。"

之后，王莽下令将高句丽改名为下句丽，以示惩罚。希望其他邻国以此为戒，不要再向新朝挑衅。然而，事态没那么容易平息。作为新朝的附属国，驺的惨死点燃了高句丽人的怒火和敌意，高句丽人开始效仿匈奴，频繁骚扰边境。西域诸少数民族政权也趁火打劫，纷纷制造麻烦。对于越来越复杂的周边形势，王莽肯定负着一定的责任。性格即命运，没有如此刚强的性格，王莽就没有力量和魄力推动前所未有的改革，而同样因为这一点，也让王莽在处理与邻国的关系上，刚猛有余，圆融不足，缺少长期战略。他师古上瘾，却没学会战国时合纵连横，纵横捭阖的谋略，以至于四面楚歌，腹背受敌，应接不暇，这也是后来"天下骚动"的重要诱因之一。

不过，王莽毕竟是个聪明人，很懂得及时反省。在接连遭遇了一连串的麻烦和挫败之后，王莽的外交政策也有了一定的调整，甚至难得地圆融了起来，表现出了一个政治家应有的"弹性"。

始建国五年（公元13年），大小昆弥同时派使者来新朝进贡。大昆弥是"中原外孙"，小昆弥则有匈奴血统。按理来说，大昆弥派出的使者理应得到更多优待。但因为焉耆国刚刚造反，西域各少数民族政权接连发难。王莽想借此机会结固乌孙之心，制衡西域各少数民族政权。考虑到乌孙国人较为拥护小昆弥，就让小昆弥使者坐在了大昆弥使者的上位。

事后，保成师友祭酒满昌认为这种安排很不妥当："陛下，夷狄因为仰慕中原的礼仪，所以才会降伏。大昆弥是国君，小昆弥是臣子，如今让臣子的使者居于国君的使者之上，这种做法有问题，负责招待的使者大不敬！"

王莽听完大怒，心想，怪不得汉高祖当年要往儒生的帽子里撒尿，一些儒生头脑僵化，不懂变通，根本不懂什么是政治。

"这是我的安排，你也有意见吗？"他冷冷地说。

"陛下，要是长此以往，中原在西域诸邦眼中就不再是礼仪之邦了。"满昌脸憋得通红。

"你不适合从政，还是回去教书吧。"王莽认定满昌就是个不可救药的腐儒，不但没给使者治罪，反而下令罢免了满昌的官职。

其实两个人思考的角度不同。满昌遵从的是儒家的礼制秩序，而王莽顾全的是国家利益。很多史学家认为王莽就是个书呆子。很显然，从这件事的处理来看，与满昌相比，王莽要灵活许多。满昌才是个墨守成规的书呆子。当然，或许在王莽看来，包括匈奴在内的蛮夷，只不过是近似于动物的物种，根本算不上是人，自然也不在礼教的范围之内，对待这些以自身利益为主的潜在对手，无需太过认真。

此时，匈奴对边境的骚扰仍旧时断时续，王莽只好继续在北方边塞大量驻军。这样下去，恐怕要眼睁睁被匈奴拖垮。如果展开大规模战争，恐怕要付出更大的代价。真是进也不是，退也不是。王莽正在搜肠刮肚地寻找对策，五月份，又有了新变化，或许匈奴人也崇尚"落叶归根"，乌累若鞮单于突然派人前来索取栾提登的尸体。王莽想派人将栾提登的尸体送过去，又担心乌累若鞮单于耍弄花招，伤害使者。因为不清楚乌累若鞮单于到底有多少善意和诚意，一时间犹豫不决，难下决心。

王莽一时间心头火起，心想当初要是不杀死栾提登，也不会有这么多麻烦。说不定新朝和匈奴早就和好了，也用不着兴师动众，消耗国库了。他越

第二十章 不断恶化的周边关系

想越气，干脆下令逮捕了从前提议处死登的前将军陈钦，另外找了个罪名，将其关进了监狱。

陈钦对《左传》颇有研究，曾经教授过王莽，算是有半师之谊，对其性格自然很是了解。明白王莽这是要拿自己当替罪羊，肯定是活不成了，干脆在狱中自杀了事。陈钦可谓看得清楚明白。王莽果然来了个顺水推舟，将处死栾提登归罪到了陈钦头上，说是误听佞臣挑衅才会决策失误，然后委派儒生王咸和五威将伏黯前往匈奴，归还栾提登的尸体。

"祸兮福所倚，福兮祸所伏"，栾提登没犯过什么打错，只因为身为贵族子弟，就遭此横祸。可叹他死得相当难看，棺木却出奇的华丽漂亮。如今，就安放在马车之上，装载着一缕幽魂，摇摇晃晃地向匈奴驶去。

王咸、伏黯一行人用马车拉着栾提登的棺木来到了边寨。乌累若鞮单于委派大且渠须卜奢——右骨都侯须卜当和须卜居次云的儿子——前来迎接。在散发着羊膻味的匈奴王庭上，王咸不辱使命，随机应变，对答如流，将两国关系的破裂全都怪罪在了单于头上，并且提出了相当尖刻的赔偿条件：掘毁乌珠留若鞮单于的坟墓，用棘条抽打尸体，以惩罚其生前犯下的过失；将"匈奴"改为"恭奴"，将单于的名号改为"善于"；交还之前劫掠去的边民俘虏；补偿一万匹马、三万头牛和十万只羊；匈奴举国撤退到大戈壁以北，远离边境线等等。

乌累若鞮单于生性粗犷质朴，豪放简单，自然敌不过王咸的伶牙俐齿，只是不停憨笑，也不置可否。史书上没有匈奴是否做出物质赔偿和交还边民的记载，但是匈奴同意改称为"恭奴"，单于同意改称为"善于"。这或许是贪图新朝礼物的缘故。在匈奴人看来，名字只不过是个称呼而已，何况那只是新朝人单方面的称呼，对匈奴人能有多大的妨碍？就像野兽爱吃生肉一样，匈奴人的文化缺少积淀，也没多少厚度，他们更注重实利。很多时候，只要肯用财货收买，什么事情都可以摆平，之前，乌珠留若鞮单于不也同意改名为"知"过吗？

无论如何，王咸至少获得了名义上的胜利。两国对这次会面都很是满意，也都有着自己的小算盘。王咸一行人欢欣鼓舞地回国了，速度比来时快了许多。马蹄仿佛变得更轻盈了，天空仿佛变得更蓝了，呼吸变得更畅快了，两肋仿佛长出了翅膀。

正应了那句老话——"乐极生悲"。一行人正一边赶路，一边在讨论着将会得到什么样的封赏，王咸突然病倒了。病来得很急，甚至没来及抵达长安找好医生，病人就死掉了。王莽对王咸在匈奴的表现很满意，得知这个噩耗，格外心痛，觉得失去了个难得的人才。为了奖励王咸的贡献，赐封王咸的儿子为伯爵，伏黯等人都封为了子爵。

在这场交锋中，新朝真的占到便宜了吗？也不一定，新朝一向以天朝自居，出手阔绰。匈奴只要在称谓上做些让步，做些表面文章，就可以获得大量的金银珠宝和其他礼物，绝对是划算的买卖。在这之后，尽管更改了称呼，但是匈奴依旧时常骚扰边境，成了老大难问题。

双方就这样虚虚实实，你来我往地过着招。见匈奴不肯做实质性的让步，王莽只好继续维持规模庞大的边防驻军，以备不时之需。不仅边境的官兵在吃苦，内陆的百姓也承受着赋税的重压，边民受到的骚扰更是没完没了。内地盗贼数量激增。王莽只能派出捕盗将军孔仁率领军队会同地方部队联合镇压，花了一年多的时间才平定。因为匈奴不断制造麻烦，新朝的头上仿佛长了个脓疮，抠破不是，又痒得很。王莽正为此心烦不已，没想到，西南部的蛮夷也跟着乱了起来。这些蛮夷发现了新朝和匈奴间的紧张局势，认为很可以加以利用一下，于是开始乘机作乱，想要从此摆脱附属国的地位。

之前，王莽登基之后，五威将帅出巡时，依照之前的命令，把句町王改为了侯。句町王邯觉得荣誉受到了损害，私下里颇多微词。邯的话传到了王莽的耳朵里。王莽觉得这个人不值得信任，以后可能带来大麻烦，干脆示意牂柯郡大尹周歆设法杀死了邯，另立容易管理的侯爵。邯的弟弟承为兄报仇，转而杀死了周歆，竟彻底反了朝廷。

于是王莽任命冯茂为平蛮将军前往讨伐，务必将其降伏，以震国威。然而，句町国家虽小，却极其不好对付。雪上加霜的是，官兵们远离故土，水

第二十章 不断恶化的周边关系

土不服,且害了瘟疫,死亡者有十分之六七。士兵们一边披荆斩棘地在丛林中前进,一边含泪将战友的尸首埋葬,也不知道什么时候会轮到自己。因此军心涣散,士气低落。

供给仍旧是个大问题。为了维持军队的开支,只能临时征收百姓的财物,税赋高到了十中取五,弄得益州民穷财尽,入不敷出。沿途的百姓本来就很穷困,又让军队剥了一层皮,穷得只剩下骨头了,真是怨声载道,叫苦不迭。常言道:"得人心者得天下。"这支官军把沿途的百姓都得罪光了。百姓们纷纷诅咒官军打败仗,这个仗能打赢才怪。

"一个小小的句町国都制服不了,还如何跟匈奴交战?"王莽在朝廷上痛骂道。

然而,尽管百般施压,到底难以彻底降伏句町国。战争绵延日久,胜利遥不可及,要是再拖延下去,肯定要惹得西域诸国耻笑。正所谓"兵熊熊一个,将熊熊一窝",王莽认为冯茂对失败负有不可推卸的责任,干脆将冯茂调了回来,直接投进了监狱。让他在阴暗潮湿的牢房里好好反省一下,冯茂很快死在了狱中。

王莽认定自己是选错了人,绝非决策失误。坚持要将句町国击败打垮。到了冬天,再派宁始将军廉丹和庸部牧史熊率军前往。这次,为了胜利,进一步扩大了军队的规模。大举征发天水、陇西骑兵,广汉、巴郡、蜀郡、犍为等郡官员丁壮十万人,加上负责粮秣运输的共计二十万人。廉丹和史熊吸取之前教训,一鼓作气,接连打了几场胜仗,斩杀敌人数千。但是,胜利没能持续下去,因为军粮供应不及时,瘟疫频繁发作,军队再次陷入了泥潭,难以自拔。廉丹、史熊上书请求继续扩大军队规模,增加支援物资。因此,不得不大幅度增加赋税。让百姓们也跟着一起遭殃。

战事绵延不绝,赋税不断增加,在北方边境供养着一支数十万得大军已经压力不小,如今还要为个芝麻绿豆大的小国继续挥霍民脂民膏,弄得天怒人怨,哀声遍野。大臣们纷纷提出质疑,认为实在是弊多利少。几年间,有大臣在朝廷上提出撤军,有大臣在奏章上为百姓们叫苦,但王莽始终不肯让步。跟匈奴的仗始终没打起来，西域诸国又接连挑衅，连附属国都开始动摇了。新朝急需展示一下实力，表现一下决心和斗志。但是有良心的大臣们同情百姓们遭受的苦难，仍旧就不断将质疑这场战争的奏章递上来。其中广汉郡大尹冯英的奏章很有代表性。

冯英在奏章上说，自从西南蛮夷叛变以来，已经将近十年的时间。这十年间，地方军民一直没有停止过抗击，为之付出了惨痛代价。之前，冯茂推行不顾后果的政策。道县以南地区，地势相当险峻，根本不适合百姓居住。冯茂为了胜利，竟把贫苦无依的百姓赶到那种地方去，花费更是要用亿来计算，因为环境因素，战斗格外艰难，官兵遭受毒气而死的达到十分之七。廉丹和史熊无法按照出发前保证的规定期限取得胜利，仍旧不肯撤军，不得不调用各郡的士兵和粮食，残酷搜刮人民财物，拿走了民财的十分之四，弄得梁州地区生灵涂炭，战功到底还是不能完成。应当尽快停止征讨，派军队统守并开垦耕种田地，奖励抗击有功的军民，招诱夷人，才是上策。

"胡说八道，乱我军心！"王莽本来就对官员们的表现感到失望，竟在盛怒之下，下令免掉了冯英的官职。

班固在《汉书》上说王莽"性躁扰，不能无为"。从王莽的性格秉性和为人处世上看，的确有这样的倾向。一个性格急躁的人往往轻率，冒进，易怒，反复无常，容易走极端。这次就是如此，没过多久，王莽私下里认真思索了一番，慢慢冷静了下来，认为冯英的话并非全无道理，又把冯英征召了上来，任命为长沙郡连率，对句町的布防也依照冯英的建议实行。王莽虽然很多时候都表现得很强硬，但是骨子里仍旧是个儒生，他的强硬也是书生的强硬，显得有些虚张声势，犹豫不决，缺少枭雄的气质。

王莽到底还是不甘心在句町小国面前丢了面子。他的大新朝继承了大汉的衣钵，应该无所畏惧，无往不胜才对。所以，尽管屡经挫折，困苦不断，仍旧坚持要让仗打下去。可见，王莽的性格虽然有时体现出"弹性"，也是牛皮筋的"弹性"，终究是有限。这场战争拖延得实在太久了，直到新莽政权倒台，还是没能彻底征服这个不起眼的小国。

第二十章　不断恶化的周边关系

改革的失利，加上邻国的不断挑衅，已经让王莽陷入内忧外困的境地。回想起来，身为安汉公时，王莽真是呼风唤雨，想要什么就有什么，如今则是不想要什么就来什么，境遇的差距何止一星半点儿。眼下的王莽只能硬着头皮苦熬，将来还能否拨云见日呢？那不但要靠个人的努力，还要靠老天的安排。

天凤三年（公元16年）五月戊辰日，王莽正在忙于公务，外面突然传来"轰隆"一声巨响，出了什么事？王莽心头一震，急忙派人出去打听。原来，长平宫西岸发生了坍塌。大量的泥土落将下来，填埋阻断了河道，不但让泾河水变得浑浊不堪，而且因为泥土量过大，竟让整条大河改道向北流去，从高处向下望去，仿佛是一条碰了壁，不得不改变路线的老龙。

"情况是否严重？"王莽派遣大司空王邑前往调查。

没想到，王邑回来后，竟然满面春风地深施了一礼。"恭喜陛下。"

"恭喜？"王莽有些不高兴，心想，这老家伙是不是疯了，出了这等事还要恭喜。"何喜之有？"

"陛下，这就是《河图》上所说的'以土填水'啊。预兆着匈奴即将灭亡。"

果然是"人嘴两张皮，咋说咋有理"。本来是个坏消息，经王邑这么一说，反倒成了好事，好像坍塌得不够多似的。王莽一向很是迷信，而且做梦都盼着匈奴能灭亡，听完王邑的牵强附会之辞，竟然信以为真，派遣并州牧宋宏和游记都尉任萌等人率领军队驻扎到了边境，以增加军队的攻击力，仿佛要借助上天施加的力量，对匈奴展开打击似的。然而，双方交战毕竟是国之大事，不可轻举妄动，所以，虽然边境的军队不断增多，到底是"雷声大雨点小"。这只数十万的大军，至多起到震慑敌方的作用。再想想为之付出的代价，难免显得有些得不偿失。

看来，"以土填水"的征兆并不可信。之后的异象也一个比一个糟糕。先是霸城门——也就是民间所说的青门——发生了火灾，接着又出现了日食。不久，邯郸城以北接连出现恶劣天气，不是大雨，就是大雾，还有地下水猛然涌出，像一条巨龙一样，直冲霄汉。雨水下个不停，像滂沱的泪珠一样，放眼望去，宛如水乡。光是淹死的就达数千人，财产损失难以估计。接着，又发生了地震和雪灾，关东地区尤其严重，可怕的地震摧毁了百姓们的房屋，让这些可怜人暴露于天地之间，伤痕累累，饥寒交迫。雪下个不停，好像要将灾民们活埋似的，等到停下来时，深的地方将近一丈，连长青的竹子、柏树都冻死了。

"国将有失道之败，而天乃先出灾害以谴告之。"这样严重和频繁的自然灾害，在当时被看作是上天发怒的表现，如果不及时追责，恐怕要降下更大的灾害。可是该追谁的责任呢？朝廷上一片沉默，好像从上到下都在做着反省似的。不久，大司空王邑主动拜见王莽，检讨说，自己在职八年，工作上毫无成绩，职务如同空置，祈求赐予他回乡养老的机会。

一向对人对事极其严苛的王莽，这次表现得格外宽容。他对王邑说，大地有大震有小动，大震有害而小动无害。灾害和异象的出现，各有不同的意义。如今天地展示威严，针对的是自己，跟他关系不大。

就这样，大司空王邑获得了宽大处理，大司马陈茂则没那么幸运。七月戊子晦日，出现了日食，王莽认为陈茂应该为此事负责，为了消除上天的震怒，将其免了职。

据说，王莽在十五年的时间里，一共换了八位大司马，而且经常将人事任命和老天的"脸色"联系起来。天凤元年（公元14年），任申晦日，因为日食撤换了大司马逯并，任命苗䜣为大司马。几个月后，又因为白昼出现了星辰，将苗䜣降职为司命，将陈茂任命为了大司马。在陈茂遭到罢免之后，大司马的职务又落到了严尤的头上。没人知道严尤到底能做多久。这要看上天和王莽的心情。

这一年的灾害一直延续到十月，才稍稍有所减少。这个月，王路朱鸟门发出响声，白天夜晚地连着响，王莽亲自去查看过，也不知道此事预兆着什么，到底是吉是凶。

"也许朱鸟门在欢迎着什么？"王莽突然灵机一动，随口说道。

第二十章 不断恶化的周边关系

大臣们也都在思索着此事的寓意,听了王莽的话,都觉得很有道理。崔发一向擅长揣摩王莽的心思,急忙接着说道:"当年虞帝打开四座门,让自己能够听到远方的呼声,从而响应民意。如今朱鸟门叫个不停,说明我们大新朝应当恢复古代圣王的礼制,招引四方的贤士呀。"

"嗯,有些道理。"王莽点了点头,"那就让之前推举的四科杰出者从朱鸟门进来,回答我的策问。"

七月份,天上出现了日食,王莽曾经宣布全国大赦,并命令公卿大夫、诸侯、二千石级官吏推举德行、政事、言语、文学四科杰出者各一人。于是,安排这四位专家走过,王莽接受大臣们的祝贺,并在宫殿策问了四位专家。朱鸟门果然停止了叫唤。王莽事后觉得很惊奇,心想,果然世间万物都有灵性。这朱鸟门也懂得替朕着想。朱鸟门发出声响真是因为求才若渴吗?实际原因无人知晓,兴许是有人偷偷修好了门上的故障呢。

如今,王莽陷入匈奴和句町两个泥潭里,一个剑拔弩张,一个鏖战不止,但王莽并不因此就向其他对手示弱。也许有心通过外战来减弱国内的压力,王莽又盯上了之前胆敢杀害西域都护但钦的焉耆国。王莽这次派出了五威将王骏、新任的西域都护李崇、戊己校尉郭钦率军前往,西域诸国见新朝来势汹汹,杀气腾腾,都十分忌惮,纷纷沿途迎接,供应民夫和粮秣用以示好,有的还主动加入了声讨大军,以表忠心。

"焉耆国,王治员渠城。去长安七千三百里,户四千,口三万二千一百,胜兵六千人。击胡候、却胡候、辅国候、左右将、左右都尉,击胡左右君、击胡君各二人,译长三人。西南至都护治所四百里,南至尉犁百里,北与乌孙接。近海水多鱼。"《汉书》用寥寥几句就把焉耆国的实力讲述了出来,这样一个小国,与中原的一个城市相似,也没有句町国那样的地理环境优势,如何能招架得住官军的铁蹄呢?

焉耆国知道之前犯下大错,再想修好已然无望,新朝的军队千里迢迢而来,肯定不想无功而返。不过,因为有匈奴做后盾,干脆阳奉阴违,耍起了阴谋诡计。心想,新朝的军队虽然齐整,但是毕竟经过长途跋涉,焉耆国则

· 225 ·

是以逸待劳，要是精心谋划，再做好充分准备，也并非毫无机会。所以表面上投降顺服，实际上聚兵自备，为一教高下争取时间。

王骏久经沙场，经验丰富，很快识破其诈，也不对焉耆国心存什么幻想，将包括莎车、龟兹在内的军队，一共七千多人分成数部，命令佐帅何封、戊己校尉郭钦另外率领一支军队作为后卫，自己率领主力部队进入焉耆国，并发动了进攻。然而，"骄兵必败"。对手实力的弱小，反而造成了轻敌心理。王骏本以为敌我力量相差悬殊，必获一场大胜，没想到，焉耆国在沿途设置好了伏兵。再加上姑墨、尉犁、危须等国的突然倒戈，新朝的军队竟被打了个措手不及，包括王骏在内的官兵几乎被斩杀殆尽。何封、郭钦率军赶到时，焉耆国的军队还没有返回，何封、郭钦率军发动袭击，杀死了些老弱残兵，这才稍稍挽回些颜面。有功劳者回到朝廷都有封赏，但新朝和西域诸国从此互相敌视，也就渐渐断绝了往来。

与此同时，或许看准了王莽是个缺乏枭雄气质的儒生皇帝，不会轻易发动全面战争，匈奴人对边境的骚扰始终时断时续，这种无礼的行为表明匈奴人就是一群不讲道理的野蛮人，也难怪王莽心生鄙夷了。王莽曾经派出使节前去诘问，乌累若鞮单于每次都将罪过推到乌桓国和匈奴的一些无赖身上，等到中原使节离去，马上"旧病复发"。之后，越巂郡的夷人又开始造反。王莽派遣更始将军廉丹前往攻打，当地夷人不但不屈服，反而击杀了郡守。眼看着廉丹带兵不利，王莽不得不将其召回，改派大司马护军郭兴、庸部牧李晔前往。于是，新朝又踏进了一个新的泥潭里，也不知道什么时候能抽身而出。要是像对匈奴、句町一样没完没了，那老百姓就更苦了。

"不能让人觉得新朝好欺负。"王莽私下里骂道，发誓不做软骨头。

更让王莽烦恼的是，国外的事情还没平定，国内又不太平了。因为自然灾害频仍，边境骚扰不断，苛捐杂税太多，大量农民失去了活路，盗贼开始多了起来。这些盗贼本来零零散散，数量有限。因为早在西汉时，由流民组成的盗贼就为数不少，所以王莽一开始并没太过重视。然而，一些盗贼的队伍越来越大，已经不能称之为盗贼了，几乎可以称为农民军了，那些领袖人物的名字也日渐响亮了起来。比如在黄河南岸东西百余里，汇集了二十万农民军的东平瑗子路；率领部下移往兖州进攻官兵的茌平人董次中；号召力极强，迅速聚集起万余人的富平人徐异卿；铜马、高湖、重连、五楼等地也有起义军活动。王莽再也不能视而不见，等闲视之了。"知己知彼，百战不殆"，王莽想了解这些人的底细，于是又派去了太傅羲叔士孙喜。

不久，孙喜探听清楚，回到朝廷，向王莽做了回报。"陛下无需多虑，那些盗贼不过是些缺衣少食的流民。"

"听说光是青州和徐州就有数十万之众啊？"王莽将信将疑地问道。

"的确人数众多，但是没什么野心，不过想要填饱肚子罢了。"

"你是怎么知道的？"

"他们既没有文告、官号，也没有旗帜。"

"原来如此松散呀。"王莽长出了一口气，想了想，又好奇地问道："那他们之间怎么称呼呢？"

"称作巨人。"

"巨人？"

"对。"

"他们会不会是想向古代的三皇学习，故意不要文书、称号呢？"一个大臣心事重重地插嘴道。

"这……"王莽和其他大臣们忍不住打了个寒战。

"陛下无需惊奇，"严尤走出来，冷笑着说。"自黄帝、汤、武指挥用兵以来，都有建制、旗帜和号令。那些流民不过是些乌合之众而已。"

严尤一向被视作将才，有了他的推断，王莽和大臣们纷纷放下心来，脸上也露出了笑意。"是啊，不过是些流民，哪里懂得向三皇学习？能吃饱肚子就不错了，不要把他们捧得太高。"

有可靠的大臣亲自做了调查，身边的将才又做出了分析，王莽这才放下心来，认定等到灾情过去，那些流民有了充足的食物，自然会回到家乡去。

"巨人，巨人，互相叫作巨人……"他私下里嘟囔道，觉得流民们的称呼很可笑。

没想到，不久之后，一个真的巨人竟然出现了。这个巨人是夙夜郡连率韩博发现的。他曾亲自来到韩博府中，毛遂自荐说要帮助朝廷攻打匈奴。这个巨人身高一丈——约合今天的2.31米，体大十围，生长在蓬莱东南的昭如海边。由于身材过于庞大，连三匹马拉的轻便车都拖不动。

"陛下，这个巨人就是上天派来辅佐新朝的，可以派遣大将一人和虎贲武士一百人，到路上迎接他。他个头儿太大，可以把城门开高些开大些。"韩博在信中最后说。

王莽读完来信后，心中甚是好奇，心想如果真有这等巨人，要是派到边疆，对西域诸国倒是一种震慑。不过，又不禁将信将疑起来。于是，下令将巨人送到京城里来。

"如果没有这样的巨人，就是犯了欺君之罪。到时候，一定要狠狠收拾他不可。"

不久，一辆竖立着斑驳虎旗的四匹马拉的大车来到了京城，那巨人就摇摇晃晃地坐在马车上。由于身体太过长大，只能蜷缩起长腿。然而那硕大的脑袋，鼓出的双眼，还有那瘦骨嶙峋，又细又长的脖颈和胳膊，还是引起市民们的争相观看。

一时间，京城沸腾了，就像一锅煮开的水一样，人们互相推搡着，都想离得更近一些，看得更清晰一些，唯恐错失了这难得的机会，甚至连道路都发生了堵塞。负责运送事宜的韩博只好派全副武装，身穿明亮铠甲的士兵在前面开道，并且拔出雪亮的军刀进行威吓，市民们这才胆怯地后退了一点儿，让大车得以顺利来到未央宫的正门前。

"还不站起来。"韩博看到王莽站在宫门前，赶紧高声提醒巨人，仿佛那不是普通的人类，要是不提高音量，他那像扇面一样的硕大耳朵就听不到似的。

伴随着笨拙的吱呀声，巨人笨拙地站了起来。围观的百姓甚至看到了他脸上略带紧张的表情。他的眉头紧锁着，形成一道道的沟壑，里面似乎夹着沿途带来的尘土,黑乎乎的,他的眉毛和胡须看上去格外粗黑。"吱呀呀——"他弯曲的身子慢慢完全展开了,几乎顶到了天上,将脑袋插到了云彩间一样,挡住了炙热的阳光,在地上留下一个长长的黑影,被那黑影遮住的百姓们突然产生一种诡异之感,连周围的空气仿佛都变得奇怪了。站得较远的百姓们仰着脖子向上看着,不禁发出了一声赞叹。心想这可真是大开眼界呀。

"拜见陛下!"巨人声音像闷雷一样,仿佛还带着回音。伴随着翻滚的尘土,他跪拜了下去,周围传来一阵阵的咳嗽声。

"他叫什么名字?"王莽将头转向了韩博,低声问道。

"禀告陛下,他叫巨毋霸。"韩博压低声音,恭敬地答道。

王莽低头沉吟了片刻,抬头看向那满脸怪相的巨人。巨毋霸无疑想要讨好皇帝,虽然笑容显得很古怪。跟他的年龄相比,他的皱纹无疑太多了些。谁知道这家伙平时吃什么东西,从他粗黑的皮肤判断,伙食应该不会太好吧?要让这家伙吃饱,一顿饭至少要一百个馒头。

王莽想到这里,忍不住露出一丝若有若无的讪笑。"真是个傻大个儿。"

"陛下,巨毋霸英勇善战,力大无穷,睡觉枕着战鼓,用铁筷子吃饭。"韩博口若悬河地说道,好像在推销一件世上罕见的上好商品。"他还有一个本领,就是能驯养野兽,老虎、豹、犀牛、大象什么的……"

王莽不动声色地轻轻捻着胡须,心里琢磨这些大臣很不可靠,为什么要叫"巨毋霸"呢?自己的字叫巨君,莫非是"巨君毋得称霸"的意思?想到这里,王莽冷冷地看了韩博一眼,下令让巨毋霸留在新丰县,并且改姓巨母,意思是多亏文母太后让他成为我做霸王的符命。不久,将韩博投进了监狱,以他说了不该说的话为由,处以了死刑。

王莽见巨毋霸天生神力,体格非凡,的确是个人才,再说现在军中正是用人之际,所以决定留用,任命为了垒尉。巨毋霸就这样来到了军中。从此他惊人的胃口就由军队来承担了。当时要是征兵广告的话,肯定以他为代言人。将帅们都对他寄予厚望,希望他能在之后的战争中建立奇功。至于什么时候打仗呢？谁都不知道。两国在边境线上已经对峙多年，但谁都不肯先动手。匈奴对此尚能接受，因为离家乡比较近，而且他们本来就是游牧民族，几乎随处都可以安家。但是新朝的士兵远离故土，缺衣少食且水土不服，日子可就难熬多了。另外，维持这样庞大的一支军队，无疑消耗量极大。整个国家都在勒紧腰带过日子。"故上兵伐谋，其次伐交，其次伐兵，其下攻城。"如果能够不战而屈人之兵，自然是最理想的。王莽其实在等待乌累若鞮单于回心转意，主动向新朝让步，没想到，等到的却是乌累若鞮单于的死讯。

之后，密报再次传来，左贤王舆继任了单于之位。这对王莽来说不是个好消息。新单于仍旧对新朝充满仇恨。匈奴人仍旧频繁侵犯边境。边境线不但没变得安定，反而越发风声鹤唳起来。为了震慑新单于。王莽又招募了大量的壮丁、罪犯和奴隶，称其为"猪突豨勇"，并且增加了税收的力度，抽取财产的三十分之一，还要求公卿以下的官吏都要养马。至于饲养马匹的多少，根据俸禄等级来定。

王莽甚至下令招集来了大量的奇巧之士，而且亲自来到边境上进行检阅。据说，蜂拥而至的"人才"数以万计，有的说无需舟船，可以用人马连接的办法，一次性地让上百万的军队渡过江河；有的说官兵们不用携带一斗粮食，只要服食自己发明的药物，就可以不吃不喝，体力充沛；还有人说自己能够像鸟儿一样飞行，可以一天飞行千里，前去侦察匈奴的军情……

"飞行千里？我倒要见识一下。"王莽对这个会飞的"鸟人"特别感兴趣，命令士官将其叫进大帐。

不久，士官将一个庄稼汉模样的男子领了进来，庄稼汉手里拎着个包裹，头发稀疏，肤色蜡黄，四肢修长，穿着粗布衣服，看上去倒是轻巧得很。只是低眉顺目，看上去有些畏畏缩缩。庄稼汉将东西放到一边，急忙向王莽深施了一礼。

"你就是那个会飞的人？"

"是的，陛下。"

第二十章 不断恶化的周边关系

"要是对我撒谎，知道会怎么样吗？"王莽看了看庄稼汉纤细的脖子，好像琢磨用斧子在哪里砍断似的。

"我，我，我可以飞给陛下看。"庄稼汉瞪大一双圆鼓鼓的眼睛，结结巴巴地说。

王莽冷冷一笑，挥了挥手，说现在就开始。只见庄稼汉笨拙地蹲下身子，从包裹里拿出一件羽毛做的衣服和两个人造翅膀，先是穿上衣服，然后将人造翅膀捆绑在两个胳膊上。完工之后的庄稼汉看上去毛绒绒的，就像只好斗的公鸡，看得王莽和大臣们差点儿笑出声来。

此时，已经到了傍晚时分，夕阳像炭火一样在西方熊熊燃烧着，耳边能听到士兵们操练时的呐喊声。北方的草原显得遥远辽阔，空旷无垠，好像匈奴人从来就没不存在过似的。营地的大树被一阵冷风吹过，发出沙沙的声响，有几片枯黄的树叶盘旋着飘落下来，翻了几个跟头，才在草丛边停下来。

庄稼汉吃力地爬上一棵大树，站在一个粗大的枝杈上，慢慢展开两个毛绒绒的翅膀，身上的羽毛随风飘动。王莽手搭凉棚，看着树上那个不停颤抖的滑稽黑影儿，猛然明白了过来，这家伙可能之前从没成功过，他来到军营里不过是想要蒙混过关混口饭吃，没成想竟被皇帝抽中了。王莽心中涌起一阵怜悯之情，转过头，想要告诉身边的将军，让那个傻瓜从树上下来。

可是，还没等将军开口，那庄稼汉竟从树梢上跳了下去。宽大的翅膀尽可能地展开，身体尽可能绷直，反射着红彤彤的霞光。庄稼汉拍打着翅膀越飞越远，大臣们忍不住发出一阵惊呼声，刚要欢呼叫好，一阵狂风吹来，"鸟人"失去了平衡，在空中摇晃了几下，又紧拍了两下"翅膀"，径自掉落到了高高的草丛里。

事后，王莽听说庄稼汉摔了个鼻青脸肿，但是并没有死，也就知道大部分奇巧之士都不靠谱儿，但是因为军中急需人才，本人也渴望留个求贤若渴的好名声，所以并没有治罪，而是全部赐予了官职，赏赐了车马。然而，因为双方全都顾虑重重，这个仗仍旧没打起来。

一年后，即天凤六年（公元19年），王莽决定改变策略，另辟蹊径，选立一位亲近新朝的单于。从而将新单于彻底架空，让其没有再跟新朝作对的机会。最合适的人选当然是右骨都侯须卜当。严尤之前就曾劝说王莽不要四面出击，还曾写就三篇文章，以名将乐毅、白起不被朝廷信任的故事自喻，陈述了自己对边疆防务事宜的看法，依旧遭到王莽的冷遇。这次再次提出反对意见，认为这样做得不偿失，绝非明智之举。

"为何这样说？"王莽冷冷地问道。

"须卜当一向亲近中原王朝。其在匈奴右部时，从没侵犯过边境，还经常把单于的消息转告给中原，这不但是巨大的帮助，还是对匈奴强硬派的有力掣肘。现在将须卜当安置到长安槁街，不过是个普通的胡人而已，根本起不到丝毫作用，与其如此，还不如让须卜当、伊墨居次云夫妇留在匈奴。"

"简直一派胡言。"

王莽将虞舜认作祖先，却没学会虞舜倾听直谏的贤德。树起进善之旌、诽谤之木，敢谏之鼓恐怕也是做做样子，让官员举荐"敦厚"和"直言"各一名，用处也不大，因为他根本不懂得"言能听，道乃进"的道理。到底不听严尤的意见。恰逢新单于——匈奴乌累若鞮单于栾提咸的弟弟——呼都而尸道皋若鞮单于贪图新朝的赏赐，派王昭君的两个外孙到长安觐见，王莽趁机让昭君的侄儿、和亲侯王歙等人一同来到制虏塞下，将须卜当、伊墨居次云夫妇胁迫到了长安。两人的小儿子很是机灵，得以逃回到了匈奴。

之后，王莽拜须卜当为后安公、须卜单于，拜其子大且渠奢为后安侯。转而让严尤和廉丹准备攻打匈奴，出发前，赐姓徵氏，号为二徵将军。军队在长安城西横厩誓师出兵，这个仗到底是没有打成。后来，在朝廷的公开讨论中，严尤指出匈奴国力强盛，难以短时间解决，边境线上长期驻扎大军，消耗巨大，拖累百姓。山东盗贼则需抓紧剿灭，否则遗患无穷。王莽当庭痛斥严尤，干脆免了他的大司马职务。遣送回了故郡，任命降符伯董忠为大司马。

正如严尤所说，须卜当来到新朝之后，不过做了个安闲自在的贵族而已，没起到太大作用。这次绑架行动越发激起了匈奴人的怒火。呼都而尸道皋若单于刚登基，就对新朝充满了恨意，愈发在边境骚扰劫掠。须卜当在长安病死后，王莽把庶生女儿王捷嫁给了王昭君的外孙大且渠奢，让大且渠奢继任了后安公，对这个小女婿"尊崇甚厚"，或许仍有心延续之前的政策，扶持其到匈奴做新单于吧？到底化为泡影。

到了地皇二年（公元21年），神州大地烽烟四起，叛乱频仍，王莽还有心再次出击匈奴。转送全国钱谷到西河、五原、朔方、渔阳等郡，每郡数以百万计。浩浩荡荡的车队，一眼望不到头。终于因为战线铺得太开导致元气大伤而垮台。

第二十一章　沉迷谶纬之学

跟所有人一样，随着时间的流逝，王莽也在发生着变化。想当年，王莽穿破旧的衣服，吃粗劣的食物，乘坐劣马拉的破车，身居庙堂之上，却过着简朴的生活，把省下来的钱都用在了接济穷人上，是人人仰望的尧舜一样的人物。谁能想到，这样一个人会突然大手大脚起来呢？

始建国二年（公元10年），王莽听信方士苏乐的建议，在宫中建起一座高大雄伟的八风台，光是这座八风台的建筑费就高达黄金万两，可见有多么的壮观华丽。王莽建这座台不是为了游玩，而是为了得道升仙。各种华贵的建筑材料全都用上了，工艺之精巧令人叹为观止，用金碧辉煌来形容也不过分。他下令用鹤髓、玳瑁、犀玉等二十余种珍稀之物"渍种"长成的五色秫粟，同样价值不菲，计算起来，一斛成本需要黄金一两。

五色秫粟熬成的粥，也不知道王莽吃了多少，估计拉肚子的可能性更大。王莽之所以如此大手大脚，跟他沉迷谶纬之学不无关系。当时阴阳五行、天地感应几乎是官方学说，简直是全社会的共识，沉迷谶纬之学的岂是王莽一个？这些年来，王莽推出的相关举措接连不断：在起义军风起云涌之际，他特地推出了多年来钻研礼乐的重要成果——曲调苍凉的《新乐》；让太史推算出了三万六千年的历法大纲，每六年改一次年号；依照符命类的书籍《紫阁图》，效仿太一、黄帝，宣称要在秦地终南山上演奏仙乐……

王莽不但痴迷这类神秘荒诞的东西，他对科学技术也颇感兴趣，他征召过科技士人，也征召过能工巧匠，对各种新技术都敢于尝试，甚至于医学领域也有"建树"。

第二十一章　沉迷谶纬之学

天凤三年（公元16年）的一个深夜，王莽像往日一样在伏案工作。面庞在烛光的照耀下显得很红。那红色不断跳跃着，好像火苗一样，不断舔舐着王莽下颌上的茂密胡须，好像要将其点燃似的。王莽无意中抬起头来，瞥了一眼案上的铜镜，发现深深的皱纹已经爬上了面庞，就像新织就的蜘蛛网一样，他不知道自己还能活多久。当时的平均寿命只有三四十岁而已，他到这个年纪已经算是高寿。但是王太后更为高寿，如果他能活得像王太后一样长久，就有机会做更多事情。王莽正一边思索，一边在放满案牍的几案边歇息。这时，值班的宦官上前禀报说，王孙庆捉到了。

"王孙庆是谁？"

"陛下，是翟义叛军的首领呀。"

"对，是有这个人。"王莽抚摸着下颌的胡须，嘟囔道，"九年过去了，终于把他抓住了。"

"如何处置他呢？"

"让我想想。"

王莽召来了太医和屠夫，一起把王孙庆的尸体开膛剖腹，挖出了五脏，用削尖的竹枝刺入血管。朝野上下都知道此事，王莽对外宣称，是为了研究五脏六腑的功能，了解经脉的走向和始终。据说，这是关于中医解剖学的最早记录。不过，不要以为王莽真想开创一个新的医学领域。王莽不过是以最残忍的方式来羞辱罪人，震慑天下而已。他之前不是多次挖掘罪犯的祖坟，甚至一心想要鞭笞乌珠留若鞮单于的尸体吗？

王莽还曾来到京城南郊，命人以五色石子与铜混合，铸造出了一个长二尺五寸的"威斗"。"威斗"形状像北斗，据说起源于纣王残害忠良的刑具——炮烙，兼具食器、酒器、乐器、武器等多种功能。作为一国之君，王莽可对制造食器酒器不感兴趣。当作武器，对他来说也太小儿科。在他这里，威斗是一种法器。希望能用其趋吉避凶，厌胜敌人。据《汉书》记载：威斗造成的当天天寒地冻，官员马匹多有冻死者。这恐怕又是一处明显的抹黑。新历的八月，就是夏历的七月，正值酷暑时节，怎么可能天寒地冻呢？

235

自从威斗造好之后，就与王莽形影不离。在宫中，有司命手拿威斗站在身边。每次出行，有司命扛着威斗在车驾前行走。不知王莽自己有几分相信，反正寻常百姓看了都有些害怕——那铁疙瘩有没有法力先不说，就是直接打在脑袋上，也是脑浆迸裂，必死无疑。但宣扬威斗拥有神秘力量，这一点显然很可疑。就在几个月后，北军营垒的南门就发生了一场大火，接下来的几年，麻烦同样一点儿都没少。看来威斗最多给人点儿精神安慰，至于做法器，还是算了吧。

据说，有一天，未央宫中出了件怪事，杜陵寝庙偏殿中，内室箱子里的虎纹衣自己走了出来，这虎纹衣本来是皇帝穿的，早就废弃不用了，没想到竟然有了灵气。它在外堂上自动竖立，很久才萎缩落地，宛如里面有鬼魂一样。许多官吏和士兵看到了这一幕，都吓得面如土色，急忙将此事上报给了王莽。王莽为了安抚众人，想到高祖乃是赤帝之子，汉朝对应火德，崇尚红色，新朝对应的则是土德，崇尚的是黄色，于是下文告说："应该重视黄色，贱视红色，从此让底层的郎官、侍从官穿着红色的衣服。"

王莽迷信到这个程度，被占卜者牵着鼻子走也就不奇怪。公元20年的春天，王莽宣布大赦天下，又根据三万六千年日历，将年号从"天凤"改为"地皇"。这一年，多个占卜者在观察过云气后，都说有大兴土木的征象。此时全国各地盗贼突增，严重威胁着新莽政权。王莽想要显示自己是个心胸坦荡能够建立子孙万代基业的皇帝，同时也希望天上的祖先们能够护佑他，帮助他战胜所有的挑战，让大新朝转危为安，所以对大臣们说，自己刚登基时，国库很是空虚，且百姓穷苦，没有财力兴建宗庙，一直在明堂太庙举兴合祭，自己为此日夜睡不踏实，今年五谷丰登，繁荣昌盛，决定在长安城南建立九座祖宗祠庙。

庞大的祠庙兴建计划正式启动了，包括五座祖庙和四座宗庙。坐落在一块高地上，周围的低洼地都增筑了起来，面积多达一百顷。九月甲申日，奠基的日子到了，卫兵们和工人们排列整齐，等待皇帝检阅。王莽站在华丽的车子上，精神抖擞，气宇轩昂，大司徒王寻和大司空王邑手拿符节恭敬地站在两旁。那森严的气象，仿佛在向世人表明，大新朝受到上天的护佑，国泰民安，坚如磐石。一切挑衅者全是在自取灭亡。

吉时已到，王莽慢慢举起筑土的棒槌，用力筑了三下，作为正式开工的指令。工人们立即四散开来，开始忙起了各自的活计，全都干劲儿十足，不遗余力，要向皇帝表明忠心似的。

王莽对这项工程十分重视。虽然国事繁重，不能经常亲自前往，但是不时询问进展。擅长拍马屁的崔发又有了表现特长的机会，联合张邯等人一起上书，说德行崇高的人礼仪也更丰富，所以应该扩大工程的规模，使其千秋万代之后都无法超越。王莽听了，十分受用，立即准奏，要求全国的能工巧匠群策群力，务必做到最好，并且委派侍中常侍执法杜林等数十人现场监督指挥，不许有任何的疏漏。

朝廷为了这项工程倾尽了全力，向全国工匠征集了许多设计图样。据说，还运用了当时最先进的勾股定理。因为建筑材料不够，拆毁了西上林苑中的十多座宫殿馆舍。从中挑选结实耐用的材料，接连不断地送到工地。中国人自古讲究祖先崇拜。朝廷不修建用来享受的亭台楼榭，而是修建尊崇祖先的祠庙，自然容易赢得民众的好感。因此全国都被这个浩大的工程吸引住了，偏远地区更是传得神乎其神，好像朝廷正在搭建仙宫似的。官吏和平民纷纷捐献钱粮，推进建设速度。

王莽在感动之余，也获得些额外的灵感。心想，果然是人多力量大，只要每人出上一点儿，就可以积攒出大量的财富。于是希望官吏和平民们能将这股劲头用在对抗外敌或是讨伐"盗贼"上。为了加以鼓励，又下令予以奖赏，平民缴纳米粮六百斛就可以作郎官；原来是郎官的，增加俸禄，赏赐爵位，官至附城为止。只要慷慨解囊必有好处，因此前来缴纳米粮的络绎不绝。

春季正月，九座祠庙正式竣工。王莽举行了盛大的竣工仪式，并且亲自前往参观。

此时的王莽贵为皇帝，自然跟身为朝臣时不可同日而语。他乘坐的大车和十辆大战车走在前头，大臣们的车子跟在后面，浩浩荡荡，引人注目，大车由六匹精挑细选的高头大马组成，每匹马都披着五彩羽毛织成的套子，上面带有龙形的图案，头上装有三尺长的亮光闪闪的角。车上竖起一个九层的车盖，高八丈一尺，骨架由光灿灿的黄金制成，外面用美丽的羽毛装饰，车子里面装置着复杂的机械。由三百个头戴黄巾，身穿黄衣的力士护卫。侍卫们不时敲起鼓来，三百个力士们就跟着一呼喊"登仙"的口号。王莽坐在车子里悠然自得，好像真要登仙了似的。沿途的百姓们没见过这么大的阵仗，全都看得瞠目结舌。官吏们表面上夸赞不已，私下里却在挖苦："这看上去像辆灵车，哪里像神仙的用物……"

王莽在三百力士的口号声中，庄严地走下御驾，在诸位重臣的簇拥下，来到崭新的祠庙前。不由得眼前一亮，工匠们没有让他失望，九座祠庙严整肃穆，壮观威严，气魄雄伟，的确配得上是国家工程。走进高高的正门，看得更加细致透彻。黄帝庙格外宽阔，东西南北四方各长四十丈，高十七丈，其余祠庙是它的一半，如同翅膀一样，互相对称，排列开来。殿堂重重叠叠，鳞次栉比，用铜皮包裹斗拱，带着繁复精巧的花纹，各种新奇之处数不胜数，真是金光璀璨，耀人眼目。

王莽心情大好，下令安放神主，之后，对主管官员和各类工匠大加封赏，史书上说建造九庙的费用"数百巨万"，又说，其间连下了六十多天的大雨，还说，累死的奴隶和民夫竟多达上万人，这些如今都难以考证，最后一条则尤其值得怀疑，九庙虽然规模不小，但是在建造上并没太大的危险和难度，工程跨度又不过几个月而已，又不像秦始皇陵那样一建就是数十年，怎么可能累死那么多人？

九庙带来的兴奋并没能延续多久，王莽还有更重要的事情要做，那就是捕捉盗贼。不知何时，国家已经变得千疮百孔，盗贼在不断涌现，之前的盗贼队伍明显扩大，绿林军的大名世人皆知，响应者甚众，除此之外，还冒出了许多新的盗贼。比如东海人力子。力子并不是本名，而是个绰号。他是个农民，在乡村里鼓动周围的百姓们造反，率兵袭击徐州、兖州等地，很快就

第二十一章　沉迷谶纬之学

聚拢了六七万人。

王莽已经看出了事态的严重性，下令各郡国抓紧镇压，不让局势失控。然而，野火渐成燎原之势。钜鹿郡男子马适求顶风而上，发动燕地、赵地的军队起义。马适求复姓马适，单名一个求字。他野心勃勃，想要风风火火地大干一场。但是运气很不好，刚刚起兵，就被大司空属下士吏王丹发觉，并上报了朝廷。王莽立即派三公大夫前往围剿，很快就将叛乱平定了。光是知名人士牵连其中的就达数千人。王莽下令将罪犯归拢到一起，全部处死，一个不留。王丹因为举报有功，赐封为辅国侯。

如今，不但盗贼漫山遍野，邻国接连发难，连朝廷内部也出现了危险的"裂痕"。魏成郡的大尹名叫李焉，笃信鬼神，最喜占卜，事无巨细，都喜欢向神灵讨教，好像魏成郡不是在他的治下，倒是在祖宗和神灵的治下似的。李焉尤其信赖一个名叫王况的占卜者。两人经常在一起聊些神奇诡异之事，得道成仙之法。王况本来是个穷算卦的，自从投奔了李焉之后，得到了许多赏赐，因此对李焉很是感激，之后，在装神弄鬼上也就越发下力气了。

这一天，两人又弄起了神神秘秘的勾当，王况占卜一番之后，长长地叹了口气，俨然是知道了非常之事，李焉见其神情与平常不同，急忙追问结果如何？王况做若有所思状，迟迟不肯回答，再三追问之下，这才吞吞吐吐地说，从卦象看来，王莽的政策很是不得人心，新朝不会长久，汉朝定然会复兴。

"阁下姓李，李和征读音相近，征声属火，应当成为汉朝的辅佐。机不可失，失不再来。"王况最后说。

为了证明自己的说法，他专门为李焉写了本谶书，一共十多万字。上面列举了新朝将来的对手，指明了朝中重臣们的吉凶，甚至将他们何时遇难都写得清清楚楚。李焉详读之后，心中波涛汹涌，心想，此人果然有些道行，什么都算得出来，看来所言非虚，"人无远虑，必有近忧"，最好早做准备。李焉就此拿定了主意。但是他为人粗心大意，缺少严密的部署，而且轻信于人。为了拉拢其他势力，竟让一个属员抄写了那本谶书，想要分发给有望加入联盟的朝臣们。属员抄写时，差点儿吓得晕倒在地上。因为害怕受到牵连，很快告发了李焉。

王莽对这种事当然不能放过。就这样，李焉还没等起事，就把小命弄丢了。"活神仙"王况自然也没好下场。

接着，一件让人啼笑皆非的事出现了。王况是作为王莽的对手出现的。按理来说，王莽应该对其写的东西嗤之以鼻才是。可是，王莽不但没将谶书销毁，反而将十多万字详细阅览过一遍，当成了对付敌对势力的资料。见谶书上说，荆、楚之地会兴起，李姓将要成为辅佐之臣，就升任侍中掌牧大夫李琴担任大将军、扬州牧，赐名为李圣，命其统率军队奋勇进击攻打起义军，予以厌胜。可见王莽真是迷信到了骨子里。

第二十二章　子孙也不省心

其实王莽更适合做"精神领袖"型的政治家，或者是君主立宪制国家的君主。他的眼光不能说不精准，也的确看中了国家的主要问题，但是他推动的政策则脱离实际，显得可行性不足。这位皇帝以儒家思想代言人的身份，被推举到了至高无上的地位。他的目标是实现儒家的理想蓝图，他推动的策略是采用圣贤之制，没有一处改革不从古代汲取营养，然而，却只证明完全依靠儒学来治国是不可能的。此时，因为国内外的敌人太多，王莽"按下葫芦浮起瓢"，忙得心力交瘁，焦头烂额。更让他恼火的是，就连子孙也不让他省心，竟然接连惹出事端，给他增添烦恼。

王宗又名王会宗，是王宇的第四子。当初，王莽晋升为"安汉公"，本想把"新都侯"的爵位还给朝廷。后来，根据大臣们的建议，这一爵位改由长四孙王宗继承。王莽母亲功显君的葬礼上，王宗代为宗主，举着曾祖母的灵幡，穿了三年的丧服。由这两件事就可以看出王莽对王宗的看重。

王宗在王莽的子孙中的确算得上比较出色的。他天资聪颖，才华过人，自幼拥有绘画的天赋。因此，王莽将他立为了皇长孙，着重予以培养。然而，王宗不但不珍惜机会，积极进取，反而滋生出了傲气。皇位是令人垂涎的，谁不想统领天下呢？王宗对未来充满了期望，可是，一想到自己还要等上几十年，不由得有些着急。王莽身体很健康，再过几十年，自己说不定走到王莽前头呢。他不能再等了。他急于抢班夺权做皇帝。

在王莽面前，他还能做做样子，表现得驯顺谦恭，私下里，却仿佛变了个人，竟忍不住穿上天子的衣服，戴上天子的冠冕，提前过起了皇帝瘾，并且为自己画了张画像留作纪念。这还不够，他还胆大妄为地偷偷刻了三枚印章：第一枚是"维祉冠，存己夏，处南山，藏薄冰"，第二枚是"肃圣宝继"，第三枚是"德封昌图"。虽然语言稍稍有些隐晦，但明眼人马上能看出其中的野心。

"纸包不住火"，王宗到底太年轻，难免走漏了风声。王莽听说之后，大为震惊。在他看来，这个案子格外严重，王宇不过是为了替外戚求情，想吓唬一下父亲，而王宗这是想篡夺君权，直接将爷爷从龙椅上拉下来，自己坐上去。何况调查发现，流放到合浦的吕宽亲属还掺和其中呢！所以，王莽下令严查，不要因为王宗身份特殊而予以照顾。事情的恶劣程度，王宗自己也心知肚明，很快就在监狱中自杀了。

得知王宗的死讯，王莽心中就像下了一整夜的暴风雪一，还有被亲人背叛更让人难过的吗？"人非草木，孰能无情"？别看王莽表现得像个铁人，内心中其实也有柔软脆弱的一面。但是，身为皇帝的他又不敢轻易表露真情。眼泪也只能偷偷往肚子里咽。王莽很快又戴上冷酷无情的面具，他下诏痛斥了王宗的罪行，冷酷地指出，王宗本来名叫王会宗，因为制度规定要取消双名，而取了现在的名字。现在其恢复原名，以示惩戒。赐予谥号叫"功崇缪伯"。还要贬低他的爵位，按照伯爵的礼仪安葬在他原来的封国谷城郡。

王宗犯下如此重大的罪行，这样的处理已算是宽大了。这既是出于对长孙的钟爱，很可能也是由于年纪的影响。想当初，王莽处理王获、王宇时是何等的暴怒。相比之下，已经是平和许多了。人在年轻时，就像从陡峭山岩上流下的湍急小溪，等到年纪渐长，则宛如流在广阔平原的大河。不是没有激荡，不是没有漩涡，只是藏在水底深处。至于那些痛苦地舐舐伤口的时刻，不但史书上看不到，恐怕身边人也是看不到的。

然而，家族内部的的变故并未就此终止，不但男子频频生事，连女子也开始给王莽"添堵"了。

王妨是王莽的长孙女，许配给了本为西汉城门令史的卫将军王兴。一个是皇族的长孙女，一个是底层的小老百姓。或许是出身相差太大的缘故，王妨跟婆婆相处得很不好，"冰冻三尺非一日之寒"，以至于私下里诅咒。这一丑行无意中被一个婢女发现。王妨大为惊恐，为了灭口，设法杀死了那个婢女。

人命关天，事情很快被人发觉了。王莽一生最恨不孝之人。在他眼里，这等人简直猪狗不如。滥杀无辜同样罪不可恕。他强忍怒火，让中常侍𦕂惮前去责问王妨和王兴——夫人犯下如此重大的过失，丈夫自然也难脱干系。两人知道大势已去，都畏罪自杀了。这件事还牵连到了司命孔仁的夫人，也难免一死。事后，孔仁前来拜见，并摘下帽子请罪，王莽勃然大怒，立即让尚书弹劾："擅自摘下天文冠，这是犯了不敬皇帝的罪行。"

"陛下，臣冤枉啊！"孔仁泪流满面，苦苦哀求。王莽却始终不为所动。

大臣们都觉得王莽有些小题大做。也知道王莽心情不好。孔仁不过误触了逆鳞罢了。于是，全都吸取了教训，暗中多加了小心。过了段时间，也不知是听了大臣们的劝谏，或者是自己想通了，王莽又降下诏书，指示不要弹劾孔仁，让他更换一顶新帽子就行了。

眼看着骨肉至亲越来越少了，王莽陷入天人交战的境地。或许是为了抚慰内心，让自己舒服一点儿，不久，王莽任命直道侯王涉做了卫将军。王涉是曲阳侯王根的儿子，王莽的堂兄弟。当年王根在成帝朝担任大司马，推荐王莽做了继承人，对王莽有提拔之恩。王莽似乎想借此证明自己绝非无情无义之人，他是知恩图报的，之所以接连向亲人痛下杀手，完全是那些人咎由自取，自作自受。王莽觉得曲阳这个名号不好，又追谥王根为"直道让公"，让王涉继承了这个爵位。

王莽每天忙于公务，只盼望着家人们少制造些麻烦。然而，偏偏天不遂人愿。自从走上仕途开始，他的家庭就像受到了诅咒一样，接连遭遇非常变故。地皇元年（公元20年）七月壬午日申时，一阵狂风暴雨损毁了王路堂。王莽觉得这不是什么好兆头，深怕上天又要降下灾难。不久，果然又出事了，可能因为打击太大的缘故，皇后王静烟病倒了。虽然贵为皇后，但是王静烟远称不上幸福，伤心事太多了，一个接着一个的伤心事，年复一年，像一个个锋利的刀片在她的心头刮来刮去，旧伤还未好，又添新痛。她仿佛经年累月浸泡在苦水里，一双眼睛早就哭瞎了。

王莽理解妻子的痛苦，让皇太子王临住在宫中照顾母亲，希望能给她些许安慰。没想到，反而成就了另一场孽缘。

王皇后身边有个名叫原碧的侍女。容貌端方，性情可人，很有几分迷人之处，私下里早已被王莽占有，这几乎是人尽皆知的事情。王临住到母亲宫中后，与原碧见面的机会多了，一对年轻人日久生情，没能把控住自己，竟然发生了关系。没有不透风的墙，王临和原碧知道事情瞒不下去了，于是计划一同杀死王莽。

弑君加上弑父，这是不可饶恕的重罪。王临和原碧在策划时，估计也是胆战心惊。但是他们被恐惧、权势、情欲迷昏了头，把其他都抛到脑后了。人性已经被兽性取代了，人已经不是人了。之后，事态变得愈加复杂，王临的夫人，国师刘歆的女儿刘愔也卷了进来。刘愔从小喜读诗书，研究学问。长大后，虽然在学术上没有祖父、父亲那样高深的造诣，但是也有自己的特长，那就是观察天象。她深得父亲的真传，能从星斗的变化中窥探上天的意向。或许察觉到了王临的企图，或许是对王莽杀死自己两个兄长的旧怨念念不忘。一天，刘愔神秘地告诉王临，宫中将会有白衣会。

"白衣会为大凶之兆，是不是代表父皇要出事呢？"王临私下里揣摩。

王临了解妻子的本事，以为计划必将成功，自己马上就能做皇帝了。却忘了白衣会的对象不一定是王莽，还可能是王皇后，还可能是他自己。王临正在紧锣密鼓地筹划这个邪恶行动，这时，王莽突然发出一道诏书，说王临上面有兄长，将其称为皇太子名分不正，因此才异象频发，孔子说过："名不正，则言不顺"，为此，依照之前的符命，立王安为新仙王，王临为统义阳王。王临即日起离开皇宫，到外面的府邸居住。

王莽此时其实未必知道王临和原碧的事情，不过因为迷信到了骨子里，

第二十二章 子孙也不省心

加上身陷困境，病急乱投医罢了。但是王临做贼心虚，以为事情已经败露，自己就要大祸临头了。他每天都战战兢兢，稍微有点儿风吹草动就颤抖不止。此时，原碧还在皇宫里，他们分隔开来，已经不能像之前那样经常见面了。他深怕原碧会说对自己不利的话来。

王临越想越怕，觉得不可能得到宽恕，想给原碧寄封信过去，又不知道该相信谁。正苦闷得难以言表，心头突然闪过一线曙光，"跟父亲相比，母亲要仁慈得多，为什么不找母亲帮忙呢？对，母亲一定会帮我的。"

于是，他立即给母亲写了一封长信。诉说了对母亲病情的惦念，以及对父亲冷酷性格的担忧。在信的末尾，他热泪盈眶地写道："皇上对子孙极为严厉，长孙和仲孙都是三十岁死掉的。现在我刚好三十岁，母亲一旦有什么三长两短，我真不知道会死在哪里呀！"

这封密信承载着多么大的期望啊，几乎算是最后一根救命稻草了。王皇后生活在黑暗里，已经不能亲自读这封密信了，自然也看不到密信上洒落的泪痕。

躺在病榻上，听人读完信后，王皇后几近干涸的眼睛里慢慢涌出了几滴晶莹剔透的泪水。

"我哪有本事救你呀？"她无奈地嘟哝道，"要是我的话有分量，王获、王宇、王宗也不会死了。"

王临时运不济，几天后，王莽来探望王皇后，无意中看到了那封信。王莽敏感地察觉里面有问题，私下里很发了一通脾气。事情传到了王皇后耳中，愈发加重了病情。不久，可怜的女人就撒手人寰了。

王莽得知噩耗后，很是痛苦。定谥号为"孝睦皇后"，将其安葬在渭陵长寿园西，让她永远侍奉文母太后，墓地起名为亿年。

其间，王莽又发现了些蛛丝马迹，对王临愈加憎恶。不许其参加母亲的葬礼，作为羞辱。之前要照顾王皇后的感情，现在不需要了。对罪恶不能视而不见，更不能姑息养奸。等到葬礼结束后，王莽下令逮捕原碧等人，严加审问，了解到了全部情形。王莽老脸羞得通红，家丑不可外扬，这件事要是传扬出去，他这个皇帝不成了天下人的笑柄吗？弄不好还要遗臭万年。恼羞成怒的王莽派人杀死了办案人员司命从事，直接埋在了监狱。

之后，王莽派人给王临送去了致命的毒药。王临痛哭失声，他已经清醒了，他非常后悔，不明白自己当初为什么会有那么邪恶的想法，羞耻心早已把他的心啃噬得千疮百孔。之前一心求活是错误的。他就应该跳下万劫不复的深渊，永受炼狱的煎熬。

"现在唯一能做的，就是死得像个男人。"想到这里，王临将父亲送来的毒药放置在一边，抽出了一把短刀，狠狠向身上刺去。用喷涌而出的鲜血救赎自己的罪孽。

王莽得知王临的死讯后，心中百感交集，他一辈子以圣贤为师，以儒家经典为行动指南，为什么会生下这么多禽兽呢？他派人送去"魂衣"和印玺，希望王临在九泉之下能够安息，从此就算仁至义尽，然后，又把国师公刘歆叫了过来。刘歆知道女婿死得蹊跷，吓得汗流浃背，两腿发软，瑟瑟发抖，好像背上背着半辈子读过的书似的，半晌不敢抬起头来。

"陛下，叫微臣来，有何吩咐？"

王莽沉吟良久，这才缓缓地说："据我所知，王临可不懂什么星象呀。"

刘歆是个聪明人，自然明白了王莽的意思。就这样，刘歆在接连失去两个儿子后，又失去了一个女儿。这个月，新仙王王安和功昭公王寿又先后病逝了。短短一个月间，王莽就接连失去了三个直系血亲，还有一个儿媳妇，大有断子绝孙之势。不过，别忘了，他还有几个私生子留在封地。

王安病重期间写过一道奏章，上面写道："王兴等人的母亲虽然出身微贱，但仍然是皇子，不可以轻易抛弃。"

"没错，我要听听大臣们的意见。"

王莽让大臣们传阅这道奏章，大臣们纷纷表示认同，认为只要是天子所生，无论是嫡出，还是庶出，身上流淌的都是"龙血"。于是，王莽派遣使者用王车将自己跟侍女所生的二子二女接到了未央宫，赐封王兴为功脩公，王匡为功建公，王晔为睦脩任，王捷为睦逮任。转眼间，又儿孙满堂了。

第二十二章 子孙也不省心

或许是遭遇了太多的生死离别，让王莽心肠变硬了。不久之后，王莽下令毁坏武帝和昭帝的祠庙，把子孙分别葬在里面。也不知是想要发泄胸中的怒火，还是想压服汉朝皇帝的魂灵，让自己少受些挫折和苦痛。

第二十三章 叛乱泛滥开来

其实王莽对匈奴等的强硬也并非全无道理。疲弱的新朝招来了嗜血的"猛兽"，要是轻易示弱，这些敌人就越发欺负到头上去了。然而，说到底，王莽是个儒生皇帝，缺少所谓的"霸王之气"，跟匈奴对峙多年，这个仗到底是没打起来。可是，对他这样一个连奴婢的性命都珍视的皇帝，自然做不到像汉武帝那样牺牲近半的国民去征讨匈奴。拿政敌们开刀，再拿些小邦"杀鸡儆猴"，恐怕也就是他的极限了。另外，王莽在边境驻扎大军虽然隐患颇多，但也有其无奈之处。跟他这个饱读诗书、墨守成规的儒生皇帝相比，跟新朝打交道的几位单于更像个不讲诚信的流氓，嘴巴上嘻嘻哈哈，私下里骚扰不断，而且借口一说一大堆，让王莽打也不是，退也不是，只能在边境线上苦撑，起到一些震慑作用。其他周边小邦则为虎作伥，跟风添乱。让人恼火的是，正在王莽为如何平定周边乱局而绞尽脑汁时，国内的乱象也明显加剧了起来。

在这些起义军中，一个女性格外醒目。因为出身低微，她甚至连名字都没留下。因为嫁到了吕家，所以就被叫作吕母。吕母的儿子名叫吕育，本来在海曲县担任县吏，为人正直善良，忠厚老实。虽然家境殷实，却很同情那些吃不上饭的贫苦人。县宰要他惩罚那些交不起捐税的百姓，吕育不忍心，悄悄予以照顾。县宰发现后，大发雷霆，认为吕育亵渎了职务，下令将其处死了。

吕母痛失爱子，悲愤万分，决心取那狗官性命，为儿子报雪恨。她把数百万家产拿了出来，全都用来接济家境贫寒，衣食无着的年轻人。这些年轻

第二十三章 叛乱泛滥开来

人受到吕母的关照，跟其培养出了深厚的感情。时间久了，都想要报答吕母的恩情。他们成群结队地来到吕母面前，问她有什么事需要帮忙？

"我儿死得冤枉，我不甘心！"吕母擦着眼泪，坦白地说道。

"别难过，大娘，我们替你报仇。"听完吕育的事后，年轻人们齐声喊道。

就这样，吕母很快拉起了一支一百多人的队伍。天凤四年（公元17年），一举攻破海曲县，斩杀了县宰。吕母拿着县宰的首级祭奠了儿子，从此名声大噪。吕母虽是个女性，但是为人慷慨大度，仗义守信，许多流离失所、走投无路的流民慕名而来，因而队伍规模迅速扩大。大家一起杀富济贫，快意恩仇，大碗喝酒，大口吃肉，前所未有的痛快。

琅琊郡太守本以为一个老太婆不可能有太大作为，这群"乌合之众"很快就会自生自灭。眼看着"盗贼"声势越来越大，担心朝廷怪罪，再也不敢等闲视之，急忙亲自发兵前来镇压。"兵来将挡，水来土掩"，吕母调兵遣将，沉着指挥，竟没让太守的军队占到半点儿便宜。不过，吕母很有自知之明。知道自己的队伍到底势单力薄，朝廷要是派大军过来，恐怕很难应付。干脆率领手下驻扎在了海雾遮蔽下的荒凉海岛上，从此开荒种地，下海捕鱼，过起了世外桃源般的日子。

吕母率领的军队规模有限，在替子报仇之后，没有什么过激的举措，也没跟朝廷彻底决裂，所以本身并不具备太大的破坏力。危险的是，她的出现鼓舞了其他队伍的士气。一个老大娘都可以带兵起事，男子汉们自然更加可以了。真正危险的是这种想法。不久，盗贼竟日渐增多，规模越来越大，临淮（治今江苏盱眙）人瓜田仪率先带领队伍向朝廷发难。

河西走廊西端向来以盛产瓜果闻名，因而诞生了"瓜田"这个姓氏。不知何时，瓜田仪的祖辈离开了故乡，来到了临淮一带。从此繁衍生息，家族日渐壮大。瓜田仪身材高大，力气无穷，待人真诚，是个出类拔萃的年轻人。跟乡亲们一样，瓜田仪家也是土地兼并的受害者，一家人失去了赖以生存的土地，只好背井离乡，另寻活路。可是想尽了办法，仍旧填不饱肚子。

这一天，家族成员们又愁眉苦脸地聚在了一起，商讨今后的安排，全都唉声叹气，无计可施。

"我们与其等着饿死，倒不如起兵造反，杀出条血路！"瓜田仪猛地站起身来，怒气冲冲地说。

"别乱说话！"老人们连连摆手，不放心地嘟囔道，"弄不好要杀头的！"

"没听说过吕母吗？一个老大娘都敢起来起义，我们怕什么？"

"说得对！一起反了吧！""瓜田仪说得对，总比饿死强！""对，一起造反！"年轻人们受到了鼓舞，乱纷纷地呼喊道。

就这样，瓜田仪带领族人正式起事。一时响应者颇多，队伍日渐壮大，成为朝廷的心腹之患。双方多有交锋，互有胜负。瓜田仪也在一场场战斗中锻炼了自己，成长为了出色的农民军领袖，率领手下的一干兄弟，纵横江湖多年。官兵始终不能彻底剿灭这支军队，就像肉里插着根拔不掉的刺。与此同时，其他农民军就像喷薄而出的岩浆一样，已然是不可遏制。步吕母、瓜田仪后尘的队伍真是数不胜数。迫于压力，一向倔强顽强的王莽已经开始考虑收回之前的各项改革了。

时间来到地皇二年（公元21年），农民军继续风起云涌，将新朝撕扯得七零八落。这一年的二月，霸桥发生了火灾，一时间火光冲天，黑烟弥漫，百姓们口口相传，纷纷前来救火，数千人用水浇泼，仍旧无法熄灭，最终到底桥梁被毁，事后，王莽分析认为，很可能是无家可归的人在桥下烤火取暖所致。近些年来，灾害频仍，叛乱四起，百姓过得很是艰难，因此开放东方各处粮仓，救济贫苦人民。

"为什么这么多百姓造反？"他焦急地在朝廷上说，"我已经做到了最大的让步。还把所有的粮食都交了出来，难道百姓们还不满足吗？"

虽然王莽不断调整着政策，千方百计安抚百姓，但农民军仍在不断冒出来，其中有几支队伍影响格外深远。首推在莒县起事的樊崇。

樊崇率领的队伍一样以流民为主，一开始只有几百人，依靠抢劫维持生存，并且辗转进入泰山地区活动。樊崇不是读书人，但是英勇善战，谋略过人，有领导能力，只用了一年的时间，手下就发展到了上万人。同郡人逄安、徐宣、谢禄、杨音率领的队伍合计数万人，全都前来归附，并一同回军进攻莒县。没能顺利攻下，就辗转在青、徐之间。"终不敢杀长吏牧守"。后来，吕母病故，其手下的部卒不愿接受朝廷的招安，也加入进来。因为担心在官军的混战中难于辨别，这群人用朱砂涂抹双眉，故而号称"赤眉军"。

虽然名号越来越响，但樊崇的队伍一样不肯跟朝廷直接对抗，不过小打小闹地抢些粮食罢了。为防止混乱，还特地以"杀人者死，伤人者偿创"的口号约束手下，甚至一直没有军事编制和文号旌旗。最尊贵的称号是"三老"，然后是从事，其次是卒史。显然是要给自己留条后路。说到底，只不过是伙走投无路，想要混口饭吃的流民罢了。至于将矛头直接指向朝廷，指向王莽，则是后来的事情。

时间来到天凤四年（公元17年），荆州又发生了大饥荒。因为缺少食物，甚至连野菜、树皮都成了争抢的对象。饥民们面色发青，肚胀如鼓，排便困难，肝火也格外旺盛。残酷的生存环境，让人性的恶无限放大，有些地方甚至发生了人吃人的惨剧，真好似人间地狱一般。

很多人在靠荸荠续命，大家都在抢着挖，地里的荸荠已经不再是荸荠，而是人命了。因为争抢得太过激烈，两群人竟发生了纠纷，双方互不相让，眼看就要动起手来了，新市人王匡、王凤挺身而出，替双方进行了调解。二人遂被推举为首领。众人不打不相识，重新聚集在了一起，目标不再是荸荠，而是打家劫舍，争抢粮食，呼啸山林。地方州郡一度予以驱散，安置他们回家，因为缺少粮食，很快又重新聚到了一起。不久，马武、王常、成丹等亡命徒也前来投奔。只用了数月的时间，这支军队的人数已经迅速扩张到了七八千人，主要攻击距离城市较远的村落。因为所在的地方名叫绿林山，所以又被称作"绿林军"。

同时崛起的还有南郡的张霸、江夏的羊牧、南郡人秦丰等人，都已达到万人以上。这还是规模较大，名声较响的，至于较小的队伍，更是多如牛毛了。王莽已经看出了事态的严重性，下令各郡国各封国军队集体进击，想尽一切办法进行剿杀，但是收效甚微。"野火"已经到处都是了，扑灭了东边的，还有西边的，刚刚扑灭，又死灰复燃，实在是让人头疼。

在众多的男性首领之中，继吕母之后，又一个女领袖出现了。她就是平原女子迟昭平。起义者为了拉拢人心有许多手段，而迟昭平首创了一种新手段——利用博戏。博戏也叫博经或陆博，是一种竞争性极强的游戏，当时非常流行，甚至连文帝、景帝、武帝、昭帝、宣帝都是博戏爱好者，百姓们更是"废事弃业，忘寝与食，穷日尽明，继以脂烛"。

迟昭平就是一个女性的博戏高手，以"能说博经"闻名于当时。

女子过于抛头露面，这在当时恐怕称不上体面。不过，但是迟昭平注定要做一番大事，平常的风俗和眼光是不适用于她的。此时，起义军已经遍地开花，迟昭平受着这股风潮的影响，也想要闯出些名堂，所以，利用四处博戏的机会，结交了许多青年，经常私下里痛骂朝廷的腐败无能，官僚的自私贪婪，用以寻找同类。

"那些官老爷喝我们的血，吃我们的肉，还踩在我们头上作威作福！"迟昭平在黄河畔的聚会中，大声疾呼。

"对，我们不能答应！"

年轻人们钦佩迟昭平的豪情，都愿意跟着她干。就这样，人心渐渐聚集了起来。地皇二年（公元21年）秋，这只农民军在"河阻"（今山东省平原县城西南）揭竿而起，一共数千人。饥饿点燃起了百姓们心头的熊熊烈火，人们拿起刀枪棍棒，攻占县衙，宰杀贪官，砸开牢狱，放出犯人，一起杀了个痛快。第二年的夏天，这支农民军与徐异卿部成功会合，总数达到了十万之众。活动范围也扩大到了平原、富平、乐陵、无棣、盐山等地。

"万绿丛中一点红"，一支女性率领的农民军都这样风生水起，可见当时的农民军有多火热。现在，王莽对一些农民军头领的名字已经耳熟能详了。在镇压上也开始毫无保留。可怕的是，农民军还在不断冒出来，就像春回大地之际，从泥土里钻出的野花野草一样。死神在神州大地到处游走，不时挥舞一下饥荒这把雪亮的镰刀，将生活无着的百姓们往农民军的队伍里赶，在加上那些朝廷不满的平民百姓，怀念汉朝的遗老遗少，于是农民军越发多了。

　　王莽之前所以敢跟单于掰手腕，凭借的就是国内的支持。如今连国内都乱了起来，自然在跟邻国的较量中也少了许多底气。这次，王莽的大麻烦真的来了。

第二十四章　天灾和人祸

回望新朝的十四年历史,自然灾害似乎格外多,这也给王莽的改革制造了极大的阻碍。从这个角度看,说王莽是上天选定的皇帝,似乎难以服众。如果王莽真是天选之子,即使不禾生双穗,地出甘泉,至少也要风调雨顺些才是。可是上天待王莽不像是个慈母,倒更像个冷酷残暴、不讲仁义的继母。各种自然灾害,几乎年年都有,个别年头还特别严重,老天爷好像也在帮忙在新朝的伤口上撒盐。

起义军的数量还在增多,就像刚刚钻出蛋壳的小蛇一样,用锋利的牙齿,撕扯着王莽的心,整个京师都变得严峻了起来。王莽怀疑盗贼已经像无孔不入的毒汁一样,渗透进了长安。盗贼脸上又没刻字,谁能分清盗贼和平民呢?为此,他专门设置了捕盗都尉官,委派执法和谒者在长安城郊四处追捕。他还下令竖起了鸣鼓击贼的警报旗帜,由使者跟随监督,一旦有什么风吹草动,马上集中捕杀,并且宣布了戒严令。出兵行军时,敢有奔跑吵闹触犯法律的,直接杀头,无需等到行刑季节。于是,整个春夏两季,城市里到处都在杀人,长安城里血流成河,以至于"百姓震惧,道路以目"。

同一年,王莽推出了新的扩军计划:在中央设置大将,下设大司马五人,大将军二十五人,偏将军一百二十五人,裨将军一千二百五十人,校尉一万二千五百人,司马三万七千五百人,军候十一万二千五百人,百长二十二万五千人,士官四十五万人,战士一千三百五十万人。"弧矢之利,以威天下"。

看到这样庞大的规模,朝臣们不禁哑然失笑。国家哪还有这样的实力?

第二十四章 天灾和人祸

这不是为了虚张声势,吓唬敌人,就是神经出了毛病。王莽虽然没能力百分之百地照做,但为了应付紧急情况,还是设置了前后左右中五位大司马,给各州牧授予了大将军的头衔,给各郡的卒正、连率、大尹授予了偏将军的头衔,给属令、属长、县长授予了裨将军、校尉的头衔,军政合二为一,已经离全民皆兵不远了。

这样严密的网络很快见到了效果,自从警备升级之后,每天都有大量使者乘坐驿车经过各郡国传递消息。仓库没有充足粮食供给或驿马数量不够用时,就临时征用路途上的车马,由民间补充。这样一来,长安周围的盗贼果然安静了许多,百姓们很少听到报警的鼓声了,粮食还罕见地获得了丰收。这给了王莽些许安慰和信心,他决定将紧急戒严法延续到第二年。

然而,这终究是权宜之计,解决不了根本问题。局势越是恶化,盗贼就越猖狂,新加入的流民就越多,简直成了恶性循环。在警惕和严打零散盗贼的同时,王莽委派太师羲仲景尚和更始将军护军王党率领大军,到青州、徐州间,围剿规模较大的农民军,想要彻底捣毁农民军的"老巢",斩草除根,不让流毒泛滥。然而,想法虽然好,这支官军却出师不利,不但难以剿灭农民军,反而军纪松懈,频频骚扰百姓,给人以贼喊捉贼之感。

到了地皇二年(公元21年)秋,关东地区的饥荒空前严重。当地把能吃的东西都吃了,以至于出了人吃人的事情,自己的家人舍不得吃,就互相换了吃。老弱病残都倒下了,青壮年纷纷加入了盗贼。导致盗贼的力量进一步增强,官军本来就剿匪不力,如今实力此消彼长,考验就更大了。王莽忧愁满腹,招来群臣一起想办法,大臣们一样无计可施,只会用咒骂发泄怒火。

"陛下无需担心,这些盗贼无非是些触犯天条的罪犯和些行尸走肉罢了,老天会将他们消灭干净的。"大臣们破口大骂道。

"朝廷什么都不用做了?"王莽忍不住驳斥了一句。

大臣们察觉到了王莽的怒气,顿时安静了下来。"伴君如伴虎",一个发怒的帝王比猛虎还危险,千万不要触怒了,还是谨慎小心些才是。见大臣们不说话，王莽竟然也不说话，一时间，空气好像凝结了起来，朝廷好像被冻进了一个大冰块里，每个人都觉得不舒服。跟每天都在滋生蔓延的农民军相比，朝廷显得是多么虚弱无能，死气沉沉啊。过了半晌，原左将军公孙禄颤巍巍地走了出来，用破锣一样的嗓子高声说道："陛下，这不是天灾，而是人祸啊！"

"哦，此话怎讲？"

公孙禄在哀帝朝时担任左将军，与前将军何武关系很好。哀帝驾崩后，两人因互相举荐出任大司马而被免冠。如今王莽希望他能贡献智慧，解开困局，因此不计前嫌，请他来朝廷议事。公孙禄显然是有备而来，他说："掌管星象历法的太史令宗宣以吉为凶，扰乱天文，贻误朝廷。太傅、平化侯唐尊沽名钓誉，误人子弟，失职渎职。国师、嘉信公刘秀颠倒《五经》，毁坏师法，造成学术界的思想混乱。明学男张邯和地理侯孙阳搞井田制，让民众丧失土地产业。羲和鲁匡设立六管制度，惹得怨声载道，让手工业者和商人走投无路。悦服侯崔发吹牛拍马，弄得下情不能上达。陛下，我建议处死这几个人来告慰天下。忧患在国家内部，只有将内部安顿好了，才能对外用兵。应该收回边疆的军队，暂且和匈奴修好，此乃权宜之计。"

公孙禄怒目圆睁地说完了，一副天不怕地不怕，只认真理的坚毅神情。气氛顿时变得愈加严肃了。正所谓"实践出真知"，改革的失败已经是毋庸置疑的事情，跟匈奴长期对峙带来的恶劣后果更是世人皆知。公孙禄的话也许并不全对，但确有可取之处，可王莽要是把几位重臣都打倒，那他以后还用谁呢？再者，政策从制定到推出，他都亲自参与，难道他自己就没有责任吗？所以，王莽听完公孙禄的话后，额头上早已挤满了深深的皱纹。

"好了，您还是先歇息下吧。"他佯装发怒，挥了挥手，让太监将公孙禄搀扶走了。

公孙禄临走前，还叽里嘟囔地说个没完。也不知在说些什么，或许他的"炮弹"还没发射完，有的大臣还没打击到呢。眼看着太监将公孙禄搀扶出了大殿，大臣们都暗中长出了一口气。刚刚受到过打击的几个大臣则全部低下头去，仿佛是在反省，又仿佛是在等待惩罚。事后，王莽只接纳了一条意见——把鲁匡降职为五原郡卒正。鲁匡不过是六管的执行者而已，如今却做了"替罪羊"。

"兵者，凶器也，战者危事；兵者，国之大事也"，无论是对外，还是对内，王莽其实都不愿意打仗。谁不想要睦邻友好，与民同乐，安安稳稳地做个太平皇帝呢？然而，这个世界是复杂的。一开始，流民们的确是因为饥寒贫苦，走投无路才做了盗贼，众人聚集在一起抢夺些粮食，也只是为了能填饱肚子，维持生存。一直盼望着灾情过去，年景转好，到时返回家园，重新耕种。虽然数量不小，但是并不敢攻占城市，对抗朝廷。劫掠到食物，也不过当天吃完而已。那些郡太守、州牧都是自己乱斗而死的，并不是盗贼杀死。但是王莽久居深宫，并不知道真实情况。

当时，荆州牧率领两万人去攻击总部在绿林山的流民。流民们在首领王匡的率领下，在云杜县地方迎战，获得了一场大胜，杀死数千官军，缴获了全部的军用物资。荆州牧打了败仗，落荒而逃，率领残兵向北撤退，遭到了绿林军将领马武等人的截击。流民们用钩子钩住荆州牧战车上挡泥用的板子，刺杀了陪乘的人，但终究没敢杀死荆州牧。之后，起义军攻陷竟陵，转而袭击云杜、安陆，抢夺了大量的财物和妇女后，方才退回绿林山。此时，光是这一支队伍就扩张到了五万多人。

从这件事可以看出流民们的目标仍旧是粮食、妇女，而不是推翻朝廷。王莽也一度希望用怀柔政策进行安抚，曾派出使者，赦免各地的盗贼。地皇二年（公元21年）秋天，上谷郡人储夏毛遂自荐，前往"招安"瓜田仪。王莽立即准奏，将其任命为中郎。

储夏到达时，恰好碰到瓜田仪病卧在床。曾经身强力壮的大汉，已经瘦得脱了相。或许是储夏的三寸不烂之舌起了作用，或许是知道自己大去之期将近，不想以反贼的名义写进史书，遗臭万年，病榻上的瓜田仪被说动了。王莽得知消息，心中大喜。可是，还没等事情有所进展，就传来了瓜田仪的死讯。王莽并没有落井下石，专门派人给瓜田仪建起了陵墓，搭建了祠堂，还破格地给身为平民的瓜田仪送了个谥号——"瓜宁殇男"。但是，手下们到底跟瓜田仪的想法不同，不愿意放弃快活日子，到底没有遵从瓜田仪的遗愿，事情就这样功亏一篑了。

这件事让王莽大为失望。在他看来，自己为盗贼们指明了道路，但是盗贼们仍旧自甘下流，这代表他们不是生活所迫，而是本性使然。对这些人也就不用再寄托什么希望了。从那以后，每当从大臣们口中听到"贪官污吏，逼人欲死""法令繁多，动辄犯法""苛捐杂税，难以应付""连坐入狱，防不胜防"之类的说辞，王莽都会大为恼火。

大臣们也很快发现了其中的门路，只要顺着王莽的心意说，就可以升官进爵，得到好处。因此，开始异口同声地痛骂盗贼，说些"小民猖狂刁猾，应该诛杀"之类的话。因此，王莽本来可以多个渠道获取消息，如今心里抱着成见，自然难免有失偏颇。如果王莽早些采用赈济安抚手段，能够挽回局势吗？这是个未知数，但王莽之前的确曾经设法招安过盗贼们，但是却已失败告终，看来他现在已经彻底失望了。

还有一次，一个大司马属官去豫州办案。这个大司马属官运气不大好，被盗贼俘虏了。群盗贼不但没加害，反而多加优待，将其转送到了县衙。属官回来之后，特意写了份奏章，讲述了事情的整个经过，说流民们实在是没了活路才做了盗贼，一直盼望着朝廷能尽快赦免安置。

"真是颠倒黑白！"王莽将奏章摔到桌子上，破口大骂道。

在王莽看来，之前的怀柔政策已经失败了，如果再幻想什么赦免安置，只能让贼势继续扩大。王莽不但下令将那个属官投进了监牢，以儆效尤。同时严厉地责备了四辅三公："官吏的责任就是治理人民，如今不去剿灭盗贼，反而放任其为非作歹，以至于敢于拦截官员的公车。官员侥幸逃脱后，还要替盗贼辩白。假如是迫于生计而违法犯罪，严重的不过是拦路抢劫，轻微的不过独自盗窃，现在却是成百上千的人为非作歹，这分明可以看作是叛乱，难道是饥寒交迫所能解释的吗？"

之后，王莽下达命令，要求四辅三公督促下级官员尽快剿灭，不要心存幻想，否则依法查处。可是，王莽给与地方上的权力有限，州郡都不能擅自调动军队，因此剿贼进展相当有限。或许剿灭盗贼最好的时机，已经被王莽错过了。

在王莽的施压下，各地官员们纷纷增大了打击力度。这些官员并非全是饭桶，其中也有贤能之人。翼平郡连率田况就是代表。赤眉军向翼平郡攻来时，田况被打了个措手不及，情急之下，将十八岁以上的民众全都动员了起来，凑足了四万多人，打开武器库，分发武器，一起前去迎战。田况表现出了出色的军事才华。他宣布了军事法令，刻在石头上，一旦违犯，严惩不贷。明明是些没受过军事训练的平民，却让他治理得井井有条。或许是出于对家园的热爱，或许是对朝廷仍抱着希望，或许是赤眉军本身就问题不断，战斗力很快凝聚了起来，赤眉军不敢进入郡界，知难而退。事后，田况知道自己违反了法令，主动上奏朝廷，弹劾了自己。

王莽早就知道田况这个人。之前，田况曾经奏报郡县对民间财产估计不实，因此王莽对田况留下了忠诚、老实的印象，如今越发认定田况人才难得。他指出田况手中没有虎符而擅自调集军队，罪过与耽误军事调动差不多，念在其有消灭盗贼的志气，姑且不予处分，鼓励他继续为朝廷效力。

之后，田况主动请求越过郡界攻打起义军，得到了王莽的批准。田况不负众望，再次获得了大胜。王莽让田况升任青州和徐州两州的州牧。田况以为获得了皇帝的信任，趁热打铁，上了一道奏章，对战局做了详尽分析。他在奏章中指出，底层官吏错失了打击盗贼的最好时机，导致局势恶化。之后，又谎报军情，贻误战机。不能冲锋陷阵，克敌制胜，胡乱行动，则让安抚功亏一篑，如今朝廷要派太师和更始将军前往讨贼，如果人马数量庞大，会增加百姓的负担，甚至可能无力供给，难免要带来骚扰。要是人马数量有限，则又无法震慑地方。建议将老弱居民迁移安顿到大城，储积粮食，合力坚守，休养生息，并占据主动。

最后，田况毛遂自荐，要接下平定两州盗贼的任务。田况的奏章有理有据，十分可行，却没得到正面的回应。生性多疑的王莽，担心田况别有用心，反而用明升暗降的办法，把其调回长安担任师尉大夫。决策的失误招致了糟糕的结果，田况离开之后，齐鲁的局势迅速恶化。刚刚过了几个月，赤眉军就斩杀了太师羲仲景尚。

上天并非没给王莽机会，糟糕的形势不是一天出现的。官员们并非一开始就谎话连篇，流民们也曾对朝廷抱有希望，无论是严尤，还是田况都是难得的军事人才，但是因为王莽的性格缺陷和判断失误，不但错过了有能力的官员，而且错过了攻坚克难的最好时机。现在，流民不断加入盗贼的队伍，就像一条条小溪融汇进河流一样，几乎到了不可阻挡的程度，等到再想回头，已经来不及了。

地皇三年（公元22年）四月，太师王匡和更始将军廉丹率领讨贼大军出发了。这是只庞大的军队，足有十多万人，长长的队伍拖出去很远，从前方看不到队尾。正赶上清明时节，乱纷纷的雨花飘落下来，就像从天上坠下一条条银链，泥水钻进鞋子里，让官兵们很不舒服，但是没人抱怨，他们是要去战场拼命的，这点儿困难算什么？雨逐渐大了起来，终成滂沱之势，雨滴急不可耐、肆无忌惮地砸落下来。

一些饱经风霜、经验丰富的老人看着大雨中前进的队伍，突然产生了不祥的预感，甚至有人低声叹息说："老天爷在为这支军队哭泣呀！"

盗贼人数猛增的原因是什么呢？说到底，还是百姓衣食无着，吃不上饭，但是王莽久居深宫，不够贴近民生，对此并不知情。他对百姓生活的了解，之前是通过大臣，自从对大臣失去信任后，改为通过宦官。之前，王莽曾经让中黄门王业管理长安的商业贸易。王业将收购价格压得很低，对百姓们百般压榨，在民间名声不大好，可王莽还是以王业能够节省收购费用为由，赐封了附城的爵位。

王莽听说城里正在闹饥荒，就向王业询问情况，王业也不知是出于忠心，担心王莽着急上火，还是有别的居心，竟谎称闹饥荒的都是流民，还派人到市场上买了些精米饭和肉汁，回报说城里的百姓都吃这种食物。后来，真相到底还是瞒不住了，王莽知道了百姓们遭受的苦难，于是命令王匡、廉丹开放沿途的粮仓，救济贫苦百姓，还派遣大夫和谒者开放其他地方的粮仓，加大安抚范围和力度。

然而，正如田况担心的，王匡和廉丹军纪不严，官兵们在沿途干了许多坏事。百姓们一听说朝廷的官兵来了，不是夹道欢迎，献上羊肉、牛肉、美酒，而是吓得魂飞魄散，东躲西藏，当时甚至流行着这样的谚语："宁逢赤眉，不逢太师！太师尚可，更始杀我！"

就这样，这支军队没争取到民心，反而将安抚政策完全抵消了。王莽情急之下，也不知道从哪儿得到的灵感，派人分别告诉老百姓们，将草木煮为酪可以充饥。这分明是个馊主意，这种酪根本没法吃，还要浪费人力物力。老百姓为了填饱肚子，甚至连野草、树皮、泥土、人肉都吃了，哪还需要锦衣玉食的皇帝出主意？所以，也只能徒增骂声了。

老百姓饥饿的呐喊仿佛传到了未央宫的深处，日夜在王莽耳边回响。不能再执拗下去了，恶果正在任性的蒂上一点点儿长大，总有一天，会爆炸开来，带来彻底的毁灭。那些不断涌现的盗贼，就像一根根新添上去的柴火，正在熊熊燃烧，釜甑里面的水已经沸腾起来了。王莽和大新朝就坐在水里面，要想不坐以待毙，必须抽掉柴火才行。

王莽明白到了妥协的时候，又想到了大臣们之前的劝谏。于是，下达了"解禁令"，山林湖沼的物产任由捕杀捞取，一直到地皇三十年都不用缴纳捐税。还特地叮嘱，不能让官吏和坏人搞垄断行为。还引用了《易经》上的"损上益下，民说无疆"，《书》上的"言之不从，是谓不艾"来申明自己的良苦用心。然而，一切都太晚了，数十万的流民已经涌进了函谷关。全都破衣烂衫，蓬头垢面，饥肠辘辘，瘦骨嶙峋，那是数十万个生命，数十万张嘴啊。王莽又派人分发粮食给流民，可是即使这么可怕的境遇，也遏制不住人性的阴暗，负责发粮的使者和小吏竟一起贪赃枉法，中饱私囊。明明有粮食，流民们却吃不到口中。饿死的有十之八九，真是饿殍遍地，臭气熏天，惨不忍睹。

天灾和人祸搅在了一起，形成一个解不开的结。几场大雨过后，东平郡又爆发了大洪水。农民破败的草屋，连同所剩无几的田地，一起被洪水冲了七零八落，只剩下些惨不忍睹的滩涂。所有财产都没有了，一点儿粮食都找不到了。穷途末路的灾民们推举勇力过人、慷慨仁义的索卢恢为首领，集结起了三四百人，起兵攻占了无盐邑，想要抢夺些粮食果腹。这几百人正赶上了廉丹和王匡率领的朝廷大军，很快如羊入虎口一般，被砍杀殆尽。

这场胜利虽不大，对于失意已久的王莽来说，却是"久旱逢甘露"。王莽沧桑的面孔上难得地露出一抹笑意，派遣中郎将前去慰劳了廉丹和王匡。就地将他们晋升为公爵。赐封有功的军官和士兵达十多人。希望这场胜利能成为转折点。然而，毕竟是杯水车薪，朝廷大军像条笨拙的老龙一样，顾此失彼，难以应付。

王莽每天烦躁不安，恨不得亲上战场，将那些可恶的盗贼全都杀死。可他早就老迈了。要是真上了战场，恐怕要把老命丢掉。他现在除了发愁，还能做什么呢？一天，一个名叫阳成修的郎官进献了道符命，说国不应一日无后，应当再立一位皇后。王莽听了，不由得哑然失笑，他偌大年纪，还立什么皇后？然而，转念一想，既然是符命上写的，就必须重视。何况阳成修还提及黄帝靠着一百二十个女子得道成仙的事呢。

王莽虽然对女色失去了兴趣，但对成仙很感兴趣。之前，他为了瓦解盗贼，甚至在诏书中宣布自己将会升仙。百姓们早就看清了符命的真相，所以，只赢来一片无声的讪笑。但王莽不想放弃任何一个成仙的机会，真的派遣中散大夫和谒者各四十五人大张旗鼓地选起了皇后，仿佛农民军很快就会剿灭，自己就要跟新皇后尽享天伦之乐，共享大好河山似的。

经过一番严格的筛选之后，杜陵县史家的女儿被选中，被立为皇后。王莽赠送彩礼黄金三万斤，车马、奴婢、绸绢、珍珠宝玉等以亿万计，比当年嫁女儿还风光。

大婚的日子到了，长安城里一片喜气洋洋，未央宫中张灯结彩，到处张挂着红绸，闪闪发亮的红绸彼此相连，打着大大的结子，将无边无际的宫殿串联了起来。

第二十四章 天灾和人祸

当天,王莽特地染黑了头发和胡须,从远处看年轻了许多,近处细看,却是满脸的沧桑、憔悴。典礼很是隆重。王莽依照《周礼》,重新设置了后宫,夫人、九嫔、美人、御妻应有尽有,一共一百二十人,嫔妃们身穿能工巧匠织就的华服,佩戴着印章丝带,手中拿着象征传宗接代的手袋,全都温柔娴静,娇媚如花。仪式按部就班,法度森严,跟之前的任何一次皇帝大婚都可媲美。赐封史皇后的父亲史谌为和平侯,授任宁始将军,史谌的两个儿子都升为侍中。

宴会在上西堂举行,觥筹交错间,大臣们喜笑颜开,醺醺然忘记了忧愁。王莽也被周围的气氛感染,不停开怀大笑着,甚至不在乎露出残缺的牙齿。他坐在身着盛装的皇后身旁,仿佛一棵立在鲜花丛中的枯树。那染黑的头发和须眉,则像刚刚萌发的新芽,一切却显得如此虚幻和不真实。

"来,干杯!"王莽举起酒杯,豪情万丈地说,好像农民军都是些不起眼的蝼蚁,根本无需多虑似的。

"陛下,干杯!"

君臣间饮酒作乐,全都满脸的喜色,平地里突然刮起一阵大风。这阵风蛟龙般盘旋而起,逐渐壮大有力,掀掉了瓦片,摇晃了树干,纤细的树枝纷纷掉落在地,叶片胡乱飞舞,刮得到处都是。卷起的昏黄尘土,好似一声声凄凉的叹息。众人纷纷用宽大的袍袖挡住面孔,免得尘土钻进眼睛。过了好一会儿,大风才终于过去,天地间恢复了澄澈,但王莽脸上的喜色却已经被颓唐代替了,好像被什么人摘掉了脸上的面具。

"陛下,无需忧愁,此乃吉兆啊!"一位大臣宽慰道,"昨天是庚子日,雨水洗涤了道路,今天是辛丑日,是《巽卦》主宰的日子,《巽卦》象征风,东风吹来,了无纤尘。含义是皇后开明,母仪天下啊。"

"《易》曰:'受兹介福,于其王母。'《礼》曰:'承天之庆,万福无疆。'"另一位大臣接着说,"所有依附刘汉王朝的势力,都将被消灭得干干净净。到时候万物兴旺,全国上下幸福无比。"

"哦,朕知道了。"王莽勉强挤出一丝微笑,木讷地点了点头。

王莽不过是在演戏罢了,实际上却是一肚子苦水。这次大张旗鼓地充实后宫,跟出行时使用的华丽车盖,举全国之力修建的九座祭庙一样,不过是为了表达内心的安定,炫耀朝廷的自信罢了。据说,从此之后,王莽每天跟方士研究房中术,跟后宫佳丽们纵情淫乐,王莽此时年近七旬,而且内忧外患,烦恼重重,肩上的担子重如泰山。这样的描述,恐怕仍有刻意抹黑之嫌。

第二十五章 决定生死存亡的一战

承受磨难的不只是王莽。地皇三年（公元22年），恐怖的瘟神突然降临。绿林军死亡了将近一半，不得不分兵离开。王常、成丹等率军向西进入南郡，号称"下江兵"；王凤、王匡、马武等率军向北进入南阳，号称"新市兵"。虽然损兵折将，实力严重受损，但是气势不减，全都自称将军。之后，王匡等人进攻随县。平林人陈牧、廖湛又聚众一千余人，号称"平林兵"。平林人陈牧、廖湛又聚众一千余人，号称"平林兵"，响应"新市兵"的进攻。

为了降伏农民军，王莽派遣司命大将军孔仁巡察豫州；派遣纳言大将军严尤、秩宗大将军陈茂攻打荆州。一边排兵布阵，严加围剿，一边在各地大张旗鼓地招集士兵，宣传加入官军的好处，打压敌人的声势。不过，王莽虽然派出了重兵，却不肯交出兵权。将军们不能自由使用兵符，权力受到了限制。当时交通不发达，只能靠士兵长途策马奔驰传递命令，因而浪费了大量的时间，官军的战斗力大打折扣。陈茂、严尤曾经联手击破过下江军，如今，这支军队战斗力不比当初，已经不如之前灵光了。

严尤曾忍不住私下里、抱怨："派出将领却不给予兵符，遇事一定要先请示才能行动，这就像带着猎犬出去打猎，却用手牵着一样荒唐啊！"

时间是对农民军有利的，它们一直在壮大，官军则在多个战场露出颓势。王莽每天在未央宫中踱来踱去，好像脚下铺的不是地砖，而是烧得通红的炭火似的。时至今日，已经不能再有所保留了。他想要釜底抽薪，去掉所有对朝廷不利的因素，于是，派遣风俗大夫司国宪到各地宣告，废除改制以来发布的所有诏令。什么五均六管、井田王田、不许私挟铜炭……全都不要了。然而，事到如今，好像做什么都晚了。

残酷的战争正在泛滥开来，全国各地都在爆发大大小小的叛乱，俨然成了一种风气。大部分村庄都失去了往日的生机，变得凋敝萧条了。老天偏偏又来发难了，一些地方出现了严重的旱灾，炎炎的烈日烧灼着大地，升腾起一片肃杀之气。农民们千方百计找水浇灌，每天疲于奔命，像牲畜一样劳苦。秧苗刚从地里探出头来，蝗虫又飞来了，蝗虫遮蔽了天空，密密麻麻，让人胆寒。啃光了刚探头的秧苗，又来到长安，飞进未央宫，落在了殿堂楼阁之上……

重压之下，王莽变得很是神经质，他发动侍卫、太监、宫女们去捕捉扑打蝗虫，扑打得多的官吏和平民可以获得奖励，甚至于王莽自己也要捉上几只，不是大卸八块，就是用脚捻死，好像捉到的不是蝗虫，而是那些该死的盗贼一样，真希望杀掉盗贼也这般容易，但是数量千万别这么多。

蝗灾到底过去了，这要感谢上天的帮助。到了十一月间，空中出现一颗光芒四射的流星，流星拖着长长的尾巴，向东南飞去，速度很慢，直到五天后，才不见了踪影。王莽召来太史令宗宣，询问其中征兆。宗宣是朝廷豢养的数术家，依靠朝廷提供的俸禄过活，当然千方百计迎合主子的心思。

"这预兆着盗贼就要被剿灭，天下就要太平了。"他言之凿凿地告诉王莽。

王莽虽然将信将疑，但还是觉得舒服了些。然而，不知何时起，起义军又增添了两股强大的力量。一股是刘氏皇族，一股是豪族大姓。"瘦死的骆驼比马大"，刘氏皇族尽管在权力上遭到了打压，但是，毕竟做了两百多年的皇亲国戚，总人口已达十多万，他们仍有着大片受封的土地和民户，数量蔚为可观，甚至都藏有大量的兵弩器械，拥有不少的宾客党羽，与各方面势力之间盘根错节，互相借力，形成一个强大的集团。

豪族大姓的力量同样不容小觑。当时有"宁负二千石，无负豪大家"之说，可见其势力之大。王田制推广的效果并不好，很多豪族大姓的土地仍旧掌握在手里，南阳大地主樊重拥有"东西十里，南北五里"的三百余顷土地，大富豪阴子方"田有七百余顷，舆马仆隶，比于邦君"。资产规模小些的地主更是数不胜数。自从王莽上台之后，抑制兼并，限田限奴，没收家财，对贵族阶级和豪族大姓的利益影响最大。以刘氏皇族为代表的贵族阶级以及数不胜数的豪族大姓曾在王莽代汉立新上出过大力，不但没得到好处，反而遭到侵犯，自然心怀不满。

不过，这些人很狡猾，并没有着急动手，他们利益损失严重，毕竟还有饭吃，近些年认为天灾人祸，流民数量激增，形势迅速恶化。农民军纷纷揭竿而起，这些人一直不动声色地在一旁观望。直到天下让流民搅成了一锅粥。战争形势已经明显一边倒，这才出来坐收渔翁之利。当然，农民们也希望力量进一步壮大。刘氏皇族有着"汉室宗亲"的金字招牌，他们的加入让农民军纷纷举起"恢复汉室"旗帜，丢掉了盗贼的反动帽子，一下子变得名正言顺了起来，影响力随之成倍增长。

在这样的背景下，几个关键性人物陆续登场了。

刘玄，字圣公，蔡阳县（今枣阳市）人。汉高祖刘邦的第九世孙，出自长沙定王刘发一脉。因为违犯法律，一直在外逃匿。地皇三年（公元22年）的夏天，刘玄不想再东躲西藏，干脆加入了农民军。有了这样的刘氏皇族作为拥护对象，农民军跟当初相比，自然不可同日而语。不得不提的是，刘玄还有个族弟，名气比他还要大，他就是后来的汉光武帝刘秀。

建平元年（公元前5年）十二月初六，刘秀出生于济阳县。尽管出身皇族，但是先世遵行"推恩令"，从列侯递降。到其父刘钦这一辈，已经是县令这样的小官了。据说，刘秀出生当晚，一道赤光升腾而起，照亮了整个房间，让人睁不开眼睛，许久才慢慢散去。术士为此卜了一卦，讳莫如深地告诉刘钦："这是件大吉大利的事，不用多说了。"

虽然有些事不便多说。可是，老天的"暗示"还没完呢。

同一年，房前长出三株谷子，每株生有九个穗，比一般谷子要长一二尺。正巧新生儿还没名字，刘钦就为其取名为"秀"。不过，中国的皇帝们为了美化出身，经常编造些神经兮兮的东西，例如汉高祖斩白蛇起义，王娡"梦日入怀"生下汉武帝之类。这都不是什么稀罕事了。

刘钦去世后，年仅9岁的刘秀被家在蔡阳县的叔父刘良收养。表面上看，日子似乎越加糟糕了。不过，就像前面提到的，这些皇族后裔绝非一穷二白，仍旧拥有大片土地，至少算得上大户人家。刘秀的舅父樊宏更是"财至巨万""为乡里著姓"。新朝天凤年间（公元14—19年），刘秀曾到长安学习《尚书》。可以说，乃是王莽建立的太学里培养出的人才。

跟沉静内敛的刘秀不同，刘秀的兄长刘縯"性刚毅，慷慨有大节"，自从王莽代汉自立后，"怀复社稷之虑，不事家人居业，倾家破产，交结天下雄俊"，还经常开玩笑地将刘秀比作刘邦的兄弟刘喜，可见其野心之大。他们生逢乱世，眼看着一只只起义军攻城拔寨，呼风唤雨，不甘心做壁上观，也想要有所作为。地皇三年（公元22年），刘縯、刘仲、刘秀三兄弟终于打着"复高祖之业，定万世之秋"的旗号，组织家中宾客七八千人，连同宗室子弟在南阳郡发动起义，号称"舂陵军"。几经辗转之后，和绿林军合并到了一处，从此加入了"狼群"，实力大增。

王莽及时发现了这支危险的力量，委派甄阜和梁丘赐率领十万大军前往围剿。这是支相当齐整的军队，团结一心，军纪过硬。双方在弥漫的大雾中狭路相逢，官军获得了一场大胜。刘秀的姐姐、弟弟以及其他宗族子弟死了数十人。刘秀和刘縯被迫率军退到棘阳。甄阜、梁丘赐想要乘胜追击，一举剿杀。下令将辎重全部留在后方，率领士兵轻装前进，在黄淳水和沘水之间安营扎寨，拆掉黄淳水上的桥梁，以示死战的决心。但是刘縯、刘秀也没坐等挨打，暗中了联合了多支农民军力量。

更始元年（公元23年）正月甲子，刘縯将全军分为六部，以黑夜为掩护，向官军发动了突然袭击，官军准备不足，被打得七零八落。士兵们仓皇逃窜至黄淳水边。想要渡河，却没有桥梁，被砍杀或溺死者近两万人。甄阜、梁丘赐也未能幸免。这一战消灭了莽军在南阳的精锐力量。接二连三的胜利，不但积累起了自信而且催生出了野心。眼看着与朝廷的实力日渐接

第二十五章　决定生死存亡的一战

近，甚至有了抗衡的能力。战友间的互相勉励让斗志格外高涨。农民军又一鼓作气击败了严尤、陈茂率领的军队，并且乘胜包围宛城。

二月份，西汉宗室刘玄被拥立为帝，年号"更始"，史称更始帝，绿林军改称为"汉军"，大封军中豪族为王，并且学王莽的样子，以图谶为由头，任命了大大小小的官吏，其中刘縯拜为大司徒，刘秀拜为太常偏将军。在此之前，青州和徐州的盗贼虽有数十万，但始终像盗贼一样散乱无序，没有文书、号令、旗帜和军队组织。如今都开始自称将军，纷纷攻城占邑，夺取土地，传递文书，声讨王莽的罪恶。很多两千石的官吏都死于战乱。不久，赤眉军不甘落后，"求刘氏共尊立之"，从军中刘姓皇族七十余人中选出血缘较近的刘盆子为帝。从此，全国几支规模较大的农民军都以"复汉"为宣传口号。

农民军的野心远未截止，下个目标是夺取江山。汉高祖当年不过是个亭长而已，不也开创了大汉基业吗？他们没必要妄自菲薄。农民军力量的源泉，是贫苦百姓的需要，加入农民军不但有饭吃，还可以发泄胸中的怒火，满足嗜血和杀戮的兽性，这对贫苦无着的百姓们无疑有着巨大吸引力。因此农民军的实力迅速膨胀，能量随之成倍地增长。

"一国不可有二主"，王莽真真切切地感觉到问题的严重性，明白自己要进行一场关系到生死存亡的战斗了。他命令太师王匡、国将哀章、司命孔仁、衮州牧寿良、扬州牧李圣等推进三十万州郡部队，南北夹击围剿赤眉军。命令纳言将军严尤、轶宗将军陈茂、车骑将军王巡等率领十万部队围剿南阳地区的汉军，双管齐下，予以痛击，同时不断在诏书中予以威吓。

此时，董宪正率领数万军队在梁郡一带活动。王匡想要一举将其击垮，作为对赤眉军的震慑。廉丹对此表示反对，理由是士兵们刚攻下一座县城，应当暂且修养生息。但王匡十分固执。廉丹劝说不动，又不能不将主帅放在眼里，只好跟随前往。双方在成昌展开了激战，不出廉丹所料，果然吃了一场惨败，官兵伤亡惨重，血流成河，尸横遍野。王匡见大难临头，立即仓皇逃命，下级的官兵自然也跟着抱头鼠窜了。

之前，廉丹曾经单独收到一道诏书，王莽焦急地在上面写道："仓廪尽矣，府库空矣，可以怒矣，可以战矣！将军受国重任，不捐身于中野，无以报恩塞责！"廉丹为之惶恐，与属官冯衍商议。冯衍乃是前左将军冯奉世的曾孙，不甘心为新朝效命，趁机劝说廉丹把部队屯驻在一个大郡，"兴社稷之利，除万人之害，则福禄流于无穷，功烈著于不灭。"

但是廉丹不为所动，即使如今濒临绝境，仍旧忠心不改，不愿放弃军人的尊严，他怒气冲冲地解下印信、绶带和符节，叫军官给王匡送去，挖苦道："小儿可以逃走，我不可以！"

廉丹的勇气和坚贞感染了周围人，官兵们跟他一起浴血奋战，直到全部牺牲为止。校尉汝云和王隆等二十多人正在另一地区作战，听到廉丹战死的消息，不禁痛哭失声。

"廉将军死了，我们还为谁活着？"这二十多人挥舞长刀，飞马冲向敌军，全部战死沙场。

或许有人感到困惑，王匡不是汉军领袖吗？怎么又率领起了官军？率领官军这个王匡，是新莽的太师，而绿林军中的王匡，是平民出身，被封为了定国上公。王莽侍妾所生的第六个儿子也叫王匡，后来封为了功建公，这三个人是重名。另外，前大司马大将军王凤和绿林军首领王凤，前丞相、乐昌侯王商和成都侯王商，也都是重名。这里统一做下说明。

太师王匡打了败仗，灰溜溜地回到了朝廷，王莽念在其之前功劳颇多，而且正是用人之际，所以没多加追究。此时，局势对王莽极为不利，汉军在南方相继取得了几场大胜，已经攻进了颍川郡，真是火烧眉毛了。王莽还想用声威震慑对手，声称新军能一口吃掉绿林军和赤眉军两股力量。还说，如果狡猾的盗贼还不解散，就会派遣大司空统率百万大军征伐剿减他们！

可是，光喊口号有什么用呢？明眼人对双方的实力，早已估量得一清二楚。为了剿灭敌人，王莽为了充实实力，甚至下令将监狱里的罪犯充实到军队里去，可派到各地下达赦免令的七十二个人，刚出京城就跑了个一干二净，可见此时官军的形势相当严峻，已经瞒不住人了。但王莽还在苦苦支撑，听说粮价还在飞快上涨，就下令全国各大粮仓增加卫兵，让这些士兵持戟守卫仓门，用以厌胜粮价；又派遣哀章前往驰援太师王匡；派遣大将军阳浚防守敖仓；派遣大司徒王寻率领十多万人驻守洛阳；派遣大司马董忠在中军北垒营地训练士兵；派遣大司空王邑兼理三公之职……

大臣们并没因为形势恶化就变得能干，哀章本来就是来历可疑的骗子，无非是滥竽充数罢了，即使带兵打仗也是去送死。大司徒王寻更是运气不佳，刚从长安出发，在霸昌厩过夜时，就弄丢了黄金斧。儒士房扬一向性格直率，听说此事，竟放声大声哭了起来，说这应合了经书上的话，太不吉利。"祸从口出"，王莽立即下令把房扬杀了。

四月间，刘秀和王常等人先后攻下昆阳县、郾县和定陵县。王莽担心汉军和赤眉军强强联合，那时局势必将对官军更加不利，急忙让大司空王邑乘坐快车到洛阳，和司徒王寻率领精锐部队转往南线，发兵平定崤山以东地区。王邑曾在平定翟义叛乱中立过大功，而且身为王莽的近亲，一向忠心耿耿，王莽将他当成最后一张王牌了。

王邑到达洛阳后，从各州郡抽调的精锐部队由州郡长官带领，先后抵达，总计四十二万。这只是一部分，其余的正行进在路上。一时间，旌旗、辎重千里不绝。王莽将其命名为"虎牙五威兵"。为了避免失误，确保决策的可靠性。在大军出发前，特地征召了通晓六十三家兵法的专家，每人携带图书、武器，作为候补军官一同前往。把仓库里的军需物资全都拿出来交给王邑，既避免交战时物资匮乏，同时也想以此显示朝廷的富足，用以震慑山东地区。另外，王莽吸取之前的教训，让王邑有权使用兵符和赐封爵位。这种待遇自古罕见，可见这次王莽真是急了。

更始元年（公元23年）夏季，五月，这支压箱底的大军从洛阳出发了。将士们铠甲坚实，武器齐整，雄姿英发，充满斗志。"车甲士马之盛，自古出师未尝有也"，身长两米多，垒尉巨毋霸站在队伍中间，犹如一座会移动的铁塔，尤其让人啧啧称奇。前来送行的百姓们惊讶地发现，队伍后面竟然跟着大象、犀牛、老虎、豹子等众多猛兽，大象甩动着长鼻子，犀牛唧哝着小眼睛,老虎不断发出咆哮,豹子眼神犀利面容冷峻……吓得人们躲之唯恐不及,深怕这些野兽发起疯来,会向站在两旁的百姓扑去。路旁不乏汉军的支持者,甚至骂这支军队是"人兽联军"。

王邑、王寻出发前备受王莽的鼓舞,然而,了解战局者却知道情况并不乐观。农民军实力今非昔比,早有了跟官军抗衡的力量。王邑手持兵符,大权在握,第一个命令是包围昆阳城。严尤建议改为包围宛城,理由是更始帝刘玄和汉军主力在宛城,"擒贼先擒王",只要击垮了宛城,其他城邑也就不攻自破了。但王邑之前围攻翟义叛军时,曾因没有活捉而受到责备,决心争取一场大胜一雪前耻,以壮军威。

他颇有气魄地在众将面前大声说:"我们先攻占此城,再踏着血泊前进,前歌后舞,难道不痛快吗?"

王邑在昆阳城外"磨刀霍霍",刘秀在昆阳城内则急红了眼。据说,此时昆阳城里只有数千人,跟官军相比犹如九牛一毛。这么悬殊的军力,如何进行较量?眼看着城池被包裹得严严实实,好像一枚捆好的粽子。王凤经受不住压力,主动提出投降,再次遭到了王邑的拒绝。看来王邑是一心要拿他的人头祭旗了。

看着王邑志得意满、杀气腾腾的样子,严尤突然产生一种不祥的预感。他一向自视甚高,上次在农民军手里栽了跟头。知道这支农民军人才济济,绝没想象中那么容易对付。于是,依照《兵法》中提到的的"围城为之阙",建议王邑留下一个缺口,让敌军逃出去,从而震慑宛城方面。

可是王邑认定片刻就能得到胜利,哪里肯听,"严将军无需妄自菲薄"。

此时,大部分官军还在路上,来到昆阳城下的官军将近十万人,但是优势依旧明显,所以王邑才如此自信。现在,在王邑的指挥下,昆阳已经被包围了几十重,周围列营上百个,钲鼓之声响彻几十里,真好似瓮中捉鳖一般。吉时一到,王邑大手一挥,官军向昆阳城发起了猛攻。伴随着"轰隆隆"的鼓声和排山倒海的呐喊声,官军一拥而上,直扑城下,盾牌在前,戟弩在后,云梯、攻城锤之类都用上了。昆阳城内箭如雨下,守军为了躲避飞

第二十五章 决定生死存亡的一战

箭，连门板都抬出来了……

王邑本以为很快就能将昆阳城拿下，可是，不幸被严尤言中，昆阳城虽小，却"五脏俱全"，而且易守难攻。最重要的是，守军在投降遭拒，别无退路情况下，产生了巨大的凝聚力——反正投降也是死，不如拼拼尽全力大战一场，兴许还能有一条活路。于是将小小的城池防守得固若金汤。

王邑本来打算来个痛快的屠城，却接连攻了二十多天，都没能攻克。官军不但锐气大减，而且让起义军赢得了宝贵的时间。与此同时，刘秀来到郾县、定陵县等地，调发了各营军队，临时凑成一支数千人的敢死队。

六月一日，刘秀率军前来驰援昆阳城。王邑和王寻得知消息后，仗着军力强大，仍旧没放在眼里，先是派出几千人迎战，遭到刘秀击退后，王邑仍旧不将刘秀放在眼里，和王寻带领一万多士兵前去迎战，想要给这个乳臭未干的少年郎点儿颜色看看，临行前，特别告诫各军营要听从军令不可擅自行动。战斗打响了，汉军人数虽少，却是精挑细选的精锐部队，官军人数虽多，却都是临时征召来的杂牌军。然而，正所谓"骄兵必败"。汉军表现勇猛彪悍，又赢得了一场大胜，还乘机杀死了王寻。昆阳守军发现汉军取得了优势，也出兵夹攻。官军愈发难以招架。可叹的是，大本营知战事不顺的消息，但害怕掉脑袋，只是有碍军令，不敢出来支援，只能任人宰割。

汉军合成一处，越战越勇，又开始向官军的大本营发动进攻。军人们都杀红了眼，真是势不可挡，到处杀声震天。王邑难以抵挡，落荒而逃。军队随之大乱。士兵们互相践踏，死伤无数。猛兽们受到了惊吓都钻到了森林里。本来被寄予厚望的巨毋霸，真打起仗来，中看不中用，很快就遍体鳞伤，血流如注，也跟着其他官兵一起向后方逃去。

侥幸逃脱的官兵惶惶然如丧家之犬，你推我搡地逃向滍水。巨毋霸摇摇晃晃地迈着大步，紧跟着队伍，他个头儿最高，也最醒目，动作迟缓笨拙，但是一步赶得上别人五步，他早就受了重伤，后背上满是箭簇，看上去像个可笑的豪猪，殷红的鲜血已经浸透了战袍，正顺着衣物不停流下来。

官兵们正要穿过滍水，突然间狂风大作，下起了倾盆大雨，滍水随之暴涨。幸存的官兵有的被冲到了下游，有的在水中拼命挣扎。随后赶到的汉军一拥而上，举刀便砍。官兵们纷纷被砍倒，尸体先是顺流而下，后来甚至密密匝匝地挡住了河流。巨毋霸空挥了几下长长的手臂，发出几声低沉的怒吼，就像铁塔一样倒在了水中，溅起了一大片红色的浪花……

数十万的官军就此被杀得七零八落，最后只剩下王邑率领几千勇士逃回到了洛阳。得知主力大军在昆阳被彻底摧毁，王莽无力地跌坐在了御座上，一种末日降临之感瞬间浸透全身。

第二十六章 "山雨欲来风满楼"

王莽此时的痛苦简直无以复加，他呕心沥血，鞠躬尽瘁，付出了一生的心血，只是为了实现儒家的梦想，闯出一个清平的世界，建立一个富强的国家。既然上天将重大使命授予了他，为什么还要让他遭遇这一切呢？此时的朝廷就像个压力锅一样。明明看不到希望，还要苦苦支撑。那一条条战败的消息，就像不断增加的压力值。对一个年近古稀的老人，这种折磨实在是太可怕了，王莽感觉就像被凌迟一样，血肉在一片一片地被割掉。希望几乎没有了，想扭转大局，只能靠上天降下奇迹了，可是，上天似乎遗弃他很久了。

他忘不了那些聚在未央宫前请求追加封赏的人群，还有堆积如山的赞美他的上书，为什么一切变了呢？王莽听说汉军污蔑他毒死了汉平帝，以为找到了失去民心的原因，于是集合起官员们，一起来到王路堂。他用颤抖的手打开金柜，拿出替平帝求福避祸的策书，以证明自己的良苦用心。

"我所做的一切都问心无愧，对得起列祖列宗，对得起上天和百姓。"他大声对群臣说。

"确是如此。"

"《易经》上说：'伏戎于莽，升其高陵，三岁不兴。''莽'指的是朕。'升'指的是刘伯升。'高陵'指的是高陵侯的儿子翟义。说的是刘伯升和翟义率军埋伏在茂盛的草丛中，最终还是会被消灭，全都不会成功。刘伯升和翟义一样，早晚会被消灭呀。"

大臣又一起高呼"万岁"。

为了扭转战局，王莽命令属下用囚车传送几个人过来，对外宣称这就是刘伯升等人，都已经被捉住，将会被处死。但是谁还相信呢？农民军正慢慢向长安逼近。局势已经恶化到了让人绝望的地步，烽火都快烧到京城边缘了。坏消息还在不断传来，李圣战死沙场，孔仁被迫投降，在途中自杀；曹部监杜普、陈定郡大尹沈意和九江郡连率贾萌都守卫郡城不肯投降，全部战死；严尤和陈茂在昆阳战败后，逃到了沛郡谯县，自称是汉军将领，投降了在汝南郡称帝的刘圣……人心在悄然发生着变化，一些大臣已经偷偷准备后路了。

王莽堂弟的王涉，袭爵为直道让公，时任卫将军，一向笃信黄老之术，喜欢研究些天文谶纬之类的东西，虽然任职将军，但是在这方面下的功夫恐怕比兵法还多。朋友也多是些道士、方士之流。家里到处供奉着神仙牌位，弄得乌烟瘴气。王涉的府上养着个名叫西门君惠的道士，是个擅长花言巧语的江湖骗子。

一天，王涉正和西门君惠夜观天象，看到一颗流星从皇宫上方飞过。那颗流星异常璀璨夺目，就像一团燃烧的火球，毫不顾忌地划过夜空。隐约间，似乎带着些许危险的味道。在这样特殊的环境下，则尤其显得如此。王涉尽管明知道可能会得到什么答案，但还是询问这颗流星预示着什么？西门君惠鬼祟地向左右看了看，低声告诉王涉，刘氏家族将要复兴。

"国师公刘歆的名字别有玄机。"他补充道，"'刘歆'谐音'刘兴'。"

刘歆曾于建平元年（公元前6年）改名刘秀，符合当时流传的所谓"刘秀发兵捕不道，四七之际火为主"的传言。这也给西门君惠做出判断提供了依据。西门君惠却不知道此刘秀非彼刘秀，真正夺得天下的刘秀在农民军中呢。实际上，天下的局势此时已然明朗，朝廷的主力大军已被剿杀，郡县一个接一个失守，农民军势如破竹，不可阻挡。一旦王莽失败，王氏家族也要迎来灭顶之灾。因此，王涉怀着私心，将此事偷偷告诉了大司马董忠。

依照西门君惠的说法，此事自然跟国师刘歆关系最大。王莽接连杀了刘歆的二子一女，王涉和董忠觉得这次并非毫无机会。所以，不时借谈论星宿

第二十六章 "山雨欲来风满楼"

之机，设法试探。因为事情相当重大，彼此都小心翼翼，很是谨慎，不敢轻易透露口风。不过，正如之前预料到的，刘歆不可能毫无怨恨之心。又过了一段时日，王涉认定时机已经成熟，就胸有成竹地拜访了刘歆。这一次，他不再遮遮掩掩，干脆以保护两个家族的利益为由，跟刘歆戳破了"窗户纸"。

"此乃非常时期，足下就是不考虑自己，也该考虑下家人。"王涉流着眼泪说，"我实在是想要跟您一起保护两个家族的安全，您为什么不相信我呢？"

刘歆终于被说动了。他的家庭被王莽破坏的残缺不全，不能再受到任何伤害了。之后，两人以谈论天文人事为掩护，说了许多私密话。刘歆私下告诉陈涉，从星象变化上看，东方的军队必定成功。王涉则趁热打铁地说，听说新都哀侯王曼从小就有病，功显君生前又很好酒，他怀疑皇帝本来就不是王家亲生的。王涉这么说，或许是在给自己台阶下，毕竟他自己就是王家人，如今却要背叛王莽。

"大司马董忠主管中军精兵，我主管宫廷警卫部队，刘叠主管殿中警卫，"王涉用手指在桌子上比画着，接着说道，"如果我们几个同心合谋，一起劫持皇帝，向南阳郡的新天子投降，就可以保全家族性命！不然的话，就会杀身灭族啊！"

伊休侯刘叠是刘歆的长子，此时，正担任侍中五宫中郎将，王莽一向很喜爱信任他。刘歆低头不语，显然用沉默认可了王涉的说法。于是，交谈愈加深入了。王涉又叫来了大司马董忠，三个人谋划起了具体行动。"秀才造反，三年不成"，这件事办得相当拖拉，刘歆坚持说要等到太白星出现才能行动。

因为司中大赘、起武侯孙伋也主管军队，董忠为了让事情万无一失，有意将其拉拢进这次行动。孙伋得知此事，吓得面色铁青。回到家后，茶饭不思，唉声叹气，连觉都睡不踏实。因为口风不紧，让妻子和小舅子陈邯也知道了。陈邯害怕受到连累，建议姐夫告发此事，孙伋被说动了。七月，和陈邯一同上奏了朝廷。

王莽看完孙伋和陈邯的奏章，不由得倒吸了一口凉气，马上派遣使者召唤几个嫌疑人。董忠当时正在讲习武事大练兵。使者不动声色地走了过来，说明了来意。护军王咸是董忠的心腹，见此情景，情知不妙，在董忠耳边低声说："大人，事情拖延得太久，恐怕走漏了风声，事不宜迟，赶紧杀掉使者。开始行动，否则后患无穷！"

"现，现在吗？"

事到如今，董忠还在犹豫不决，他没听从王咸的建议，非要跟刘歆和王涉探讨一番再作决定。由此看来，这几个人都是标准的书呆子，根本不是做"大事"的人。三个人刚刚在官署会合，王莽就派趸惮前来责问了。证据确凿无疑，三个人无法辩驳，只得承认了罪行。

"此乃天意也。"董忠仰天长叹道。

"都要掉脑袋了，还讲什么天意？大司马没算出自己将死的天意吗？"宦官们一边冷笑着挖苦，一边抽出刀来。

宦官们其实是要把董忠等人押走。董忠担心受辱，也抽出剑来，想要抹脖子自杀，来个一了百了。没想到，站在一旁的侍中王望怀疑董忠要反抗，竟大声呼喊了起来："快来人啊，大司马要造反了！"

官署登时乱作一团。

士兵们刚刚还在接受董忠的训练，如今听说董忠已被杀死，都深为诧异，纷纷冲了进来。一时间，刀出鞘，箭上弓，局势眼看就要失控。这时，王莽的岳父——宁始将军史谌赶了过来，对着纷乱的人群，大声说："大司马神经错乱，妄图造反，谋杀皇上，已被就地处决！"

史谌命令士兵们立即放下武器，否则会当作同谋论处。局势就这样控制住了。事情发生的太过突然，大臣们毫无心理准备，全都心神不宁地在一边窃窃私语，正在扼腕叹息间，只听到一个宦官用女人般尖利的嗓音高喊道："反贼出来了！"

"这么快就来了？"大臣们纷纷转过头来，只见两个宦官抬着个沉重的大竹筐走了出来。

第二十六章 "山雨欲来风满楼"

"反贼在哪儿?"

"竹筐里。"

"竹筐里?"

大臣们好奇地向竹筐中看去,只见血淋林的一片,弥漫着可怕的血腥气。原来,王莽刚刚让虎贲勇士将董忠剁了个稀巴烂,将七零八落的尸块装进了竹筐。那竹筐还滴着殷红的血水,像死者想要逃走的灵魂。大臣们吓得魂飞魄散,都起了一层鸡皮疙瘩,胆子小的差点儿跌坐在地上。

之后,王莽下令逮捕董忠的家族成员,全部予以处死。将浓醋、毒药、匕首、荆棘扔进墓穴一起埋葬,让他们在九泉之下也不得安生。为了不给外界留下朝廷内部已经崩溃之感,王莽没有公布刘歆和王涉的罪过,但是他们一样难逃一死。宣布下级官吏和军官士兵乃是被董忠等人蒙蔽,全部予以赦免。伊休侯刘叠一向为人谨慎,且对此事并不知情,只免除了侍中中郎将的职务,改任中散大夫。

据说,不久之后,未央宫中出了件怪事。

在亭台楼榭中间,假山和仙人掌丛旁,出现一个身穿青衣的白发老者。一个郎官刚要上前搭话,白发老者倏地不见了。事后,郎官说那老头儿很像国师公刘歆。莫非是国师公的鬼魂吗?宫内一时间人心惶惶。衍功侯王喜一向自夸擅长用《周易》占卜,听闻此事后,用蓍草占了一卦。

"陛下请放心,只要小心兵灾和火灾就行了。"王喜禀告道。

"这孩子怎么学会了这些邪门旁道?"王莽冷笑着说,"那是我的祖先,骑鹤上天的王子乔要来接我了。"

王莽还真想骑着仙鹤飞到天上去。那岂不就无忧无虑,没有烦恼了?如今,官军在接连战败,大臣们在内部策划倾覆,王莽几乎没有力量考虑远方郡国的安危了。他感觉身边的人都在算计自己,没有几个值得信赖,只有王邑还稍稍可以信任。所以想派人把王邑叫回来,一起商量下国事。

"陛下,王邑一向为人谨慎小心,又刚在昆阳之战中遭遇重挫,最好不要把他调回来,否则他可能会自杀呀。应该照顾下他的心情才是。"说符侯崔发一脸悲凄地反对道。

"照顾下他的心情？"王莽苦笑着想，"谁来照顾下我的心情呢。"

王莽没有改变计划，催促崔发乘坐快车去告诉王邑，说自己已经年老了，又没有正妻嫡子，想把皇位传给他。他不需要检讨罪责，见面时也不要讲打过败仗的事。

崔发果然将王邑召回了长安。

王莽和王邑谈了些什么，无人知晓。不久，王莽又进行了一次人事调整，任命王邑作了大司马，任命张邯为大司徒，任命崔发为大司空，任命苗欣为国师，任命王林为卫将军。册封仪式上，没人露出笑容，每个新封的官位都像套在脖颈上的绳索，都像插在死刑犯背后的"亡命牌"。

农民军正在不断蚕食着国土，并逐渐向长安靠拢。在重压之下，王莽变得越发神经质了。他经常忧闷得吃不下饭，只是喝酒，吃鲍鱼，稍稍填饱肚子即可。他整天埋头阅读兵书，疲倦了，便靠着几案打个盹儿，甚至不再上床睡觉了——反正也是睡不着的。他还喜欢搞些趋吉避凶的小名堂。下令拆毁了渭陵和延陵墓门的屏栏，又用墨汁涂黑这些陵墓的围墙，说是为了不让百姓们再想到汉朝。太监侍卫们经常见到他像游魂一样在宫殿里走来走去，嘴里嘀咕着："执大斧，伐桔木；流大水，灭废火。"

王莽时常会做噩梦，曾梦见立在长乐宫中的五个铜人动了起来，诡异地在宫中走来走去，就像真人一样。王莽不断回忆梦境中的景象和细节，梦幻和现实竟渐渐结合在了一起，仿佛随时可能向他发动进攻似的，不由得惊出了一身冷汗。猛然想到五个铜人上刻着"皇帝初兼天下"的字样，怀疑上面有什么不对，急忙派工匠把这六个字凿掉了。

他还多次感应到汉高帝庙里的神灵，高帝生前是个厉害人物，变成了鬼恐怕也不好对付。于是，他派遣虎贲武士进入高帝庙大搞破坏：抽出剑来四面掷击，用斧子砍坏门窗，用桃木汤挥洒墙壁，用土红色鞭子抽打墙壁。可是感应依旧还在，王莽忍无可忍，干脆让轻车校尉住了进去，又让中军北垒校尉住进高帝的寝庙里。

第二十六章 "山雨欲来风满楼"

民心的相背已经很清晰了，无论是开仓放粮，还是收回改革措施，都不能让百姓们满意。流民们在不断地涌进农民军，让一支支叛军像怪兽一样膨胀了起来。有的官军在顽强抵抗，有的竟然投降了事。农民军攻进长安似乎只是时间的问题了。承受重压的何止是王莽一人，焦虑情绪在宫中蔓延开来，每个人都满脸忧愁，唉声叹息。

一转眼，秋天到了，猩红的枫叶在冷风中瑟瑟发抖，未央宫阴云密布。更大的考验即将到来，毁灭的阴影正在慢慢笼罩整个京师。死神已经开始在城墙下四处盘桓了。起义军还在撕裂着日渐扩大的"伤口"。朝廷就像一头浑身是血，已经被击倒在地的狮子，只能做垂死挣扎了。神祇仿佛在云端怜悯地看着这出不可避免的悲剧，不时发出一声震颤耳膜的哀叹。

快到争抢胜利果实的时候了，更多的起义军出现了。

更始元年（公元23年），成纪县人隗崔、隗义劫持大尹李育，聚集起一干人马，揭竿而起，拥立侄儿隗嚣为首领，经过一番征战之后，渐渐成长为割据一方的重要势力。《讨王莽檄》是隗嚣正式起兵时发布的，在历史上赫赫有名，与陈琳《讨曹操檄》、骆宾王《讨武檄文》并称"三大檄文"。之前引用了赞颂王莽的奏章，这里也引用攻击王莽的檄文，以示公正：

汉复元年七月己酉朔。己巳，上将军隗嚣、白虎将军隗崔、左将军隗义、右将军杨广、明威将军王遵、云旗将军周宗等，告州牧、部监、郡卒正、连率、大尹、尹、尉队大夫、属正、属令：故新都侯王莽，慢侮天地，悖道逆理。鸩杀孝平皇帝，篡夺其位。矫托天命，伪作符书，欺惑众庶，震怒上帝。反戾饰文，以为祥瑞。戏弄神祇，歌颂祸殃。楚、越之竹，不足以书其恶。天下昭然，所共闻见。今略举大端，以喻使民。

盖天为父，地为母，祸福之应，各以事降。莽明知之，而冥昧触冒，不顾大忌，诡乱天术，援引史传。昔秦始皇毁坏谥法，以一二数欲至万世，而莽下三万六千岁之历，言身当尽此度。循亡秦之轨，推无穷之数。是其逆天之大罪也。分裂郡国，断截地络。田为王田，卖买不得。规锢山泽，夺民本业。造起九庙，穷极土作。发冢河东，攻劫丘垒。此其逆地之大罪也。尊任残贼，信用奸佞，诛戮忠正，复按口语，赤车宾士，法冠晨夜，冤系无辜，妄族众庶。行炮烙之刑，除顺时之法，灌以醇醯，袭以五毒。政令日变，官名月易，货币岁改，吏民昏乱，不知所从，商旅穷窘，号泣市道。设为六管，增重赋敛，刻剥百姓，厚自奉养，苞苴流行，财入公辅，上下贪贿，莫相检考，民坐挟铜炭，没入钟官，徒隶殷积，数十万人，工匠饥死，长安皆臭。既乱诸夏，狂心益悖，北攻强胡，南扰劲越，西侵羌戎，东摘濊貊。使四境之外，并入为害，缘边之郡，江海之濒，涤地无类。故攻战之所败，苛法之所陷，饥馑之所夭，疾疫之所及，以万万计。其死者则露尸不掩，生者则奔亡流散，幼孤妇女，流离系虏。此其逆人之大罪也。

是故上帝哀矜，降罚于莽，妻子颠殒，还自诛刈。大臣反据，亡形已成。大司马董忠、国师刘歆、卫将军王涉，皆结谋内溃，司命孔仁、纳言严尤、秩宗陈茂，举众外降。今山东之兵二百余万，已平齐、楚，下蜀、汉，定宛、洛，据敖仓，守函谷，威命四布，宣风中岳。兴灭继绝，封定万国，遵高祖之旧制，修孝文之遗德。有不从命，武军平之。驰命四夷，复其爵号。然後还师振旅，櫜弓卧鼓。申命百姓，各安其所，庶无负子之责。

"朕实在是冤枉啊！"王莽读罢檄文，大声哀叹道。

"'得其一，不得其二'，造谣中伤，居心险恶，真乃小人之举。"大臣们纷纷痛骂，"这等人，皇天也不会护佑。"

"现在如何是好？"

时至今日，大臣们要是有好计策，早就说出来了，哪还会隐瞒。就在这个月，析县人邓晔和于匡组织起一百多人在南乡起兵，邓晔自称辅汉左将军，于匡自称辅汉右将军，先后攻下了丹水县、湖县，直奔武关，其志不小。旧的敌对势力依旧强大，新的敌对势力纷纷崛起。大新朝已经危在旦夕了。大臣们全都冥思苦想，低头不语。正在忧愁难解之际，大司空崔发从行列中走了出来。此人一向擅长谄媚讨好，堪称"马屁精"。当下的困境可不

第二十六章 "山雨欲来风满楼"

是几句好话就能解决的，大臣们都很好奇崔发想说什么。

"陛下，依照《周礼》和《春秋左氏传》上的记载，古时候，国家有了大灾难，就用哭泣去厌胜它。"崔发神色郑重地说道，"《易经》上也有'先号咷而后笑'的说法，所以我们可以用号哭来祈求上天的救助。"

"上天真能听到吗？"王莽眉头紧锁地抬起头来，将信将疑地问道。

"只要用心挚诚，上天就一定能听到。"

"好，那我就哭给老天听。"

王莽知道自己大势已去，但仍不肯放过最后一线希望，他头戴王冠，身穿皇袍，率领臣子们来到了南郊。登上一座仓猝布置的高台。他站在高台的正中央。大臣们按照官位站好。护卫们身穿铠甲，手拿武器，各就各位。所有人都神情肃穆，一丝不苟。王莽拿出事先写好的告天策书，大声地宣读起来。陈述自己承受符命的经过，以及强大国家、为民造福的愿望。大臣们认真谛听着，他们与王莽共事多年，觉得策书字字中肯，没有一句虚假不实之词。

王莽读罢策书，仰天叹息道："皇天既然把国家政权交给王莽，为什么不消灭那些盗贼呢？假使王莽真的有不对之处，就请降下霹雷打死王莽吧！"

王莽的声音渐渐哽咽，最后竟捶胸大哭了起来。大臣们深受感动，也觉得上天实在不公，王莽虽然未能面面俱到，到底是赤胆忠心，不遗余力，为何会遭此厄运呢？于是也跟着大哭了起来，等到声嘶力竭，发不出声音来，就跟王莽一起趴在地上向上天叩头。他们哭了很久，拜了很久，直到日落西山，无力继续，这才罢休。接下来的几天，天天如是。

之后，王莽又写了一篇告天的策书，陈述自己的功劳，以及对天意的遵从，策书一共有一千多字，每个字都认真推敲，血泪铸就。读了让人不禁眼眶发红，泪光闪闪。或许是担心上天听不到他的委屈，王莽不但带着大臣们哭，还将儒生和百姓们组织起来一起哭，每天都准备了热气腾腾的稀饭。哭得足够悲哀和能够背诵策文的，可以提拔做郎官。

据说，前来恸哭的有五千多人。哭声此起彼伏，连绵不绝，响彻了云霄，惊飞了鸟雀，震动了苍茫的森林，甚至连周围的群山也跟着呜咽了起来。

第二十七章　悲剧的结局

"天地不仁以万物为刍狗",眼泪是感动不了上天的。地皇四年(公元23年)九月,更始帝刘玄派遣王匡攻打洛阳,申屠建、李松攻打武关,整个三辅地区为之震动。新近兴起的邓晔和于匡与之遥相呼应,响应汉军的行动,开始一起啃食帝国的"心脏"了。"困兽犹斗",王莽尽管已经失去了"王牌",但是并不准备束手待毙。他授任将军九人,都以"虎"作为名号,称为"九虎将",命其率领禁卫军数万人前往迎战。

据说,王莽此时众叛亲离,连"九虎将"也不信任。因为担心九虎将背叛朝廷,把他们的妻子儿女带到皇宫里做了人质,难免有些让人寒心。虽然改革失利,但国家在王莽的治下一向厉行节俭,朝廷尚且有黄金六十箱,每箱一万斤,分别储藏在黄门、钩盾、藏府、中尚方等处。御府、中御府、都内、平准库中的钱币、绸绢、珍珠、玉石等物更是数不胜数。或许因为是国家财物,王莽只赏赐每个士兵四千钱。

虽然一肚子委屈不满,九虎将还是带领士兵出发了,毕竟尽忠职守、服从命令乃是军人的天职。军队来到华阴县的回溪,扼守在北起黄河南岸,南到崤山的险要位置。与他们正面交锋乃是势头正猛的邓晔和于匡。邓晔采取声东击西的战略,让于匡带领几千弓箭手登高挑战,佯装要正面进攻,自己率两万多士兵绕到官军后方展开攻击。

这个策略获得了奇效,九虎将被打得落花流水。只剩下郭钦、陈翚、成重三虎将收集散兵,保卫渭口京师仓。四虎将去向不明,可能死于乱军之中,也可能逃往他处。两虎将史熊和王况"有始有终",回到了朝廷,向王

第二十七章　悲剧的结局

莽汇报了惨败的消息。王莽让使者责问他们死的人在哪里？史熊和王况知道死罪难逃，一起拔剑自刎了。

不久，邓晔一鼓作气攻下了武关，打开关门，迎接汉军。丞相司直李松率领两千多人赶到了湖县，跟邓晔等人会合，开始一道攻打京师仓。京师仓又名华仓，为长安贮存粮食的大粮仓，一面依山，三面靠崖，险峻到了极点，三虎将利用地形优势，苦苦支撑，汉军始终未能攻下。邓晔又任命弘农掾王宪为校尉，率领数百人北渡渭河，进入左冯翊境内。

"墙倒众人推"，王宪率领军队一路推进到了频阳，中途根本无需战斗，官吏们纷纷降服，出城迎接，诸多世家大姓不但提供粮秣，还率领军队追随其后。这支军队一路顺风顺水，人数日渐增多，俨然成了气候。与此同时，其他的豪门望族也接二连三地冲了出来，栎阳申砀、下邽王大、邰县严春，茂陵董喜、蓝田王孟等豪族大姓，全都各自带着数千人，自立为汉朝将军，前往围攻长安。

李松和邓晔攻打京师仓遇到了困境，认为攻打长安难度更大，等到更始帝大军到来才有可能成功，于是率军来到华阴县，制造起了攻城器械。这也为王宪后来兴风作浪创造了机会。于是，各支军队从四面八方会集到了长安城下，摩拳擦掌，野心勃勃，都想有所斩获。据统计，此时，全国各地聚众起兵的首领中，普通百姓只占了百分之三十，豪族大姓占了百分之七十。可见，王莽实在是因为"杀富济贫"，侵犯了富豪阶层的利益才导致失败。王莽自认为找到了实现儒家理想蓝图的方法，以为只要秉承着一颗真挚之心，依照古代先贤的思路，彻底地贯彻实施，就必将成功。所以，他不断地改来改去，变来变去，一往无前，信心十足。不管是"复古改制"，还是"托古改制"，王莽都对古代模仿得太像，对实施所要面对的困难估量不足。他从箱底找到的藏了千百年的古方，到底难以治愈当下的沉疴，才会走进当下的死胡同。

这些造反的军队都以"恢复汉室"为口号，所以可以统称为"汉军"。他们已经等不及了，听说天水郡隗家的部队就要赶到，更是加紧了攻城的节奏，把吃奶的力气都使了出来，以便建立大功，抢夺到更多的好处。

长安城里，王莽已经到了无兵可派的地步，只能派遣使者分路赦免各个监狱的犯人，让犯人们上阵杀敌，救赎罪过。因为担心这些犯人背叛朝廷，要求他们在出发前都要喝猪血立誓，发誓说："如果不为新朝效力，就让社鬼记住！"之后，这支临时队伍就在史谌的率领下，风风火火地冲了出去。可是刚渡过渭桥，犯人们就四散逃跑了，只剩史谌提着武器孤零零地走了回来。

王莽只能依靠有限的兵力保卫长安城了，这些士兵表现很是顽强。汉军久攻不下，怒火无处可撒，竟在城郊搞起了破坏，他们挖开王莽妻子、儿女、父亲、祖父的坟墓，抛骨扬尸，焚烧棺椁，寻找随葬品，甚至连九庙、明堂和辟雍都不放过。那些好不容易兴建起来的伟大建筑纷纷在火海中焚毁，化为了梦幻泡影。

王莽站在未央宫的台阶上，眼看着火光渐渐熄灭，心中痛苦难当，心想："我到底做了什么孽，要让祖先受到这等连累？"

汉军在城外兴风作浪，长安城内也乱成了一团糟，百姓们不知道汉军何时会攻进城内，会带来什么样的祸患，一时间传言四起，一些妇女儿童大声哭泣了起来，男人则偷偷准备起来武器。有人提醒王莽说，城门的守兵来自东部地区，可能偏袒汉军。于是王莽改调越人骑兵担任城门守卫，每座城门设置六百人，各配一个校尉。然而，到底难以挽回败局。

十月初一，汉军终于从宣平门攻入了长安，顺势杀死了大司徒张邯，王邑、王林、王巡和䜣惮等大臣率兵在北阙下抗击。在封赏的激励下，七百多汉军士兵率先冲了进来，交战开始白热化，到处战火纷飞，喊声震天。不久，剩余的汉军接着杀了进来。长安城在慢慢被蚕食，很多官吏和豪族趁着天黑携带家眷和财物逃走了。眼看长安城就要易主，民心发生了奇妙的变化。朱弟、张鱼等城中青年转而加入了汉军。所谓的忠君事主，早抛到脑后了，毕竟现在自称皇帝的有好几个呢。

这些变节的青年手拿武器，成群结队，奔走喧哗，焚烧尚方宫署，砍开

第二十七章 悲剧的结局

敬法殿的小门,比汉军干的坏事还多,他们一边四处捣乱,一边口中不住地叫骂着朝廷,高喊道:"反贼王莽,怎么还不出来投降?"

为了震慑王莽,有人在未央宫周围放了把火。火势逐渐凶猛,渐成了一片火海,冒着可怕的浓烟,夹杂着号哭声,将黑夜映照得犹如白昼。一些胆子大些的宦官宫女提着水桶设法施救。未央宫实在是太大了,不可能一下子烧光。但烈火是无孔不入的,也是无比贪婪的,它们舔舐着一切可燃之物,沿着墙角向前游走着,一直烧到了后宫深处。火蛇你推我挤,随风摆动,兴奋异常,这里是它们的天下了,妃嫔和宫女们越是哭喊躲避,它们就越兴奋、越嚣张。它们追逐华丽的绸缎,名贵的地毯,精美的木制品,越是布置得精致的地方,就越是吸引它们。几条火蛇钻进一个宫室后,竟兴奋地跳起舞来,好像有人用把看不见的大扇子猛煽了几下似的。原来,它们意外闯进了掖庭、承明殿,这里面住着王莽的女儿,尊贵的黄皇室主。

当火蛇跳过门槛,钻进窗子时,黄皇室主正呆呆地坐在床边。她吓得面色苍白,浑身发抖,眼睛直勾勾地看着前方。她已经听到了汉军的喧哗声。跟熊熊燃烧的烈火相比,她更害怕起义军的羞辱。她很高兴烈火烧过来,仿佛那些可怕的火焰能够保护她似的。可是汉军的声音越来越近了,仿佛随时会冲进来似的,黄皇室主不禁紧握双拳,站起身来。

"室主,快躲起来!"一个宫女跑了过来,低声说道,"快,换上我的衣服……"

"那你呢?"黄皇室主的面庞被火光映得通红。

"奴婢贱命一条,死不足惜……"宫女颤声说道,"快啊,室主,不然来不及了……"

"不用了!"

汉军的呼喊声越发近了,黄皇室主猛地推开宫女的胳膊,向火光冲天的正门走去。宫女惊恐地尖叫了一声,刚要上前劝阻,一整片烧毁的窗子掉了下来。一时间,火星四起,冒起滚滚的浓烟,宫女差点儿被砸到。她跌坐在了地上,呛得不停咳嗽。等到视线清晰了些,黄皇室主已经消失在了火

· 287 ·

海中。

恍惚间,她仿佛听到黄皇室主发出最后的哀叹:"何面目以见汉家!"

此时,王莽为了避火,已经来到宣室前殿。他身上穿着天青色的衣服,佩带着御玺,拿着虞帝的匕首,他快一天没吃饭了,显得有些困乏。身后跟着一大群誓死效忠的大臣,就像一群洞穴遭到毁坏,四处躲藏的野兽。史书上说,火焰始终紧跟在他们后面,要将他们吞噬掉似的。

时至今日,王莽仍旧迷信得很,不时按照占卜的结果,调整着座位的方向,希望以此厌胜敌人,但是形势并未为此好转。外面火光冲天,传来士兵们的喊杀声。一些大臣不禁露出仓皇的神色,后宫一直有人在嘤嘤哭泣,现在更是传来惊恐的哭声,一些胆怯的妃嫔一边奔跑,一边惊恐地高呼:"现在怎么办?"

王莽为了鼓舞士气,猛地离开御座,用帝王的气魄大喊道:"上天把治理国家的圣德和使命赋予了我,汉军能把我怎么样?"

哭声一下子消失了,然而,等到王莽带领群臣走开后,又渐渐出现了呜咽和哭声。到了午夜,守卫们暂时将汉军阻挡了回去,王莽得知了女儿的死讯,一下子衰老了许多。他勉强吃了一点儿东西,稍稍打了个盹儿,仍旧目光如炬,斗志昂扬。不就是死吗?人早晚会死的,只要对得起上天,对得起良心,就没什么好怕的。王莽准备抗争到底,等待上天给出个结果。

天刚蒙蒙亮,宫外再次杀声四起,血色染红了朝霞,臣子们知道未央宫随时可能失守,搀扶着王莽从前殿向南走下宫中大道,再向西走出了白虎门,和新公王揖已经安排好了车子,正在门外等待御驾。

王莽怀中抱着符命和威斗,颤巍巍地登上车,在群臣们的保护下前往渐台,想依靠池水防御敌人。此时,公卿大夫、侍中、黄门郎等还有一千多人追随着他,很多人已经做好了效死于前的准备。在这些深受儒家思想熏陶的人来说,这是相当值得称道的死法。

王邑一直在北阙下苦撑,率领有限的官兵从白天战斗到黑夜,其他几位将领皆已战死。这些官兵对朝廷忠心耿耿,决心血战到底。然而,毕竟敌众

第二十七章 悲剧的结局

我寡,实力相差悬殊。不久,只有王邑和少数几个侥幸存活。汉军已经撕开了突破口,不可阻挡地冲了进去。抵抗已经意义不大,无非是死得有骨气一些而已。王邑命令官兵们战斗到最后一刻,然后翻身上马进宫救驾。

王邑铠甲上带着血污,自己的血和敌人的血已经混到了一处。他策马疾驰,横冲直撞,辗转来到了渐台。宦官宫女们正像老鼠一样四处躲藏,王邑鄙夷地皱了皱眉头,猛然间,看到一个官吏正脱下官服准备逃跑,他忍无可忍,愤怒地举起锋利的宝剑,刚要冲过去将其砍倒,定睛细看,却发现那个青年竟是自己的儿子,在朝中担任侍中的王睦。

"不要给我丢人!"王邑大声喝道,"跟我一起去保护皇上!"

"是,父亲。"王睦顺从了,既然自己的生命都是父亲给的,那就一起去死好了。

该来的到底还是会来的,汉军攻克了最后的防线。像一股不可阻挡的浊流一样冲进了未央宫。所有军人都兴奋得直喘粗气,只要能抓住王莽,无论死活,都可得到可观的封赏,从此一步登天,这是个千载难逢的机会。

"反贼王莽在哪儿?"一个士兵手握带血的宝剑,急不可耐地大喊道。

"他在渐台。"一个美人从偏殿门口探出头来,胆怯地说,马上又消失了。

大批汉军蜂拥地赶往了渐台,很快将渐台包围了好几重,而且还在不断增加。渐台上的御林军将雨滴一样的箭矢射了过来。汉军们略微后退,然后弯弓搭箭,予以回击。密密麻麻的箭矢飞向渐台,插得到处都是,好像刚刚长出许多刺来。一些御林军不幸被射中,栽倒在水里,留下一朵朵血红的"莲花"。

汉军并不着急,要想逃出他们的包围圈,除非有神仙相助。封赏像磁石一样,还在不断将汉军吸引过来。包围圈越来越"厚实"。人头密密麻麻,耐心地等待着。消耗战奏效了,御林军的箭矢射光了,汉军慢慢靠近渐台,就像靠近等待宰杀的羔羊。双方开始短兵相接,互相砍杀。王邑父子、䞓恽、王巡力战而死。一些大臣甘当人肉盾牌,也躺倒在了血泊之中。王莽则在几个重臣的掩护下，躲进了内室。

申时过后，大批的汉军"呼啦啦"地冲上了渐台，开始了最后的搜捕。重奖之下必有勇夫，所有人都急不可耐，仿佛在翻找什么奇珍异宝，唯恐别人抢占了先机。

商县人杜吴在一个偏僻的小屋里翻出个头发灰白、憔悴不堪的老人。老人眼神暗淡无光，充满了绝望，又像是对什么满怀期待似的。杜吴以为只是个普通大臣，立即挥刀将其砍倒。伸手拽下系印纽带，又冲了出去，像所有人一样，他的目标是王莽。

东海郡人公宾此时任更始汉军的校尉，曾担任过大行治礼郎，见过些世面，无意中瞥到杜吴手中的系印纽带，眼中不由得闪过了一道亮光，低声问道："这个人在哪儿？"

"在西北角的屋子里。"杜吴有些迟疑地答道，"怎么了？"

公宾快步走进那个屋子，认出倒在血泊中的老人正是王莽，不由得心中大喜。其他汉军或许也认出了系印纽带，也乱纷纷地冲了进来。争着劈砍尸体的有数十人。公宾先声夺人，抢到了王莽的头颅，并献给了王宪，自然得到的封赏最多。

如今，几十万的军队都归在王宪名下，王宪自称汉朝大将军，成了长安城中的头号人物。从天而降的巨大的权势，让王宪变得忘乎所以。他住进了长乐宫，霸占了王莽的妃嫔，随意使用王莽的车马、衣物和器物，不顾一点儿体统。不过，这个跳梁小丑并没能得意多久，六日，李松和邓晔率军进入了长安，赵萌和申屠建接踵而至，很快就找借口将王宪杀掉了。

更始二年（公元24年）二月，更始帝刘玄驾临长安并宣布大赦。只要不是王莽的子女，其他的人全都赦免。之后，下令将王莽的头颅挂在宛城的街道上示众。很多百姓之前将王莽视作圣人，恨不得顶礼膜拜，如今却对他恨得牙痒。人们忘记了王莽的好处，只觉得他罪大恶极，罪该万死！一时间，一拥而上，围了个水泄不通，挤到前面的用石头掷击，挤不进来的就破口大骂，好像王莽是所有灾难的根源似的。据说还有个人爬上去，把王莽的舌头切了下来，硬生生吃掉了，立即引起一阵欢呼叫好。

王莽虽然败亡了，但是仍有为他忠诚到底的人。王邑、䞅恽、王巡、王揖、赵博、苗欣、唐尊、王盛、王参等大臣更是追随到了最后，跟王莽一起死于汉军之手；赏都郡大尹王钦和郭钦一直坚守京师仓，直到得知王莽已死才投降；太师王匡和国将哀章则原形毕露，在洛阳投降了汉军，被更始帝视作乱臣贼子，下令砍掉了脑袋；至于严尤和陈茂等人，英明了一世，却晚节不保。

更始帝和刘盆子先后入主长安，但都不是安定天下之主。更始三年（公元25年），刘秀即位于河北鄗县南千秋亭，让一度中断的汉氏江山得到了延续，又经过十二年的统一战争，终于让天下恢复了太平。为了警戒后人，王莽的头颅为历朝历代所收藏，直到两百多年后，才在洛阳武库的一场大火中，跟孔子屐、刘邦斩蛇剑一道被焚毁。

王莽建立的新朝只有短短的十四载，真如烟花一般转瞬即逝，然而王莽的影响却是深远的，难以估量的。两千多年来，在御用文人的笔下，王莽早已成了"篡国贼"的代表，他的面目也在层层污水的涂抹下变得越来越模糊不清了。王莽自然算不上完美的政治家。他的缺点像他的优点一样明显。王莽的改革的确失败了，那却是在特定条件下推出的，有其历史必然性，我们不能以胜败论英雄，因此就否认王莽的强国之心、爱民之意和治政之勤。话说回来，在那样艰苦复杂的背景下，谁又能保证比王莽做得更好呢？

只有正视历史，直面历史，才能有所收获。虚假的花结不出有营养的果子来，因为它缺少真实的纤维提供养料。重新评判王莽，不但是为了给王莽一个交代，更是为了追求一种实事求是的精神，一种尊重科学的态度。热爱真理的人不会满足于脸谱化的形象。我相信，如果能够穿越时空找到一位曾经跟王莽一起苦撑危局、饱经忧患、克服万难、锐意改革的大臣来，他一定会说出一个截然不同的王莽。